“十三五”国家重点出版物出版规划项目

KEY TOPICS

外语学科核心话题
前沿研究文库

翻译学
核心话题系列丛书
Key Topics in
Translation Studies

▲ 翻译文化研究
Studies on the
Translational Culture

翻译史研究方法

Studies on Translation History

黄焰结　著

外语教学与研究出版社
FOREIGN LANGUAGE TEACHING AND RESEARCH PRESS
北京 BEIJING

图书在版编目（CIP）数据

翻译史研究方法 / 黄焰结著. -- 北京 ：外语教学与研究出版社，2022.1（2022.8 重印）

（外语学科核心话题前沿研究文库. 翻译学核心话题系列丛书. 翻译文化研究）

ISBN 978-7-5213-3309-1

Ⅰ. ①翻… Ⅱ. ①黄… Ⅲ. ①翻译-语言学史-研究方法 Ⅳ. ①H059-09

中国版本图书馆 CIP 数据核字（2022）第 008715 号

出 版 人 王 芳
选题策划 常小玲 李会钦 段长城
项目负责 董一书
责任编辑 段长城
责任校对 董一书
助理编辑 蔡天航
装帧设计 杨林青工作室
出版发行 外语教学与研究出版社
社 址 北京市西三环北路 19 号（100089）
网 址 http://www.fltrp.com
印 刷 北京盛通印刷股份有限公司
开 本 650×980 1/16
印 张 14.5
版 次 2022 年 1 月第 1 版 2022 年 8 月第 3 次印刷
书 号 ISBN 978-7-5213-3309-1
定 价 59.90 元

购书咨询：（010）88819926 电子邮箱：club@fltrp.com
外研书店：https://waiyants.tmall.com
凡印刷、装订质量问题，请联系我社印制部
联系电话：（010）61207896 电子邮箱：zhijian@fltrp.com
凡侵权、盗版书籍线索，请联系我社法律事务部
举报电话：（010）88817519 电子邮箱：banquan@fltrp.com
物料号：333090001

记载人类文明
沟通世界文化
www.fltrp.com

出版前言

随着中国特色社会主义进入新时代，国家对外开放、信息技术发展、语言产业繁荣与教育领域改革等对我国外语教育发展和外语学科建设产生了深远影响，也有力推动了我国的外语学术出版。为梳理学科发展脉络，展现前沿研究成果，外语教学与研究出版社汇聚国内外语学界各相关领域专家学者，精心策划出版了“外语学科核心话题前沿研究文库”（下文简称“文库”）。

“文库”精选语言学、应用语言学、翻译学、外国文学研究和跨文化研究五大方向共25个重要领域100余个核心话题，按一个话题一本书撰写。每本书深入探讨该话题在国内外的研究脉络、研究方法和前沿成果，精选经典研究及原创研究案例，并对未来研究趋势进行展望。“文库”在整体上具有学术性、系统性、前沿性与引领性，力求做到点面结合、经典与创新结合、国外与国内结合，既有全面的宏观视野，又有深入的细致分析。

“文库”项目邀请国内外语学科各方向的众多专家学者担任总主编、子系列主编和作者，经三年协力组织与精心写作，自2018年底陆续推出。“文库”已获批“十三五”国家重点出版物出版规划项目，作为一个开放性大型书系，将在未来数年内持续出版。我们计划对“文库”进行不定期修订，使之成为外语学科的经典著作。

我们希望“文库”能够为外语学科及其他相关学科的研究生、教师及研究者提供有益参考，帮助读者清晰、全面地了解各核心话题的发展脉络，并有望开展进一步深入研究。期待“文库”为我国外语学科研究的创新发展与成果传播做出更多积极贡献。

外语教学与研究出版社

2018年11月

目录

总序

翻译是沟通不同语言文化的中介和桥梁；翻译也是不同语言容器里文化内容的交换。人类的进步、文化的繁荣皆与翻译密不可分，怎么估量它的意义也不为过。然而，翻译的价值至今未得到应有的评价，对翻译活动及其影响的研究也远远不够。

季羡林先生曾从事非常重要的文化翻译工作，对翻译有着深切的体会和极高的评价。他谈及五千年中华文明虽历经波折却始终绵延不绝、蓬勃发展的原因时，曾这样说：

> 倘若拿河流来作比，中华文化这一条长河，有水满的时候，也有水少的时候，但却从未枯竭。原因就是有新水注入。注入的次数大大小小是颇多的。最大的有两次，一次是从印度来的水，一次是从西方来的水。而这两次的大注入依靠的都是翻译。中华文化之所以能长葆青春，万应灵药就是翻译。翻译之为用大矣哉！

一语道尽翻译对中华文化的演进、对人类各民族文化交流发展的巨大作用。

翻译活动最基本的三个要素是语言、文化和译者。语言离不开民族、社会、文化，并浸润其中；双语文本转换离不开执行转换的人，即译者；

译者则必定是因某种语言文化滋润而生又受到另一种语言文化“增补”的人。于是，翻译成为语言文化间的信使。在翻译三要素中，最容易看见也最容易理解的是语言这个要素。因此，从古至今对翻译的关注都从语言开始，都跟语言分不开。这既是说，若没有语言，翻译就无所依附；同时又是说，若没有千差万别的语言，也就不需要翻译。因此翻译与语言有天然的联系。

但我们说翻译离不开语言时，并不意味着翻译是语言的附庸，或语言可以完全离开翻译。一方面，翻译与语言几乎是共生的，没有脱离语言的翻译。另一方面，我们不难看到，若无翻译，语言的交流、认知和传承等重要功能就难以充分展开；没有翻译，人们只能与来自本地域的人而不能与来自其他地域的人深入交流和沟通；没有翻译，人们对世界的认识和描述也受到局限，不能同其他地域操不同语言的人们分享经验和探讨问题；没有翻译，知识的传承范围有限，受益范围有限。Casagrande（1954：338）在考察翻译目的时提出了“译者事实上不是在翻译语言，而是在翻译文化”的观点。这可以从三方面来解释：一是翻译所涉及的两种语言都是一定社会文化的产物；二是翻译活动的动因及其影响背后都有文化因素在起作用；三是翻译的难点有时并不单在语言的差异上，而是在文化的距离上。

由此可见，翻译的中介性是双重的，它不但表现为传统认识上将一种语言翻译为另一种语言这样直接的中介性，还有另一层意义上的中介性，即译文间接地对所译入的母语及其文化产生不同程度的影响。所有这些都表明，翻译是一项极为复杂、特殊的人类思维与人类交往活动。

对于翻译这样重要而又复杂的活动，千百年来人们抱有经久不衰的好奇心和探究心：

从思维层面尝试阐释上述翻译沟通问题，是理论翻译研究的着力思考点；

从实践层面努力解决上述翻译沟通问题，是应用翻译研究的关注重点；

从历史文化的角度分析上述翻译沟通问题，是翻译文化研究上下求索的要点；

从各类语料库驱动的视角考察上述翻译沟通问题，是语料库翻译学的兴趣所在；

从古至今频繁进行的口译活动，则是探究隐秘心理过程的关键实验台。

这套“翻译学核心话题系列丛书”即分理论翻译研究、应用翻译研究、翻译文化研究、语料库翻译研究以及口译研究五个板块，对翻译问题给予了全方位的关注。

“理论翻译研究系列”梳理国内外翻译理论的发展脉络，从哲学和文化层面总结概括翻译学方法论在中西方的发展历史及特点，并对翻译研究中起步较晚、发展较快的新兴研究领域作了重点介绍。本系列首批计划推出《国外翻译理论发展研究》《翻译过程研究：理论、方法、问题》《译学方法论研究》《翻译认知过程研究》等四部图书，其特点如下：(1)纵横阐述。这些图书既从历时的角度描述了翻译学理论和方法论的发展历程，还对当前的主要观点和流派，特别是对最新的认知心理过程研究模式作了细致的分辨和论述。(2)中外互鉴。对不同时期、不同流派的理论作了系统归纳，透视出中外文化背后哲学思想和理念的异同。(3)点面结合。既有对理论和流派的全面梳理，又兼顾对研究热点和研究走向的前瞻式分析。

“应用翻译研究系列”首批推出的选题不仅有致力于翻译教学方法和实施效果探讨的《翻译教学研究》，以及以翻译教学应用为导向的、以实证型研究方法为主的《翻译测试与评估研究》和《翻译能力研究》，还包括探讨翻译技巧、翻译策略在具体领域(如科技翻译、商务翻译、新闻翻译等)中如何应用的《实务翻译研究》。此外，随着计算语言学等学科的发展，翻译技术发展迅速，成为现代翻译实践中不可或缺的要素，《翻译技术研究》也是本系列首批推出的选题之一。

“翻译文化研究系列”重在探讨翻译对于文化（尤其是译入语文化）的意义和影响以及文化对于翻译的制约作用。翻译文化研究是在当下学科疆域迅速扩大的背景下，指导我们在译学领域如何做到“古为今用”“洋为中用”而展开的重要译学课题之一。这个系列包括中国和西方的翻译文学、文化史研究，中国典籍外译研究，以及中文小说的英译研究，这些都是我国近十年来翻译研究发展最为显著的领域。此外，该系列还有专著对翻译史研究方法加以阐述。

自20世纪90年代以来，随着各类双语语料库的创建，越来越多的研究者采用平行语料或类比语料进行翻译研究。语料库翻译学的研究方法日益受到研究者青睐，研究范围涉及翻译语言特征、译者风格、语体变化、语言对比、翻译规范、翻译教学、语言接触以及相应的双语语料库技术等等。“语料库翻译研究系列”首批策划出版的选题包括以下六部：《语料库翻译学理论研究》《双语语料库的研制与应用》《语料库文体统计学方法与应用》《基于语料库的文学翻译研究》《基于双语语料库的应用翻译研究》和《基于语料库的语言接触研究》。这些选题重视理论与实践结合，兼顾文学文本与应用文本翻译，将数据检索与统计方法运用到语言和翻译研究当中，实现了宏观与微观、定量与定性、形式和意义、文体和诗学分析的有机结合，代表了大数据时代语料库翻译学研究的最新进展。

作为翻译学的一个子学科，口译研究十多年来发展迅速，摆脱了过去经验式的探讨，开始运用现代技术开展关于口译（包括同声传译和交替传译等）认知过程的各类实证研究。“口译研究系列”首批推出的选题包括从学科建构视角梳理口译研究的发展脉络和方法路径、提出整体性口译研究框架的《口译理论研究》，致力于口译教学方法应用和实施效果探讨的《口译教学研究》，以及系统探讨基于语料库的口译研究并提供新的研究思路和方向的《语料库口译研究》。

以上也是近二十年来国际译学研究所涉及的主要方面。当然，丛书也有未顾及的一些问题，如翻译叙事研究、机器翻译、译者主体性、女性主义和后殖民主义等，也许以后还有机会弥补。我们期待通过这套丛书，与读者共同探讨翻译研究的种种重要问题，梳理相关研究的国内外进展，评介主要的理论、方法、流派，判断和设计研究课题，分析今后的发展趋势，并推介重要的参考文献。希望读者朋友，特别是初涉翻译研究的青年研究者能够开卷受益，拓宽视野。

王克非
北京外国语大学
2018年11月

参考文献

季羡林，2007，《季羡林谈翻译》。北京：当代中国出版社。

Casagrande, J. B. 1954. The ends of translation. *International Journal of American Linguistics* 20: 335-340.

前言

人类的翻译活动源远流长，翻译传统悠久深厚，留存下来的翻译文献数量巨大、内容丰富、形式多样。但相较于古已有之的翻译研究，中外翻译史学传统的诞生则要晚得多——中国对翻译活动的历史考察大约始于19世纪末20世纪初，西方的翻译史研究大致可上溯至16世纪的文艺复兴时期。长期以来，中西方的传统翻译史研究都处于学术研究的边缘。直到20世纪中叶，特别是90年代以来，随着翻译研究的“文化转向”以及翻译学学科地位的逐步确立，翻译与历史和文化的互文关系越来越深入，再加之历史学的深远影响，翻译史研究才日渐兴盛。观察翻译史研究者队伍可发现，其学术背景涉及翻译学、外语研究、比较文学、文化研究、历史学、宗教学、艺术学、社会学等诸多研究领域，甚至还有来自自然科学领域的研究人员。概言之，当下的翻译史研究不仅充满了生机与活力，而且发展前景也一片光明，甚而出现了构建翻译史亚学科乃至独立学科地位的呼声。

然而，在翻译史研究繁荣的背后，我们亦观察到了其所存在的不足。确切地说，学界对翻译史研究本身，其理论话语、研究方法以及翻译史书写等问题，还缺乏系统的梳理与探讨——近年来，中西方虽有一些学者有志于此，但其成果多为零星的散论，与翻译史研究当前的繁荣景象不甚相称。有鉴于此，本书致力于探索翻译史学理论和翻译史书写模式，旨在使翻译史研究方法走向理论化与系统化。全书具体章节架构如下：

孔子云："名不正，则言不顺；言不顺，则事不成。"第一章旨在厘清翻译史研究（翻译史学）之"名"——"主体对客观翻译史的系统认识"，明确其学科性质——"以翻译为对象的专门史，也是跨历史学和翻译学的学科史"，廓清其认识范畴——涵盖翻译史实践、翻译史论和翻译史学研究三个层次。在此基础上，第二章对中西方翻译史研究数百年来的历史进程进行梳理评述，可谓中西方翻译史学简史。整体来看，第一、二章是对翻译史研究的理论描述和历史梳理，相当于全书的第一部分，旨在总结过往研究的成果与不足，为接下来的研究工作张目。

第二部分以清代桐城派标举的"考据、义理、辞章"三位一体的论学论文术语为研究思路，分三章详细探讨翻译史研究的治学之道。本书中的"考据"是指发掘新史料、翔实地占有史料和辨析史料。第三章针对翻译史研究的这项基础工作，详论翻译史料的类型、性质与功能，探讨史料搜集、拓展、鉴别、整理和运用的方法与途径，努力实现翻译史研究之"真"。"义理"是指运用适切的理论和方法对史料进行深入的分析研究，得出科学的结论。第四章针对翻译史研究的关键工作，切入研究的理论视角，详论跨学科的翻译史研究方法，追求翻译史研究之"善"（亦即由史料之"真"引发学术良知，从而作出对研究有益且适当的行为），努力恢复翻译史的面貌。所谓"辞章"，就是通过"妙手著文章"，将研究成果按一定模式书写成史学作品。第五章针对翻译史研究的收官工作，详论翻译史研究的内容整合与书写模式，尽力创造学术精品，寻求翻译史研究之"美"。

第三部分即本书的第六章，相当于全书的结语。该章针对翻译史的文化史属性，深入思考重写翻译史的原因，并展望翻译史研究的发展前景。这样的结尾旨在建构翻译叙事与历史叙事相统一的翻译文化史研究范式，进一步凸显翻译史研究严密合理的思理逻辑及其文化意义，从而有效地保证翻译史书写在文学性与历史性、主体性与客观性、多元性与一致性上的统一。

概而言之，本书首先在确定翻译史研究名与实的基础上，系统梳理和考量中西方翻译史的研究脉络、发展趋势与前沿成果；进而逐步探讨翻译史料的搜集、拓展、鉴别、整理和运用，跨学科的翻译史研究方法以及翻译史书写模式，并佐以案例分析和理论话语阐述；最后提出笔者自己的思考判断以及对未来研究的展望和建议。总的来讲，本书的主要目的是帮助读者深入了解翻译史研究领域，掌握系统的翻译史研究方法，明确相关话题应该从何处着眼、如何入手，以对读者起到研究导论和方法论指引的作用，使之成为翻译史研究的常备参考书。

本书具名《翻译史研究方法》，意在向著名的翻译史研究学者安东尼·皮姆（Anthony Pym）的英文著作致敬。皮姆的*Method in Translation History*的中文书名最早由王克非教授译作《翻译史研究方法》，其后固定为该书的中文名称。多年前笔者就希望将这部开翻译史研究之先河的名作翻译成中文，但苦于多种原因，一直未有行动。当然，致敬同行绝非重复前辈之作，而应在借鉴基础上进一步思考和阐发，本书的核心思路在于尝试以中国传统学术话语来探索翻译史研究。这也是本书的英文名称翻译作*Studies on Translation History*，有别于皮姆的*Method in Translation History*的原因。此外，鉴于作者的学术背景和潜在的中文读者，尽管本书的翻译史研究以一般意义上的翻译史研究为对象，且尽量考察翻译史研究的共性特征，本书仍将主要以中国翻译史现象为实例来探讨相关问题（同理，皮姆也多以西方历史上的翻译现象为研究对象）。

笔者从事翻译史研究多年，2010年曾获批教育部人文社会科学研究一般项目（规划基金项目）“翻译史学理论与方法——基于中西方翻译史研究的批判性考察”（已于2014年结项）。本书是该项目结项之后的后续研究成果。在此，我要感谢“翻译学核心话题系列丛书”总主编王克非教授的信任和指导。四年前，正是受王老师的委托，我才又重新踏上翻译史学理论与方法的探索之路；在本书的写作过程中，还承蒙其多次给予指导和建议，予我以深深启迪。本书汲取了他丰富的学术思想。可以说，如果没有老师的鼓励和指导，不可能有此书的写作设想，更不可能完成此书的写作。

我还要感谢邹振环、穆雷、欧阳东峰、郑锦怀、岳峰、韦努蒂（Lawrence Venuti）诸教授，他们之中有些人我还从未谋面，仅通过阅读相识，本书的写作亦深受其启发和影响，部分章节记录了他们的学术思想，留下了他们的身影。我从他们那里获益良多，因此就我而言，文中的致谢还不足以表达我对他们的深深谢意。

在本书的长期酝酿过程中，很幸运有很多同事和朋友给予我指导和支持。他们是安徽工程大学的刘聪教授、安徽师范大学的张德让教授与刘和文教授、西安外国语大学的黄立波教授与刘晓峰博士、河北工业大学的孙乃荣博士以及陕西师范大学的史凯博士。对有着与我相同或相异的学术背景的他们，我表示衷心的感谢。

能够在外语教学与研究出版社出版本书，我深感荣幸。项目负责人董一书女士对我无休止的延期交稿予以了宽容和理解，并抱以极度的耐心；她与编辑蔡天航女士精心审校和修订了书稿。感谢她们为本书出版所付出的努力和辛劳。

翻译史学理论与方法是当下翻译史研究的薄弱环节。本书尝试在这一领域进行探索，既是填补相关研究的空缺，亦可以说是某种形式的翻译史书写。如书中所言，翻译史书写“整体上形成了一个多元的书写格局，但对于每一位书写者来说，他们书写的都是属于他们自己的单一的历史”。因此，本书仅是笔者的一家之言，限于笔者的学识和学术能力，难免有疏漏或不当之处，恳请广大同行和读者批评指正。

黄焰结
安徽师范大学
2021年10月

第一章 翻译史研究的体系与范畴

1.1 引言

在古希腊知识体系中，历史和诗歌、音乐、舞蹈都属于文艺范畴。据希腊神话记载，主神宙斯（Zeus）与记忆女神穆涅摩西涅（Mnemosyne）有九个女儿，亦即九个缪斯（Muses），她们分别掌管文艺的九个领域，其中掌管历史的女神手执一幅卷轴，被称作克丽奥（Clio或Kleio）。"历史女神克丽奥的大厦的确很宽敞"（Brinton 1964：310），包括翻译等"许多不同的住处"，只是各个住处的"设计和摆设风格迥然有异"[1]。历史学的多样性显而易见，而克丽奥眼中的翻译则凸显了翻译史的存在。

由此，翻译史研究自16世纪浮出历史地表以来，经过数百年的发展，终于在20世纪后期于克丽奥宽敞的大厦里觅得了一方"住处"。实际上，20世纪90年代初以来，随着翻译研究的"文化转向"的进一步推进以及翻译学独立学科地位的确立，翻译史研究渐渐兴盛起来，实践史、理论(思想)史、史料集、翻译家传等各种具体翻译史以及翻译史学研究等方面的著述相继出现（Bastin & Bandia 2006：9-10；Pym 1998/2007：

1 引文语出美国历史学协会主席克莱恩·布林顿（Crane Brinton）于1963年12月29日在费城召开的历史年会上的发言，原文是："Clio's house is indeed a spacious one, with many different dwelling places, planned and furnished in many different styles."。

12)，翻译史研究呈现出一片光明的前景。就中国学界而言，翻译史在翻译研究论著中所占的比例由1978年至1982年的3.7%上升到了2002年至2007年的5.9%(许钧、穆雷 2009a：79)[1]；在中国出版的翻译史著作从1979年至1983年的寥寥10余部突涨到了2009年至2013年的190部，30余年出版总数不下540部(黄焰结等 2016：39)；近20年(2001—2019)发表的翻译史研究论文则高达7,079篇，自2005年起每年发文数量都在200篇以上，2014年甚至高达603篇[2]；就博士论文而言，翻译史研究已发展成为翻译学中第二受关注的研究领域，相关博士论文占翻译研究博士论文总数(686篇)的33.5%，仅比排第一名的翻译理论(占35%)少1.5个百分点(穆雷、邹兵 2014：15)；截至2016年，国家社会科学基金项目中翻译史研究项目立项超过100项，成为占比最大的翻译研究类国家社科项目(穆雷、王莹 2018：vii)。由是可以说，翻译史研究再也不是50年前霍姆斯(Holmes 2000：185)笔下那个无足轻重的“灰姑娘”[3]，而已发展成为翻译学中一个独立、完整的研究领域(Pym 1998/2007：4)，甚至成为一个“步入青年期”(Bastin & Bandia 2006：11)的独立学科了。

翻译史既是以翻译为对象的专门史，也是跨历史学和翻译学的学科史。翻译史的知识体系构建了翻译史研究的学科体系。那么，何为翻译史与翻译史研究？翻译史研究具有什么样的学科性质，与历史学和翻译学有

1 该文所依据的材料主要包括30年(1978—2007)来中国内地主要外语研究期刊上发表的翻译研究论文，国内机构出版的翻译研究著作，以及全国重要的翻译理论研讨会成果等。

2 该数据通过中国期刊网“远见搜索”(http://yuanjian.cnki.net/Search/Result)对“翻译史”关键词(近20年)进行学术研究指数分析所得，2020年4月25日读取。

3 1972年8月，第三届国际应用语言学大会在丹麦哥本哈根举行。詹姆斯·斯特拉顿·霍姆斯(James Stratton Holmes)在大会的“翻译组”(the Translation Section)宣读了题为《翻译研究的名与实》(“The name and nature of translation studies”)的英文会议论文，简要指出翻译史研究归属于翻译学“理论研究”之下“分别研究”的“时间侧重”(time-restricted)板块。该论文及其荷兰语译文随后陆续发表在一些(会议)论文集和学术刊物上，期间有些许文字和格式上的修订，后又收录于荷兰罗多彼出版社(Rodopi)1988年出版的霍姆斯个人的论文集《译稿杀青！文学翻译与翻译研究文集》(*Translated! Papers on Literary Translation and Translation Studies*)中(参阅Homles 1988/2007：66-80)。

什么样的关联？翻译史研究又由哪些层次构成，各个层次分别具有什么样的特征？本章从翻译史概念出发，尝试探讨上述问题，以勾勒翻译史研究的知识体系与学科范畴。

1.2 翻译史研究的知识体系

欲探讨翻译史研究的知识体系与学科范畴，必得先从其“名”开始。名即名称、名头、名义、名分，只有从辨名出发，厘清概念，才能透过翻译史中的人、事、物等具体现象，落实到研究之实际与实质。

1.2.1 翻译史与翻译史研究

一般说来，历史(history)有两种含义：一是指过去的思想或曾发生的事件和活动；二是指对过去的认识和理解，亦即历史学(Dray 1993：1；何兆武 2009：4)。基于此，作为历史分支的翻译史(translation history)包括如下两个层面：(1) 人类过去的翻译经历；(2) 对人类过去的翻译经历的描述与研究。前者是历史上有关翻译的事件和现象，是描述和研究的对象与前提，可以称为“翻译的历史”[1]；后者则是一般意义上的“翻译史研究”，既包括撰写历史的活动，也包括对翻译史这门学问发展历程的研究，亦可称为“翻译史学”，即英语中的Historical Translation Studies或广义的Translation Historiography[2]。例如，在句子“这部翻译史没有很好地处理中国翻译史的分期问题”中，前一个“翻译史”指翻译史研究的成果，而后一个“翻译史”则指历史上的

1 英文的history和中文的“历史”一样，具体和抽象的词义都用同一个词来表达，只能靠语境区分。而在德文中，客观存在的抽象的历史为Geschichte，而具体的历史研究则为Historie。

2 在英文中，historiography传统上指“关于历史书写方法的研究”，后来其意义扩展为“人们书写历史的活动以及对历史学问的研究”，与history的第二层意义重叠。西方有些学者(如Milton 2001)为了凸显“翻译史研究”这层意思，偶尔也采用Historical Translation Studies这一术语。

翻译事件与翻译现象。换言之，“翻译的历史”是抽象的客观历史存在，而“翻译史研究”则是对人类翻译历史的认知与探索，最终会产生具体的学说、著述，乃至构建翻译史学科或知识体系。

因为翻译史的这两层意思，人们出于习惯或方便等原因，往往用翻译史来指代翻译史研究。西方著名翻译史研究学者皮姆（Pym 1998/2007：5）就宁愿用Translation History来代替Translation Historiography[1]，因为他觉得后者表述“欠佳”（less pretty）。实际上，这两者既有联系又有区别，其中最重要的区别就是翻译史与翻译史研究的主客体完全不同。我们知道，一切人类知识都属于“认识”的范畴，翻译史研究也不例外，是认识的科学。从哲学上看，认识是主体和客体之间相互作用的过程和结果。主体指“历史行动中的人”(马克思、恩格斯 1979：237)，即进行实践、认识客体的人本身；客体与主体相对，是主体认识活动所指向的事物(孙书南 1987：27)。就抽象的翻译史而言，主体是从事翻译的人——译者，或曰翻译家；客体则是源语文本(原作)以及由此产生的目标语文本(译作)。由此一来，所谓翻译史，就是指人类从事翻译的历史，即历史上翻译客体的总和。就具体的翻译史而言，翻译史研究的主体则是翻译史研究人员，或曰翻译史家；客体就是客观存在的翻译史本身，不仅包括翻译史的主体(译者)和客体(原作和译作)，还包括由译者拓展开来的翻译语言与风格、翻译方法与策略、翻译思想、翻译流派、翻译机构，以及与翻译作品相关联的翻译接受者和媒介者，乃至翻译史研究本身。简言之，翻译史研究就是主体对客观翻译史的系统认识。笔者将翻译史与翻译史研究的区别归纳于表1.1中。

1 土耳其学者Şehnaz T. Gürçağlar（2013：132）在为《劳特利奇翻译研究手册》（*The Routledge Handbook of Translation Studies*）撰写“翻译史”词条时，也声言以history指代 historiography。此外，就历史研究领域而言，很多学者也这般命名其著作，如美国著名史学家詹姆斯·哈威·鲁滨逊（James Harvey Robinson）1912年出版的反传统史学的重要代表作就以*The New History*作为书名，除1920年北大翻印该书时将书名译为《新历史》外，中国史学界一直采用《新史学》这一中译名(李孝迁 2007)。

表 1.1　翻译史与翻译史研究的区别

类别	客体	主体
翻译史	源语文本（原作）与目标语文本（译作）	译者 / 翻译家
翻译史研究	客观存在的翻译史本身（包括译者、原作与译作等）	翻译史研究人员 / 翻译史家

所以说，如果忽视了翻译史与翻译史研究的区别，就很容易造成误解和混乱，给研究带来不便。有些学者就比较严谨，除使用“翻译史”或与其相近的术语外，还会采用与研究相关的字眼对其进行修饰，如王佐良（1987：3）和王克非（1997：3）分别使用的“译史研究”与“翻译历史的研究”，部分西方学者会采用Historical Translation Studies[1]这一术语。此外，皮姆的著作*Method in Translation History*在国内首译的书名便是《翻译史研究方法》(柯飞 2002：31)。

1.2.2　翻译史研究的（亚）学科性质

皮姆（Pym 1998/2007：199-201）将翻译史研究定位为“交叉学科”（interdisciplinarity），认为其与比较文学、语言学、社会学、文化学等人文社会学科有着千丝万缕的联系。这种定位扩大了翻译史研究的疆域，包容了一切可研究的内容，但对其性质的泛化描写却使翻译史研究处于“无根”的尴尬境地，使其主体学科淹没在宏博的学科交叉之中。翻译史研究是交叉学科这个命题不假，但既然它是对客观翻译史的系统认识，那么确切地讲，它的主体构建学科应该是翻译学和历史学。

首先，翻译史研究是翻译学“基础的基础”，即翻译学科三个最基本的支撑点之一[2]（谢天振 2013：5)。尽管翻译史研究与翻译学的主体不

1　参阅本书1.2.1小节脚注2的内容。尽管有不少西方学者采用Translation Historiography这一术语，但鉴于historiography一词的多义性，一些研究者未必以此来指称广义的翻译史研究。

2　翻译学其他两个最基本的支撑点是翻译理论与翻译批评。

同(翻译学的主体是翻译研究人员),但它们所面对的客体都是翻译。任何客体都具有一定的空间形式和时间形式,都有其存在的场域和产生、发展及最终消亡的历史。换言之,任何客体总在一定的时空下运动,翻译客体也是如此。主体对翻译客体在时间性和空间性上的认识差异,造就了翻译史研究与翻译学的学科性质差异。一般而言,社会科学、自然科学和思维科学都主要是主体对客体的空间性认识的科学,唯历史学有所不同,虽然历史学也是人文社会科学的一种,但它归根结底更倾向于是主体对客体的时间性认识的科学(范钟秀等 2011:23)。法国年鉴学派(Annales School)史学代表人物马克·布洛赫(Marc Bloch)(1953:27)就曾指出,历史(学)乃是一门时间中人的科学(the science of men in time)。就翻译史研究而言,它反映的显然是主体对翻译客体在时间上的认识;而且近年来,翻译史研究确实也在贯彻"以人为本"(Pym 1998/2007)的研究思想,翻译史的主体——译者——成了翻译史研究客体中最重要的要素。相较而言,翻译学则是反映主体对翻译客体的空间性认识的科学。因此,从学科性质来考虑,翻译史研究应属于历史学范畴;加之它研究的又是翻译这一特定现象在历史上的发展状况,所以它应该是一门专门史。

其次,当我们说某学科是一门时间性很强的学科时,并不意味着我们否认要在其中把握空间概念。只有把这一学科所涉及的话题、内容或知识限定在一个空间内,才能对其进行讨论,因为对任何事物的认识都是在一定的时空下进行的。时间性强的学科也需要空间的场域,也就是要寻找一个认识历史的落脚点。翻译史研究的最佳空间落脚点自然是翻译学,因为二者所面对的客体都是翻译。因此,翻译史研究反映了主体把翻译客体限定在翻译学空间内对时间性的认识。这样看来,翻译史研究既需要历史时间的辩证与想象,也少不了发挥翻译学空间的想象力。今天翻译史研究的繁荣应该说是历史时间和翻译学空间想象力共同作用的结果。这就说明,翻译史研究的学科性质是以翻译为对象、跨历史学与翻译学的专门史。不过，翻译史研究的空间认识虽然以翻译学为基点，但又不应仅仅局限于翻译学，而应该使翻译学空间与文学、语言学、宗教学、哲学、社会学、文化学等学科空间相融合，从而构成一个多元、异质的动态空间。唯有如此，人们对翻译客体的历史认识才不至于显得狭隘与偏颇，才会更加全面与合理。这也是笔者对于翻译史研究作为跨学科研究的看法。

需要说明的是，作为一门有空间性倾向的学科，翻译学也需要时间上的辩证和想象力。福柯说，时间是一个充满辩证和想象力的概念，而空间往往是僵硬的、固定的、没有任何生气的概念(转引自范钟秀等 2011：23)。因此，若缺乏翻译史研究，翻译学将会僵化，可见翻译史研究(包括翻译学史)之于翻译学的重要性。毕竟，翻译史的构建是现代翻译理论的头等任务(Berman 1984/1992：1)，也是翻译学建设的两项具体工作之一(董秋斯 1951/1984：543)。

再次，翻译史是知识复兴之地，可以为深度的跨文化理解和真正的全球意识[1]提供合适的空间。不过，从空间性来看，翻译史研究存在西方(中心)和非西方(边缘)之别。我们知道，空间是有中心和边缘的，而且二者在知识上存在差异。在今天的翻译史研究领域，所谓的欧洲中心主义或西方中心主义的翻译话语与非西方边缘翻译话语的对立、协商或相互迁移过渡，就是空间方位与知识的逆势运行。为此，乔治·L. 巴斯坦(Georges L. Bastin)和保罗·班迪亚(Paul Bandia)(2006)等学者立足拉美，批评西方中心主义的翻译史研究，呼唤非西方话语的声音。他们的呼吁得到了孔慧怡等中外学者(包括主流的西方学者)(如Bandia

1 如今虽已进入全球化时代，但不同文化之间仍存在龃龉和障碍，因沟通交流不到位而导致冲突的现象时有发生。可这些文化冲突被全球化的表象所掩盖，甚至全球化“虚假地披上了真实的外衣”(庾虎 2014：107)。具有文化交流史性质的翻译史有望助力实现“深度的跨文化理解和真正的全球意识”，去除全球化表象的虚假性，构建真正意义上的全球化。但就当前的翻译史学术研究而言，具有全球史意识的翻译史书写还处于尝试与探索之中(详情参阅本书6.4.2.1小节)，因而笔者亦期望能早日见到真正意义上的全球翻译史面世。

2008；Hermans 2006；Hung & Wakabayashi 2005；Ricci & Van der Putten 2011）的响应，这些学者努力发掘与弘扬亚非翻译传统，突出民族翻译传统之间跨文化的联系，以重构真正全球意识上的翻译史研究。

1.2.3 翻译史研究的认知范畴

方梦之（2004：348）将翻译史定义为“记叙人类社会翻译活动和人们对翻译的认识的历史”。在此基础上的翻译史研究包括翻译实践史和翻译理论史两部分，亦即刘宓庆（2005：19）所言的翻译发展史和翻译理论史。显然，前述划分方法对翻译史的认知范畴比较狭窄。王克非（1997：2-3）则区分了翻译史研究与翻译文化史研究：前者是对既往翻译活动的记述，重点描述翻译人物、翻译活动、翻译机构、翻译流派和翻译事件等；后者则不止于此，重在研究翻译对于文化的意义与影响以及翻译在文化史上的作用等。

环顾西方，皮姆（Pym 1998/2007：5）认为，翻译史研究应包括“翻译考古”（translation archaeology）、“历史批评”（historical criticism）和“解释”（explanation）三部分。“翻译考古”描述翻译活动发生的时间、地点、经过和译者等问题，与朱迪斯·伍兹沃斯（Judith Woodsworth）（1995：12）和沈安德（James St. André）（2009：134）所言的翻译实践史（history of translation practice）相对应。“历史批评”指的是当时的人对历史上翻译活动的作用所作的评论[1]，与伍兹沃斯的翻译理论史（history of translation theory）或沈安德的翻译理论与批评史（history of translation theory and criticism）相对应。可见，这两部分是对历史上翻译现象和翻译批评（或思想）的挖掘和记录，既与王克非的翻译史研究相对应，又等同于何塞·兰伯特（José Lambert）（1993：9）所说的“史料的综合展示”（synthetic display of historical material），其研究成果包括翻译史

1 相应地，融入当代价值观的今人评论则是非历史批评（non-historical criticism）。

料集（collections of texts put in a historical order）和各种各样有关翻译家和翻译现象的“具体史”（histories on translators and translations）。此外，对于“解释”部分，皮姆认为应该用一定的理论话语来阐释翻译史实的成因，对应于伍兹沃斯（Woodsworth 1995：14）的“以论带史”（different approaches to history of translation）与兰伯特（Lambert 1993：9，20）的“史论结合”——即以论带史或以史带论（the discourse upon historical data, or the argumentation on the historical object），王克非的翻译文化史研究也属于这种历史话语阐释范畴。上述学者们关于翻译史研究范畴的观点可简单归纳为表1.2：

表 1.2　中西方学者眼中的翻译史研究范畴

学者姓名	对翻译史研究范畴的划分		
方梦之	记叙人类社会翻译活动的历史	记叙人们对翻译的认识的历史	
刘宓庆	翻译发展史	翻译理论史	
王克非	翻译史		翻译文化史
皮姆	翻译考古	历史批评	解释
伍兹沃斯	翻译实践史	翻译理论史	以论带史
沈安德	翻译实践史	翻译理论与批评史	
兰伯特[1]	翻译史料的综合展示——翻译史料集和各种“具体史”		史论结合

综上所述，上述学者均认为翻译史研究是对客观翻译史的记录、描述与解释。兰伯特提出的整合翻译实践史和翻译理论史、书写各种“具体史”的想法既比较合理，也容易操作，只可惜未进一步展开。不过，这样一个翻译史研究体系还不够完整、系统。按照比利时鲁汶大学教授利

1　需注意的是，兰伯特（Lambert 1993：9）以history来指代“翻译史料的综合展示”，以historiography来指代“史论结合”，以示二者的区别。

芬·德赫斯特(Lieven D'hulst)(2010: 397-398)对历史研究的划分，这一体系还缺乏对翻译史研究理论及翻译史研究自身相关问题的探讨。德赫斯特认为历史研究有三个层次，即历史描述(history)、历史阐释(historiography)和元历史研究(metahistoriography)。该历史研究框架为翻译史研究提供了借鉴。

如1.2.1小节所述，翻译史研究的客体具体包括:(1)翻译史的主客体，即译者、翻译作品、翻译方法、翻译思想等;(2)翻译作品的接受者或读者;(3)翻译的媒介，即翻译在传播过程中被介入的因素;(4)翻译史的学科史(黄焰结 2011: 52)。按照德赫斯特所勾勒的历史研究范畴，翻译史研究这四个横向联系的客体又覆盖三个纵向发展的层次，即翻译史实践、翻译史论和翻译史学研究。翻译史实践是对人类社会翻译活动和人们对翻译的认识的历史描述，研究对象是抽象的、客观存在的"翻译的历史"；翻译史论指以一定的理论为指导而进行的对翻译史料的系统分析，以及由此形成的历史认识或理解，其直接研究对象是翻译史实践，间接对象是客观抽象的翻译史。翻译史实践和翻译史论可统一称为翻译史学实践。翻译史学研究则是对翻译史学实践的理解或诠释，即对翻译史的史料、理论话语、研究方法、论证结构、叙述书写以及翻译史研究自身问题的理论探索，或曰翻译史研究的"元(meta)研究"。这三个研究层次循序渐进，前者是后者的基础，后者是对前者的反思和提升。它们之间的关系可概括为图1.1所示内容：

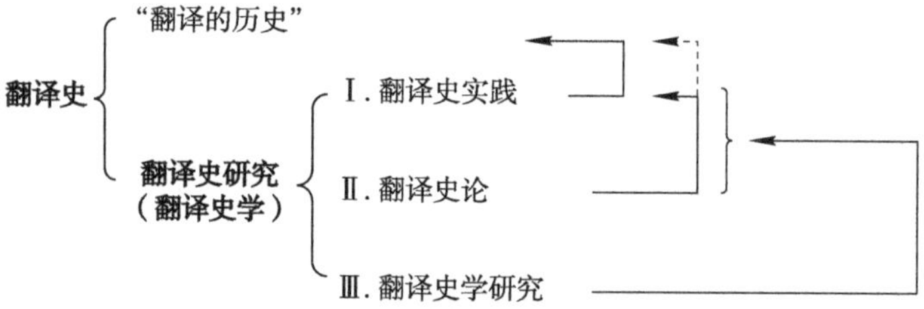

图 1.1 翻译史研究的空间层次

从客体系统的角度来看，翻译史研究则包括众多的专门翻译史研究。我们知道，客体系统由自然客体、社会客体和精神客体构成，这三个次级客体又分别包括更次级的相对独立的客体。翻译客体和经济客体、教育客体、文化客体一样，都属于社会客体的次级客体，即客体系统的第三次级客体，但其本身又包含了科学翻译、翻译理论、文学翻译、口译、宗教翻译、翻译文学等四次级客体[1]。这样推演，文学翻译史研究就是主体对文学翻译客体的历史认识，科学翻译史研究是主体对科学翻译客体的历史认识，口译史研究则是主体对口译客体的历史认识，等等。显然，翻译史研究范围很广，包括综合翻译史、文学翻译史、翻译文学史、翻译理论（思想）史、宗教翻译史（如佛经、《圣经》等宗教典籍的翻译史）、民族翻译史、典籍翻译史、科学翻译史、翻译家研究、口译史、性别翻译史、翻译出版史、译者口述史等次级客体的历史研究。同理，第四次级客体又分别包含了许多第五次级客体，第五次级客体又包含了许多第六次级客体……以文学翻译史研究为例，下面有小说、诗歌、戏剧、散文等文体翻译史研究；而戏剧翻译史研究之下又有话剧、歌剧、音乐剧、莎士比亚戏剧等更次级的类型翻译史研究。翻译史研究客体的层级划分如图1.2所示。

随着主体对翻译客体的认识逐步加深，认识本身又构成了新的认识对象，也就是"元（meta）认识"。比如，主体对翻译史研究本身的认识，在空间上表现为"翻译史学研究"，在时间上表现为"翻译史学史"；主体对翻译学本身的认识，在空间上表现为"翻译学研究"，在时间上表现为"翻译学史（或翻译研究史）"。因此，翻译史研究除包含对上述客体的历史研究之外，还有对自身以及翻译学历史的学术探索。也就是说，翻译史学研究和翻译史学史等元研究也属于翻译史研究体系。这样看来，翻译史研究也是"辨章学术，考镜源流"的学术史研究。

1 虽然口译客体与科学翻译和文学翻译等客体的范畴有重合部分，但口译作为翻译的一种特殊形式，可谓一种特殊的翻译客体。学界为了区分口译与笔译，往往将口译单独列出，故本书在这里也将口译客体作为与科学翻译等客体并列的第四次级客体单独列出。

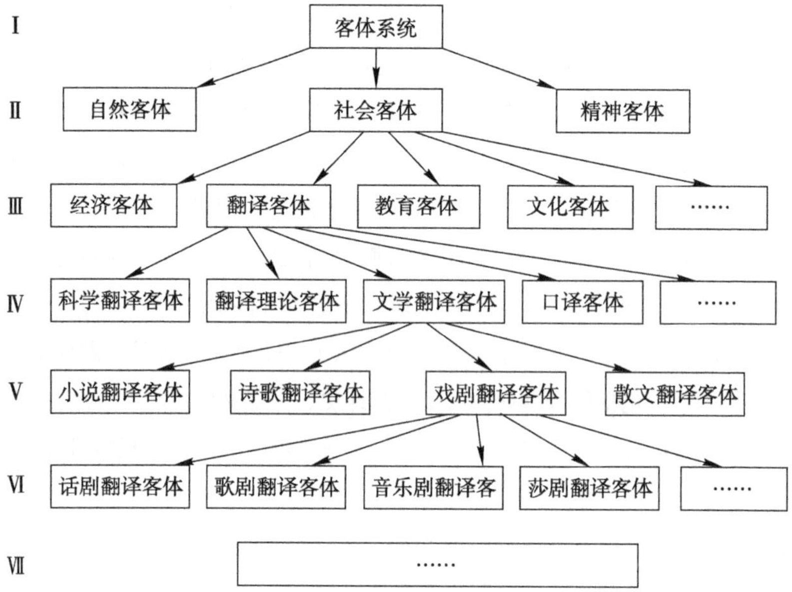

图 1.2　翻译史研究客体层级图

以上主要是从空间角度来看翻译史研究的范围，下面再从时间视角来认识。

时间分为物理时间和历史时间。物理时间是自然的、持续的、没有断裂的时间，而历史时间虽也体现了客体的持续性和顺序性，但不可能没有断裂性。年鉴学派代表人物费尔南·布罗代尔（Fernand Braudel）提出三种历史时间概念，分别是与环境相关的长时段，与社会经济文化相关的中时段以及与具体事件相关的短时段；人类的历史活动分别在地理时间、社会时间、个人时间这三个时间层面上都留下了痕迹（费尔南·布罗代尔 1996：8-10）。就翻译史研究而言，由于物理时间涉及“长久持续的时间单位”上的翻译客体研究，因此它对应翻译通史（指时间维度，不涉及空间的广度与深度）、翻译编年史和翻译纪传史，强调社会结构与翻译客体的环境关联，是一种静态的历史研究；而历史时间的断裂性又造就了断代翻译史，如按王朝、世纪或历史特定阶段划分的翻译史。当然，人类活动的环境，还对应区域(洲别、国别、省别、民族、文化族群等)翻译通史、断代史、编年史和纪传史；社会时间体现的是社会群体的历史，对应翻译社会文化史，时间长度居于中时段；至于个人时间，体现的是与个人相关的或时间短暂的小规模事件，对应翻译家研究(包括传记)和翻译事件史。

简言之，从空间和时间角度分别来看翻译史研究，会获得不同的认知范畴和研究类型，它们构建了一个宏观而又庞杂的翻译史研究体系。之所以说“庞杂”，是因为翻译史研究的各个分类或分支并不是孤立存在的，它们往往多层次、跨范围交叉，形成一个学术网络。比如，王建开(2003)的著作《五四以来我国英美文学作品译介史(1919—1949)》从文学事件的生成因素和读者接受的视角，揭示了英美文学译介的题材和方式与现代中国社会进程的关系，属于翻译史论的范畴，但同时它又是一部中时段的中国英美文学翻译断代史研究作品。

1.3 翻译史研究的三个层次

1.2.3小节提到，翻译史实践、翻译史论和翻译史学研究是翻译史研究循序发展的三个层次。这三者具体分工不尽相同，在研究对象、研究主体与研究成果等方面都存在差异(详见表1.3)。

表 1.3 翻译史研究三层次之比较

类别	研究对象	研究主体	研究成果
翻译史实践	“翻译的历史”(包括译者、原作与译作等)	翻译史家	翻译史料记录、整理与汇编，翻译史描述等
翻译史论	间接对象是“翻译的历史”，直接对象是翻译史实践		翻译史论著述
翻译史学研究	翻译史实践与翻译史论、翻译史家	翻译史学家	翻译史学著述

如果将翻译史实践比作采集建筑材料，那么翻译史论就是运用材料搭造建筑物，而翻译史学研究则是对建筑材料、建筑物、建筑理论和方法的批评与进一步探索。这三个研究层次代表了翻译史研究三种不同的研究范式（paradigm）。

1.3.1 翻译史实践

翻译史实践是翻译史研究的基础层次，主要关涉翻译现象的过程描述，翻译史料的发掘、鉴辨、梳理与记载等基础性工作，也就是兰伯特所言的“翻译史料的综合展示”。其研究内容覆盖综合翻译史、文学翻译史、翻译理论（思想）史、宗教翻译史（如佛经、《圣经》等宗教典籍的翻译史）、民族翻译史、典籍翻译史、科学翻译史、口译史、翻译出版史、翻译家口述史、翻译学史（或翻译研究史）等，描述的对象包括翻译活动（精英文化的和大众文化的）、翻译事件、翻译人物（个人或群体）、翻译作品、翻译机构、翻译流派、翻译出版等。简言之，翻译史实践是人们对翻译史实的最基本认识，尽量如实展现翻译史“是什么”，长于对翻译史料的梳爬整理，而疏于对事件的解释和对历史联系的分析。它所产生的“具体史”类型有：

1）叙述性的翻译史话，如阿英（1938/1981）的《翻译史话》（上海古籍出版社）、臧仲伦（1991）的《中国翻译史话》（山东教育出版社）、王晓丹（2012）的《翻译史话》（社会科学文献出版社）、埃德蒙·加利（Edmond Cary）（1963）的《伟大的法国翻译》（*Les grands traducteurs français*）（Georg & Cie）等；

2）注重史料发掘和翻译现象历史过程描述的翻译实践史，如马祖毅（2006）主编的《中国翻译通史》（湖北教育出版社）、查明建与谢天振（2007）所著的《中国20世纪外国文学翻译史》（湖北教育出版社）、劳伦斯·M. 万斯（Laurence M. Vance）（1993）的《英语〈圣经〉翻译简史》（*A Brief History of English Bible Translations*）（Vance Publications）等；

3) 发掘与整理历史上的翻译思想和翻译批评话语的翻译理论史，如陈福康(1992)的《中国译学理论史稿》(上海外语教育出版社)、芙洛拉·罗斯·艾莫斯(Flora Ross Amos)(1920)的《早期翻译理论》(*Early Theories of Translation*)(Octagon Books)等；

4) 发掘和整理翻译史料的汇编，如罗新璋(1984)所编的《翻译论集》(商务印书馆)、黎难秋(1996)所编的《中国科学翻译史料》(中国科学技术大学出版社)、道格拉斯·罗宾逊(Douglas Robinson)(1997/2006)所编的《西方翻译理论：从希罗多德到尼采》(*Western Translation Theory: From Herodotus to Nietzsche*)(St. Jerome Publishing)等；

5) 记录与描述翻译家的传记和史录，如王寿兰(1989)主编的《当代文学翻译百家谈》(北京大学出版社)，高惠群与乌传兖(1992)的《翻译家严复传论》(上海外语教育出版社)，凯里·H. 康利的(Carey H. Conley)(1927)的《古代经典的早期英语译家》(*The First English Translators of the Classics*)(Yale University Press)，詹妮特·贝尔(Jeanette Beer)(1989)的《中世纪的译者及其技艺》(*Medieval Translators and Their Craft*)(Medieval Institute Publications)等；

6) 记录和描述翻译相关事宜的文献工具书，包括翻译(译作、译刊、译家、翻译机构等)的年鉴、年表、词典、百科全书、目录、提要、索引等，如徐宗泽(1949)编著的《明清间耶稣会士译著提要》(中华书局)、中国翻译协会编的历年《中国翻译年鉴》(外文出版社)、《中国翻译家辞典》编写组(1988)编写的《中国翻译家辞典》(中国对外翻译出版公司)、陈善伟(2009)编撰的《中西方翻译纪年：从远古至2004》(*A Chronology of Translation in China and the West: From the Legendary Period to 2004*)(香港中文大学出版社)、伊凡斯(H. B. Evans)(1959)的《伏尔泰英译暂定书目》(*A Provisional Bibliography of English Translation of Voltaire*)(Institut et Musée Voltaire)等。

翻译史实践作为翻译史研究的基础性工作，当然很重要。近年来翻译史研究逐步兴盛，记录和描述翻译史的著作不断涌现，这一现象说明，随着翻译史家立场和视角的不断变化以及新史料的发掘，翻译史在不断地被重新记录和描述。但在这一过程中，只有那些具有“典型性”的描述才会被引用，并能够继续参与到新的描述中去，而一般的“描述性”作品则逐渐被遗忘(邹振环 2010：20)。历史过程的残酷性说明，仅有“描述性”的工作是远远不够的，历史研究还需要研究者树立问题意识，形成一种捕捉对象的独特“视角”。翻译史研究需要抓住“典型性”的对象，通过自己的视角和方法来展现前人的翻译思想、经验和成果。这是一种阐释分析的工作，旨在揭示翻译活动与翻译思想发展变化的成因及其与社会变迁的关系，探讨的是“为什么翻译”的问题，这构成了翻译史研究的第二层次：翻译史论。

1.3.2 翻译史论

翻译史论是在翻译史实践基础上的提升，指基于史料，运用一定的理论来解释翻译现象，或以论述史，或以史带论，史论相结合，旨在揭示翻译产生、传播和接受的过程及其影响，以透视翻译与社会文化的历史关联。理论“包含对翻译问题的历史思考”，主要起“探照灯”(searchlight)的作用(Hermans 1999：34)，是研究的切入点。翻译史研究运用的阐释理论既包括翻译理论，也包括从社会学、比较文学、文化学、历史学、传播学、人类学、认知科学等学科领域借鉴而来的理论话语，以及后殖民主义与后结构主义的学术思想[1]。比如，王克非(1997)编著的《翻译文化史论》和美国学者韦努蒂(Laurence Venuti)(1995/2004)所著的《译者的隐身——一部翻译史》(*The Translator's Invisibility: A History of Translation*)就是翻译史论的代表作；前者从文化视角审视了翻译在文化

1 当然，鉴于翻译学的跨学科性质，翻译理论本身也借鉴和融入了这些学科的理论话语，如多元系统论、后殖民理论等。

史上的作用以及文化对翻译的制约，后者则结合文化霸权理论对“归化”的流畅翻译策略提出质疑，呼吁以“异化”策略彰显译者身份，以此抵抗英语国家的文化侵略。概括来讲，翻译史论表达了翻译史家的见解和判断，重点在“史识”，而不再是“史料”和“考证”，因而要防止大量的情节复述和事件介绍淹没“史识”。

应该说，翻译史研究的前两个层次都是对翻译活动的历史认识，都属于翻译史研究的实践性工作，不同之处在于翻译史实践是对翻译史的考察性认识，而翻译史论是对翻译史的价值性认识，前者为后者提供研究资料。翻译史实践重在对史料的发掘，强调史料的“全”与科学的“真”，尽力展现翻译史的客观面貌；而翻译史论重在对史料的阐释，强调对史料“粗中取精”，选择代表性的史料检验研究假设，以说明翻译现象或翻译史的发展规律，揭示翻译史实的成因及其与社会文化的关系。比如，对于英使乔治·马戛尔尼（George Macartney）访华事件（1792至1794年）中的翻译问题，季压西、陈伟民（2007）所著的《中国近代通事》凭借专著的篇幅优势，专门在第一章以翔实的史料描述了中英早期交往中的语言障碍问题，指出外语人才匮乏是关键因素。与此初步分析不同，王辉（2009）的论文《天朝话语与乔治三世致乾隆皇帝书的清宫译文》与王宏志（2013）的论文《大红毛国的来信：马戛尔尼使团国书中译的几个问题》则主要从国书翻译出发，分别从一定的理论视角阐释了翻译的运作。王辉分析，英国国书翻译成了向乾隆敬呈的表文，是天朝话语运作的必然结果；王宏志则认为，中英不同的政治制度与外交文化观念制约了翻译，因而出现了两种截然不同的中译文本。可见，《中国近代通事》主要关注翻译史实践，而王辉和王宏志从事的是翻译史论工作。当然，由于研究者的主体性或研究语境变化等因素，翻译史论会呈现出多元的研究视角和多样性的结论，王辉和王宏志的研究就是很好的例证。这些结论互为补充，从而构建出相对完整的历史真相。不过有的结论也会大相径庭，比如，孔慧怡（2005：75-86）通过大量的文献分析和资料发掘，提出鸠摩罗什而非人们普遍认可的玄奘才是中国最有影响力和最出色的佛经翻译家，从而否定了大多数研究者的结论。其实，研究结论之所以大相径庭，问题还在于大多数研究人员前期所开展的翻译史实践工作不扎实，以致出现论述错误。可见，翻译史实践和翻译史论并不是截然分开的、彼此孤立的两个层次。翻译史实践努力追求史料的“真”，但也不可避免地会受研究者主体思想意识的制约；翻译史论旨在对翻译现象进行阐释，但也不能失却对翻译史实的辨伪和进一步发掘，王宏志的上述文章就体现了这一特色。所以说，二者应该是相辅相成的，只是侧重点不同罢了。

简言之，翻译史实践和翻译史论都是以客观翻译史为对象进行的研究，前者尽量如实展现翻译史有什么，后者极力探索为什么翻译，探究历史上翻译活动的动因、目的与影响。虽然二者分属于描述与解释两个不同的层面，但实际上回答的都是“翻译史是什么”的翻译史本体问题，属于思辨的翻译史哲学范畴。翻译研究的“文化转向”之后，翻译史论从结构理论向社会学、文化学、后结构与后现代主义话语的嬗变，反映了翻译史本体论的发展。

1.3.3 翻译史学研究

翻译史研究的第三个层次是翻译史学研究，是对翻译史的书写、结构、术语，翻译史理论和翻译史学自身问题的理论探索，以翻译史实践和翻译史论两个实践层面为研究对象，对它们进行反思和进一步指导，可以说是完善翻译史研究的“元研究”。具体地说，翻译史学研究的内容包括：

1）对翻译史研究过程的理论探讨，即对如何研究翻译史和为什么要这样研究翻译史的理论探讨，也就是对翻译史研究前两个层次的批评与理论探索，涉及翻译史料学、翻译史书写模式研究、翻译史书写者的认知结构考察、翻译史著述的论证结构分析、翻译史的元语言研究（对书写翻译史的语言话语的批评研究）、翻译史阐释理论探讨（对以往的翻译史论作批评，探讨用什么样的理论话语和框架来解释翻译史实），以及对翻译家与翻译作品的评价理论、翻译史批评理论、翻译史的定义描述、翻译史的类型与特征、翻译史的目的与范围、翻译史的分期理论、翻译史发展的客观规律和辩证过程等问题。

2）对翻译史研究本身的理论探索，涉及翻译史研究的术语与原理、翻译史学的学科性质与研究对象、翻译史学史、翻译史学的价值与功能、翻译史学的认知范畴等方面。

可见，翻译史学研究回答"怎样认识翻译史"的问题，是翻译史认识论和方法论方面的思考，它既是翻译史研究的最高形态，又是考察翻译史的总体指导思想和最根本的方法论。此外，翻译史研究方法还是翻译史学理论在方法论上的延伸，既探讨翻译史的编撰方法与理论，也探讨翻译史研究本身的方法论；既探讨普遍方法（如唯物辩证方法、实事求是的史论结合方法等），也探讨专门方法（如比较研究法、系统研究法、计量研究法、心理研究法等）；既探讨一般方法（如分析与综合、具体与抽象、归纳与演绎、历史与逻辑、宏观与微观等），也探讨具体语境下的特殊方法（如语料库研究法、文本比照研究法、实证研究法等）。本书的第四章将专门探讨跨学科的翻译史研究方法。

迄今，翻译史学研究方面的著述尚不多见。国外在这方面的研究，除散见于学术期刊和翻译学专著的部分章节外，重要的著作有皮姆（Pym 1998/2007）的《翻译史研究方法》、约翰·弥尔顿（John Milton）（2001）主编的《巴西翻译史研究新观点》（*Emerging Views on Translation History in Brazil*）以及巴斯坦与班迪亚（Bastin & Bandia 2006）共同主编的文集《勾画翻译史的未来》（*Charting the Future of Translation History*）[1]，这些著述在翻译史书写、翻译史理论、翻译史学理论、翻译史学史、翻译史学科自身等方

1 即便是弥尔顿、巴斯坦与班迪亚的史著，也是翻译史论与翻译史学研究并存的著作，其大体结构是：前半部分探讨翻译史学理论，后半部分结合史学理论探讨翻译史现象。当然，也有相当一部分翻译史论著和翻译学著作的章节包含了若干史学理论的探讨，如苏珊·巴斯内特（Susan Bassnett）（1980/1991/2010）的《翻译研究》（*Translation Studies*）就论及了翻译史分期理论等。

面都有深入的探讨与反思。此外，《媒他》(*Meta*)、《翻译研究》(*Translation Studies*)、《译者》(*The Translator*)等翻译研究学术期刊都曾开辟翻译史研究专刊，专门探讨翻译史理论与方法(本书2.2.3节将专门论述)。在国内，邹振环(2017)所著的《20世纪中国翻译史学史》对百年中国翻译史学进行了纵横描述、批评与反思，应是中国翻译史学研究的开山之著[1]，而其他的论述也主要散见于学术期刊、翻译史著或翻译学著作的部分章节。

由上可见，翻译史学研究的主体和客体都不同于翻译史研究的前两个层次。翻译史实践和翻译史论的研究主体都是翻译史家，客体都是历史上的翻译现象，而翻译史学研究的主体是翻译史学家，客体是翻译史研究自身。这种从对客观翻译史的研究转移到对翻译史认识主体(即对翻译史家)上来的研究，属于分析/批判的翻译史哲学范畴。从皮姆和巴斯坦等人的著述来看，翻译史认识论经历了从客观主义到相对主义和多元主义的发展，而当下的翻译史方法论也日趋多元化，既融合了传统的“移情方法”(empathetic method，即对精心考证的翻译史料进行推演，进而描述精英翻译家和翻译史大事件)与技术成分较高的实证归纳与分析法，也借鉴了自然科学的相关研究方法。

简言之，翻译史学研究是对翻译史研究本身的认知和探索，旨在促进翻译史研究的发展，构建其学科身份。在这种意义上，翻译史学研究显然是翻译史研究的有机组成部分，甚至可以说是它的必要前提条件或“前导”(prolegomena)，因为翻译史研究必须通过自我反思与批判来认识自身。若没有这一必要的前导，翻译史研究体系必不完整，更谈不上科学。

1 在本书即将付梓之际，获悉谭载喜教授的新著《西方翻译史学研究》已于2021年9月在外语教学与研究出版社出版，该书旨在梳理西方翻译史学研究的发展历程与学术成果，应该是中国对西方翻译史学进行系统研究的最早史作。

1.4 翻译史研究的两种类型：内史与外史

“内史”与“外史”是历史学中的一对研究模式，是由美国科学哲学家托马斯·S. 库恩(1981：108-113)提出的，他将科学史划分为科学史的内史(internal history)与科学史的外史(external history)。内史关注科学知识的增长与发展，注重科学发展中的概念框架、方法程序、理论阐述等，关心科学事实在历史中的前后逻辑关系；而外史把科学家视为一个大的文化范围中的社会群体，在关注他们的活动的同时也考察影响和制约科学知识增长的历史、社会、文化及心理因素，亦即把科学放在社会文化背景中加以考察。

若将这一对方法运用于翻译史研究，那么所谓的内史就指：(1)从翻译自身的角度(语言转换角度)来探讨翻译在历史发展中所形成的的概念、框架、方法和理论，并阐述理论与翻译自身的关系；(2)剖析翻译史实在历史中的前后逻辑关系。英国翻译学者路易斯·G. 凯利(Louis G. Kelly)(1979)的《真正的阐释者：西方翻译理论与实践史》(*The True Interpreter: A History of Translation Theory and Practice in the West*)运用翻译与语言转换理论的关系来探讨西方翻译史实践和理论的历史发展及其相互关系，是一部典型的翻译内史著作，属于内史研究的第一种类型。翻译史实是翻译史的内部核心因素。翻译史研究的首要任务就是对翻译史实(包括翻译家生平、翻译家翻译思想/理论、翻译作品、译作目录与索引、译本版本、翻译风格、翻译团体、翻译派别、翻译机构、翻译政策等)的发掘、考证与整理，以及对史实产生机制的研究。第二类内史研究的典型例子包括：通过对不同历史时期译作的比较分析，观察翻译风格的历史变化与译者(们)翻译思想的变迁；通过原本与多个译本的比较，考察翻译方法与翻译风格的变化；通过考证译本的版本与印数，考察翻译活动的开展情况以及翻译的接受和影响；等等。内史研究是翻译史研究自身存在的基石，区别于其他学科的构成物质，换言之，内史研究是翻译史研究的基础和起点。一般来说，翻译史研究第一个层次（翻译史实践）的绝大多数研究，以及第二个层次（翻译史论）中从语言和心理等角度解释翻译现象历史变化的研究（实际上，纯粹的此类翻译史研究比较少）都属于内史研究范畴。

不过，内史研究仅从翻译与语言的角度论述翻译的历史发展和翻译史实的前后因果，忽视了外部环境对翻译的影响；而外史研究则把翻译活动纳入一个更大的文化范围中来考察，“重点注意寻找影响或决定翻译演变的社会环境和文化背景”（邹振环 2010：21）。比如，通过对译本的印数考证，来描述当时翻译活动开展的情况，或描述某部外国作品在目标语国的接受与传播情况，这是典型的内部研究方法；但如果拔高一个层次，探寻开展翻译活动或决定译本接受与传播的社会条件与文化语境，便不仅能拓宽翻译史研究的领域，还能提升我们观察问题的视角，完善我们思考问题的方法，从而帮助我们获得接近真实和完整的认知。翻译史研究第二个层次中，从时空上的纵向、横向关系探寻翻译活动演变条件及其影响因素的研究，以及从社会文化角度来解释翻译现象的历史变化的研究，都属于外史研究。因此，外史研究要求翻译史研究者不能局限于翻译史的范围，还要进入到社会史、科学史、文化史等相关的知识领域中。这种艰苦的结合，其意义不仅仅在于打通内史与外史之间的壁垒，形成一种统一的翻译史；更在于在这种新的范式下，翻译史研究能够大大拓展自己的研究领域，对翻译与社会之间的互动关系进行更为深入的分析和诠释。此外，这还是改善目前中国翻译史研究状况的一个必要途径。

1.5　小结

“翻译史”指人类过去的翻译经历，是抽象的客观历史存在，而“翻译史研究”（或曰“翻译史学”）是人们对翻译史的认识，前者为后者的知识体系构建提供准备。本章首先厘清了翻译史研究之“名”，使我们认识到，翻译史研究既是以翻译为对象的专门史，也是跨历史学和翻译学的学科史，与历史学和翻译学紧密关联。换言之，历史学与翻译学是翻译史研究的支撑学科，历史学主要为翻译史研究提供学科框架与方法论，而翻译学主要为其提供研究对象与研究内容。在此基础上，借助德赫斯特所勾勒的历史研究范畴，可将翻译史研究在空间上划分为翻译史实践、翻译史论和翻译史学研究三个层次：翻译史实践是对人类社会翻译活动和人们对翻译的认识的历史描述；翻译史论是以理论为指导对翻译史资料的系统分析及由此形成的历史认识和理解；翻译史学研究则是对前两者的理解或诠释，即对翻译史理论和翻译史研究自身问题的理论探索。这三个研究层次循序发展，前者是后者的基础，而后者是对前者的反思和提升。此外，翻译史研究的三层次在空间上又衍生出层级式的主题史，层级越低，主题越具体；在时间上则决定了翻译史的结构。

翻译史研究的三个层次代表了不同的研究范式。笔者考察中西方的翻译史研究发现，虽然翻译史研究的内容覆盖面很广，但多侧重于对文学翻译、宗教翻译和翻译思想/理论的历史叙述，长于对具体译史和译论的梳理与总结，编年体例的资料汇编，以及译家、译事或译作的个案研究，缺少从史学角度、运用史学研究方法深入研究翻译史的力作，更缺乏书写翻译史的系统理论研究（St André 2009：134-136；王宏志 1999：58；许钧、穆雷 2009b：205）。换言之，翻译史研究呈现出颇不平衡的研究态势：翻译史实践取得了长足进展（当然，其内部也存在研究态势不均衡和资讯、视角等方面的问题）；翻译史论一度比较薄弱，以史带论或以论释史的史论结合研究差强人意，但近年来上升势头很快，已占据翻译史研究的主流；而以翻译史书写模式、研究方法和史学自身问题为研究对象的翻译史学研究目前来看最为薄弱。

翻译史研究态势的不均衡，反映了翻译史学理论的欠缺。不过，随着皮姆等一班学者的努力，翻译史研究有望摆脱仅注重史料梳爬和翻译精英叙述的传统史学桎梏，走向注重文化建构的新文化史学和反权威、反中心的后现代史学；既从历史学、社会学和文化学等多个角度审视翻译史和研究翻译现象，加强翻译史论的阐释力，又不断完善翻译史学科的建设。当然，在研究态势的纠枉过程中，也不能因噎废食，忽视对翻译历史资料的挖掘、整理和总结。唯有如此，翻译史研究才能在各个层次上取得均衡健康的发展。

第二章 翻译史研究的历史概述

2.1 引言

研究任何一门学科之前，都应该先对该学科的发展有一个基本的了解。只有在了解学科史的基础上，才能进行更加深入的考察，也才能有所开拓。就翻译史研究(翻译史学)而言，如何认识翻译史研究这门学科的发展史，既是其基础课题，也是必需的学术史探讨。一方面，翻译史研究是主体对客观翻译史的系统认识，而随着认识的逐步加深和丰富，认识本身又构成了新的认识对象，所以需要对其学术研究史和学科发展史作认真的梳理和反思；另一方面，了解前贤和同行们已经做了哪些研究，是如何做的，有助于我们“踏在前人搭好的桥板上”进一步开拓发展。

中西方翻译史研究都有着百年以上的发展历史，经历了不断求新、求变、求突破的演进过程。那么，在数百年的学术史发展过程中，中西方的翻译史研究是如何产生与发展推进的呢？其间又受到哪些社会文化语境和学术思潮的影响呢？中西方的学术研究又有什么样的关联互动呢？本章将聚焦这些问题，对中西方翻译史研究的起源与发展、历史与现状、特征与特色、动因与动向等问题进行考察、梳理和阐述，以便勾勒中西翻译史学研究的知识谱系。鉴于中国翻译史研究的发轫和发展与西方的史学研究和翻译学研究都有着密切的关联，本章首先探讨西方翻译史研究的发展史。

2.2 西方翻译史学简史

翻译史不像政治史、经济史、战争史、宗教史等宏大主题的专门史那样引人注目。虽然与之相关的较早著述可追溯至16世纪（Van Hoof 1973），但直到20世纪二三十年代，西方翻译史才开始得到关注。随后，西方翻译史学于20世纪五六十年代逐渐受到重视，七十年代之后迅猛发展。进入21世纪以来更是异彩纷呈，发展成为一门显学。就数百年之久的西方翻译史学发展史而言，20世纪70年代是一个关键的节点，在此阶段翻译史学不仅进入快车道，而且研究范式也经历了从传统到现代的演变，渐趋多元化，标志着现代翻译史研究的开始[1]。

2.2.1 发端至20世纪70年代：以翻译史实践为重心的传统翻译史学

尽管翻译学者巴斯内特（Bassnett）和安德烈·勒菲弗尔（André Lefevere）（1998/2001：1）认为西方翻译史学于20世纪70年代才诞生，但这并不能否认数百年前翻译史研究的发轫及其随后的发展，反而印证了传统翻译史学朝现代翻译史学的转向。据亨利·范胡夫（Henri Van Hoof）（1973：13-64）编撰的《国际翻译研究书目》（*International Bibliography of Translation*）记载，1971年之前的“翻译史”（history of translation）著述总计572种。其中，自16世纪至19世纪末的近400年里共计有55种译史著述产生，20世纪前20年有17种，第一次世界大战之后迎来了首次出版高峰，至二战爆发前有61种史著；第二次世界大战结束后，翻译史研究迅速发展，仅1950至1971年间就有394种著述，其中20世纪50年代有143种，60年代有229种；另外，数百年间里，具体时间不详的翻译史作为12种。各个时期的翻译史作出版数量见图2.1。

1 西班牙翻译学者朱利奥–塞萨尔·桑托约（Julio-César Santoyo）（2006：12）认为，法国学者乔治·穆南（Georges Mounin）1965年以意大利文书写的《翻译的理论与历史》（*Teoria e storia della traduzione*）是现代翻译史的开端。

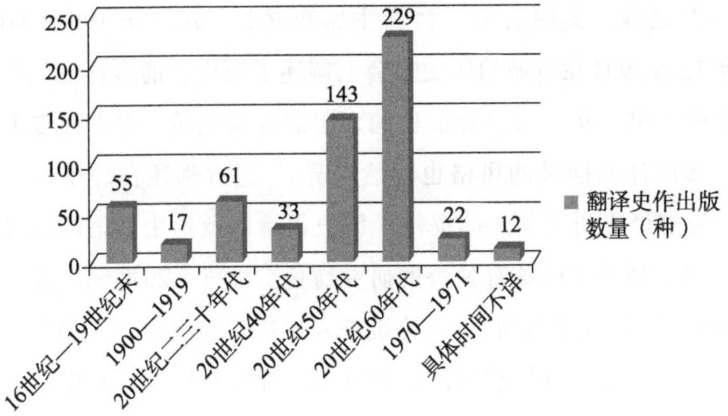

图 2.1　16 世纪至 1971 年的翻译史作出版数量

西方翻译史作产生于16世纪并非偶然，其时西方正处于如火如荼的文艺复兴时期，各民族之间的语言文化交流非常频繁，翻译活动盛极一时。一方面，意大利、法国等文化先行国家在复古思想的影响下，着力翻译古典文学作品，而新兴的民族国家为了确立本民族的语言和文学，则大力翻译古希腊、古罗马以及文化先行国家的文学艺术作品；另一方面，在宗教改革运动的影响下，宗教翻译活动方兴未艾。在这一翻译事业高涨的历史语境中，西方翻译史的发轫亦是必然。此后，西方的翻译活动日趋丰富，翻译史研究也在零星地开展，及至进入“历史学新世纪”的19世纪，历史研究异彩纷呈，翻译史研究也稍显活跃，百年中产生了32种著述。20世纪初，西方传统史学走向新史学，研究中心从狭隘的政治军事史和精英人物史转向关注普通人物和日常生活的社会史，由是翻译史研究开始涉足历史研究的殿堂，在20世纪二三十年代首次迎来小高峰。

二战之后的20世纪中叶，法国年鉴学派兴盛。年鉴学派在学术上受社会科学的鼓励，主张融合地理学、经济学、社会学、心理学、人类学、语言学等各门社会科学甚至自然科学来研究社会的历史，倡导跨学科的“总体史”研究。翻译作为一种历史悠久的社会文化现象，自然是观察社会、反映文化的一项重要参数，翻译史因此在“历史大厦”中获得一席之地。美国历史学协会主席布林顿(Brinton 1964: 310)于1963年12月29日在费城的历史年会上阐述了历史学的多样性问题，他在致辞中指出:“历史女神克丽奥的大厦的确很宽敞，它有许多不同的住处，其设计和摆设的风格也迥然有异。”这番阐述言辞生动，意味深长，为翻译史研究的兴起提供了历史语境以及历史话语的指导，同时也点明了翻译史应该有独特的研究特色。此外，20世纪中叶，翻译研究发生了“语言学转向”，由传统进入现代，发展成了一门科学，也开始有了翻译学学科的意识，由是历史的维度开始渗入其中。尽管那时翻译史研究在翻译研究中的地位无足轻重，但毕竟迎来了学理上的发端。

可见，数百年西方翻译史的发展，与人类翻译活动日益频繁、翻译活动越来越受重视以及翻译研究的兴盛不无相关，与历史研究的发展也紧密关联。

不过，若观察这数百年间颇具影响力的翻译史著述[1]，可发现这一时期的西方翻译史学深受传统史学的影响，基本上是基础层次的翻译史实践研究，它们记录、描述或者汇编翻译史料，关注翻译名家、名作、名论或者重大的翻译事件，侧重于翻译理论、文学翻译和宗教翻译(绝大多数是《圣经》翻译)的历史叙述。代表性的著作可参阅表2.1:

1 对于本时期(尤其是早期)大多只具书名的572种翻译史著述，本书似乎难以着手探讨。不过，也可改换一种研究思路:在翻译史上有一定地位或具有翻译史意义的著述在后人的研究中必定会有所提及，甚至频繁提及，且有可能被多次重印出版或作为名著精选阅读;而在历史浪潮中被淘汰的寂寂之作显然不具代表性，也就无须考虑了。因此，本书以这一时期的30余种较有影响力的代表性著述(尤其是20世纪六七十年代的译史著述，见后文部分举例)为研究对象，同时参考了赖纳·舒尔特(Rainer Schulte)与约翰·比格内特(John Biguenet)(1992: 245-254)所编的《翻译理论文集:从德莱顿到德里达》(*Theories of Translation: An Anthology of Essays from Dryden to Derrida*)中的“参考文献选粹”、罗宾逊(Robinson 1997/2006: 307-319)所编的《西方翻译理论:从希罗多德到尼采》中的“参考书目二手资源”以及皮姆(Pym 1998/2007)所著的《翻译史研究方法》和巴斯坦与班迪亚(Bastin & Bandia 2006)主编的《勾画翻译史的未来》等后期翻译史著。

表 2.1 传统翻译史学代表作品

作者	中英文书名	出版社	出版年份
柯南特夫人（Mrs. H. C. Conant）	《〈圣经〉英译史》（*The English Bible: History of the Translation of the Holy Scriptures into the English Tongue*）	New York: Sheldon, Blakeman & Co.	1856
贾斯汀·贝朗热（Justin Bellanger）	《法国翻译史》（*Histoire de la Traduction en France*）	Paris: Thorin et Gils	1892/1903
		Nabu Press	2010
弗洛拉·罗斯·阿莫斯（Flora Ross Amos）	《早期翻译理论》（*Early Theories of Translation*）	New York: Octagon Books	1920/1973/2018
凯里·H. 康利（Carey H. Conley）	《古代经典的早期英语译家》（*The First English Translators of the Classics*）	New Haven, CT: Yale University Press	1927
西奥多·塞弗里（Theodore Savory）	《翻译的艺术》（*The Art of Translation*）	London: Jonathan Cape	1957/1968
弗雷德里克·F. 布鲁斯（Frederick F. Bruce）	《〈圣经〉英译史》（*The English Bible. A History of Translations*）	Oxford: Oxford University Press	1961/1970
	第3版更名为《英语〈圣经〉史》（*History of the Bible in English*）	Oxford: Oxford University Press	1978
		London: Lutterworth Press（重印本）	2002
埃德蒙·加利（Edmond Cary）	《伟大的法国翻译》（*Les grands traducteurs français*）	Geneva: Georg & Cie	1963
乔治·穆南（Georges Mounin）	《翻译的理论与历史》（*Teoria e storia della traduzione*）	Turin: Giulio Einaudi Editore	1965

（待续）

（续表）

作者	中英文书名	出版社	出版年份
罗尔夫·克洛普弗（Rolf Kloepfer）	《罗曼德语区的文学翻译理论》（*Die Theorie der literarischen Übersetzung: Romanisch-deutscher Sprachbereich*）	München: Wilhelm Fink Verlag	1967
托马斯·R. 斯坦纳（Thomas R. Steiner）	《英国翻译理论（1650—1800）》（*English Translation Theory 1650–1800*）	Assen/Amsterdam: Van Gorcum & Comp. B. V.	1975
乔治·斯坦纳（George Steiner）	《通天塔之后：语言与翻译面面观》（*After Babel: Aspects of Language and Translation*）	Oxford/New York: Oxford University Press	1975/1992/1998
		Shanghai: Shanghai Foreign Language Education Press	2001
路易斯·G. 凯利（Louis G. Kelly）	《真正的阐释者：西方翻译理论与实践史》（*The True Interpreter: A History of Translation Theory and Practice in the West*）	Oxford: Basil Blackwell	1979

这类翻译史作主要作历史描述，侧重于“是什么”的问题。这与以德国兰克学派（Rankean School）为代表的传统史家所倡导的秉笔直书的客观主义史学所宣扬的宏大历史叙事和显要人物史等史学观念是一脉相承的。此外，这类历史著述的特点是叙事与描述，而非分析与概括，研究范围比较狭窄，方法也显得单一。

当然，20世纪五六十年代的翻译史研究肯定还会受到当时风头正盛的年鉴学派的影响，秉承其长时段史研究模式，因而相当多的翻译史著作涉及百余年甚至更长的历史跨度。长时段与环境相关，是年鉴学派代表人物布罗代尔提出的三种历史时间概念之一，强调由对数十年的中时段周期波动的探讨，深入至更深层的对整个文明的发展趋势以及延续于其中的基本社会经济文化等结构的研究（费尔南・布罗代尔 1996：8-10）。尽管年鉴学派认为历史（学）是一门时间中人的科学（Bloch 1953：27），但其所倡导的长时段史研究模式却是一种静态的结构主义历史叙述模式，强调环境对人的影响，而将“人”逐出了历史舞台。与此相似的是，长时段翻译史过分关注翻译客体及其历史的线性发展，强调翻译史与政治思想史的同构，从而忽视了对翻译主体——译者——的叙述。在早期的翻译史著述中，翻译名家传略与评述之类的研究很多，但其目的并不是突出翻译家作为历史主体在翻译史上的作用，更多的是大略提及翻译家生平及其翻译活动，服务于翻译文本赏析与批评、译作考略等。

回顾这数百年的西方翻译史学，可以看到，尽管20世纪的西方翻译史学或多或少地借鉴了早期新史学的一些理念研究，但总体上仍比较落后，仍处于以翻译史实践为中心的传统史学阶段，与相邻学科的历史研究还不能相提并论（D'hulst 1994/2001：21）。在人们的眼中，这一时期的翻译史研究往往等同于考古，在学术上经常备受质疑，不受重视，常常被边缘化。之所以如此，一方面是因为翻译史之于翻译学的价值在学界还未得到应有的关注[1]，另一方面是因为翻译学的学科内部发展不均衡，忽视了其中的历时研究视角（Bernardo 2007：84）。不论如何，这一时期的西方翻译史研究在史学史上的意义不能被忽略，其开拓性的贡献不能被抹杀。

2.2.2 20世纪80年代以来：以翻译史论为重心的现代翻译史学

20世纪七八十年代，现代意义上的翻译史学终于诞生，西方翻译史研究的重心从翻译史实践转向了翻译史论，研究范式从历史描述转向了历

1 霍姆斯1972年在描画翻译学的蓝图时，也仅是轻描淡写地将翻译史归属于翻译学“理论研究”之下“分别研究”的“时间侧重”板块。

史阐释。尔后，随着翻译学学科地位的逐步确立以及翻译研究的“文化转向”，研究翻译史的著述逐渐丰富起来，尤其史论结合的翻译史作渐次增多，近年来已占据翻译史学的中心。当然，本时期虽以翻译史论为重心，但翻译史实践也仍在持续发展[1]。此外，翻译史研究的兴盛也促使翻译史学理论在20世纪末发展起来，以对翻译史实践和翻译史论进行总结、反思与指导。不过，鉴于本小节聚焦翻译史论，西方翻译史学理论主要留待本书2.2.3小节探讨，此处仅在必要时提及。

20世纪七八十年代，翻译史论已初现端倪。勒菲弗尔（Lefevere 1977）的《翻译文学：从路德到罗森茨维格的德国传统》（*Translating Literature: The German Tradition from Luther to Rosenzweig*）、安托瓦纳·贝尔曼（Antoine Berman）（1984/1992）的《异的考验：德国浪漫主义时期的文化与翻译》（*The Experience of the Foreign: Culture and Translation in Romantic Germany*）、格林·P. 诺顿（Glyn P. Norton）（1984）的《法国文艺复兴时期翻译的意识形态和语言及其人文主义渊源》（*The Ideology and Language of Translation in Renaissance France and Their Humanist Antecedents*）以及西奥·赫曼斯（Theo Hermans）（1985）主编的论文集《论对文学的操纵：文学翻译研究》（*The Manipulation of Literature: Studies in Literary Translation*）等著述已经开始用折射（refraction）、文化研究和意识形态等理论话语来阐释历史上的翻译现象了。

20世纪90年代，“文化转向”发生，翻译史论进一步发展，相关的

1 比如，有关传统翻译思想的史料论集就依然不断出现，仅英文版的就有舒尔特与比格内特（Schulte & Biguenet 1992）所编的《翻译理论文集：从德莱顿到德里达》、弗雷德里克·M. 勒内（Frederick M. Rener）（1989）的《译释：从西塞罗到泰特勒的语言与翻译》（*Interpretatio: Language and Translation from Cicero to Tytler*）、勒菲弗尔（Lefevere 1992/2004b）编著的《翻译、历史与文化论集》（*Translation/History/Culture: A Sourcebook*）、罗宾逊（Robinson 1997/2006）所编的《西方翻译理论：从希罗多德到尼采》、丹尼尔·维斯伯特（Daniel Weissbort）与埃斯特拉德·艾斯坦逊（Astradur Eysteinsson）（2006）所编的《翻译史读本：理论与实践》（*Translation – Theory and Practice: A Historical Reader*）等有影响力的翻译史实践作品。这些史著是西方学者以新的视角对传统进行的挖掘和整理。

专著、文集、期刊论文、学术会议层出不穷。比如，勒菲弗尔（Lefevere 1992/2004a）的名作《翻译、改写以及对文学名声的制控》（*Translation, Rewriting and the Manipulation of Literary Fame*）通过对文学名著翻译的历史考察，提出文学翻译是一种改写，受赞助人、意识形态、诗学形态、论域等因素的操控；印度学者特贾斯维莉·尼南贾纳（Tejaswini Niranjana）（1992）的名著《为翻译定位：历史、后结构主义与殖民语境》（*Siting Translation: History, Post-structuralism, and the Colonial Context*）采用后殖民理论分析了翻译在殖民史上的权力角色；巴斯内特与勒菲弗尔（Bassnett & Lefevere 1990）主编的《翻译、历史与文化》（*Translation, History and Culture*），哈罗尔德·基特尔（Harald Kittel）与阿明·P. 弗兰克（Armin P. Frank）（1990/2007）主编的《跨文化性与文学翻译的历史研究》（*Interculturality and the Historical Study of Literary Translations*），以及韦努蒂（Venuti 1992）主编的《重思翻译：话语、主体性和意识形态》（*Rethinking Translation: Discourse, Subjectivity, Ideology*）等文集运用文化研究的相关理论，甚至后结构主义理论与后殖民主义理论探讨了翻译史现象。

上一章曾提到，除翻译学领域的理论话语之外，翻译史的阐释理论还可以借鉴社会学、比较文学、文化学、历史学、传播学、人类学、叙事学、交际学、认知科学等学科领域的理论话语以及后殖民主义与后结构主义学术思想。一般来说，20世纪90年代初期及之前的翻译史论基本上是“规范”（norms）和“系统”（systems）等结构性阐释理论，长于分析静态的社会文化结构，而甚少关注翻译历史的创造者——译者——的主体作用，且对翻译史的文化政治驱动以及翻译与社会文化变迁的关系解释力不够。为此，皮姆（Pym 1992a，1992b，1998/2007）特意强调翻译史阐释理论的重要性，并对结构性理论话语提出批评，同时借鉴文化研究与社会学理论框架以及后结构主义话语，提出以译者为本的“翻译机制”（translation regimes）和“交互文化”（interculture）等理论，凸显了社会语境及译者主体性在翻译过程中的作用。换句话说，如果翻译学的伦理任务是最终改善文化间的关系，那么翻译史论的任务就是以叙述的形式来帮助人们理解这种文化间的关系。因此，翻译史研究不仅仅需要文本、时间、地点、人名等原始资料，更需要描绘参与翻译活动的人以及他们之间的互动，尤其要将孤立的资料与译者之间的互动结合起来（Pym 2009：24-25）。

在皮姆、德赫斯特等学者的史学理论话语的指引下[1]，翻译史论在20世纪90年代中期取得了突破，仅1995年一年就产生了两部代表作：让·德利尔（Jean Delisle）与伍兹沃斯编著的《历史上的翻译家》（*Translators through History*）和韦努蒂的名著《译者的隐身——一部翻译史》。前者以译者为中心，寓论于史，虽然主要围绕世界范围内古往今来的翻译名家展开研究，但它还运用文化传播理论，探讨了翻译家在知识传播、宗教推广、民族语言发展、民族文学兴起、异域文化引进、权力操控等诸多方面发挥的历史作用，使得翻译家的文化使者角色彰显无遗；后者则批判性地全面审视了17世纪以来的翻译活动，结合文化霸权理论，对外国文学作品英译的“归化”翻译策略提出质疑，认为“归化”翻译策略反映了英语国家价值观中种族中心主义与帝国主义的文化后果，因而呼吁以“异化”策略彰显译者身份并抵抗英语国家的文化侵略。

进入21世纪，“文化转向”迎来“后殖民转向”（the postcolonial turn）/“权力转向”（the power turn）（Tymoczko & Gentzler 2002：xvi）的次转向，翻译史的文化史观进一步注入了后结构主义和后现代主义思想与“全球史”理念，相关学者日益关注翻译主体的历史作用，关注口译史、日常翻译史（微观史）以及翻译史的多样性，倡导西方中心之外的翻译史，声言翻译史不仅仅是以欧洲为中心的单一狭窄通道的知识复兴之地，更是世界范围内知识传播与文化共享的新兴智库平台。这些都是新

1 20世纪90年代，西方翻译史学理论已获得初步发展，此后在皮姆、德赫斯特、弥尔顿、巴斯坦、班迪亚、奥沙利文等学者的引领下，西方翻译史学理论进一步发展成为指导翻译史学的理论话语。本书2.2.3小节将对此进行重点探讨。

时代翻译史研究展现出来的路径与方向。此外，“施为”（Agency）理论和“信任”理论（Trust-based Approach）等社会学理论在翻译史研究中也比较流行。前者将翻译置于社会语境中，以译者为起点，以目标语为导向，围绕翻译从源语系统向目标语系统投射过程中涉及的各种实体，来阐释翻译活动过程中译者与其他参与者的相互关系和相互作用（参阅Milton & Bandia 2009）；后者倡导把信任作为翻译史的研究对象和分析工具，透过跨文化交流中原作者、译者、译文读者、编辑、出版机构、客户等要素之间的信任关系，探究历史上翻译活动的蛛丝马迹（参阅Rizzi *et al.* 2019）。在这样的学术语境下，新世纪的翻译史研究成绩有目共睹，诞生了众多优秀的翻译史论作品，如：

彼得·伯克（Peter Burke）与夏伯嘉（Ronnie Po-chia Hsia）（2007）主编的《欧洲近代早期的文化翻译》（*Cultural Translation in Early Modern Europe*）聚集了国际上十来位翻译史学者，探讨了欧洲近代早期的非文学翻译活动（主要是自然科学、宗教等领域的翻译），涉及拉丁语、希腊语、俄语、土耳其语、汉语等多语种间的传译，是一部颇具全球视野的文化史作。

彼得·法朗士（Peter France）（2001）主编的《牛津英语文学翻译指南》（*The Oxford Guide to Literature in English Translation*）其参编者达百余人，该书以全球史的视角勾勒了英语翻译文学的发生与发展及其对英语文化（English-speaking culture）的贡献。

法朗士（France）与斯图尔特·吉莱斯皮（Stuart Gillespie）（2005— ）总主编的五卷本《牛津英语文学翻译史》（*The Oxford History of Literary Translation in English*）[1]是对《牛津英语文学翻译指南》的深化与扩展，该五卷本以批判和历史的视角全面审视了自英国盎格鲁–撒克逊时期到公元2000年的英语翻译文学，结合历史文化语境探讨了来源于古今东西方

1 这套翻译史著由牛津大学出版社出版，自2005年以来已出版前四卷，第五卷尚未出版。

不同语种的英语翻译文学与英语本土(包括英国本土、爱尔兰、美国、澳大利亚、印度等说英语的国家和地区)文学文化之间的关系，可谓英语翻译文学的全球通史。而且，该套史著还声称“翻译史就是译者史”，不仅关注翻译名家，更关注那些默默无闻的译者(obscure men and women)，探究他们的翻译活动、翻译环境、翻译原则和翻译规范[1]。

西沃恩·麦克艾尔杜(Siobhán McElduff)与恩丽卡·夏里诺(Enrica Sciarrino)(2011)主编的《西方翻译史的复杂性：透视古地中海》(*Complicating the History of Western Translation: The Ancient Mediterranean in Perspective*)以古地中海地区的翻译史为研究对象，关注东西方交汇地带翻译的历史多样性，突出作为历史主体的译者与作为社会历史现象的翻译所发挥的作用，是一部典型的翻译文化史论著。

德赫斯特(D'hulst)、卡罗尔·奥沙利文(Carol O'Sullivan)与麦克尔·施赖伯(Michael Schreiber)(2016)主编的《翻译史中的政治、政策与权力》(*Politics, Policy, and Power in Translation History*)以新的翻译史理论话语为理论框架，探究了翻译史上影响翻译活动的政治、政策与权力等话题，是翻译文化史的代表作。

近十余年来，翻译史研究论文在国际核心学术期刊上的发表数量也明显增多(王峰、陈文 2020)。《翻译研究》《媒他》《译者》《视角：翻译学研究》(*Perspectives: Studies in Translatology*)和《目标》(*Target*)等国际权威期刊都刊发了多篇翻译史研究论文，甚至出版了专刊。尤为值得一提的是，《翻译研究》自2010年以来几乎每年都有一期翻译史研究专刊，

1 参见该套史著的《总主编序》(General Editors' Foreword)。

主要探讨区域/国别翻译史[1]，所选择的研究对象多是土耳其、威尔士、爱尔兰、印度等自我认同感很强的后殖民地国家和地区，或者是多语言共存的多民族/种族国家（如土耳其、俄罗斯、印度等）和多民族/种族混居的城市（如美国的新奥尔良、比利时的安特卫普、乌克兰的利沃夫、芬兰的坦佩雷等），凸显了后殖民主义、文化人类学、语言政治学等理论话语在国别翻译史研究中的理论基础作用，从中也可以看出该学术刊物的全球史视野。

以上翻译史论方面的著述仅是本时期众多优秀翻译史论的代表，但我们从中可以看出，翻译史家的工作取向在于努力发掘与弘扬世界各民族的翻译传统，突出民族翻译传统之间的跨文化性，以重构真正全球意识上的翻译史研究。当然，由于时代和地域背景的差异，翻译史论更多是从本区域（location）的翻译现象出发，某些理论在“消费”过程中还会不断得到修正和完善。概括来讲，这些新兴的翻译史论基本上都是在社会学与文化研究视角下进行探究的，受当代史学理论的影响显著。皮姆等人（Pym *et al.* 2006：14-15）认为，社会学翻译史论倾向于量的研究，侧重于静态的结构分析，注重文本的社会方面的研究，而文化学翻译史论倾向于质的阐释和动态的复杂分析；此外，社会因素（如译者的社会群体）往往可以解释文化因素（如翻译语言或翻译策略）。因此，他们倡导以二者相结合的社会文化翻译史论来研究历史上的翻译。当然，除社会文化因素之外，其他影响翻译的因素也不能忽视，唯有如此，才能探索出更多的翻译史阐释模式（Pym *et al.* 2006：22-25）。在此之间，参与翻译活动的译者的主体性也得以突出。

1 《翻译研究》期刊除2012年的专刊探讨了翻译史研究方法外，其他年份的专刊主题分别是：2010年的“土耳其之当代翻译观”（Contemporary Perspectives on Translation in Turkey），2014年的“城市作为翻译区域”（The City as Translation Zone），2016年的“威尔士翻译的历史、理论和方法”（Translation in Wales: History, Theory and Approaches），2018年的“俄罗斯翻译语境下的跨语言主义与跨文化主义”（Translingualism and Transculturality in Russian Contexts of Translation），2020年的“爱尔兰翻译史与当代翻译观”（Translation in Ireland: Historical and Contemporary Perspectives），以及2021年的“翻译在印度：多语言实践与文本的文化史”（Translation in India: Multilingual Practices and Cultural Histories of Texts）。

在本小节最后，我们不能不提及2012年出版的《历史上的翻译家》修订本——《历史上的译者》[1]，其中的修订明显受到当代翻译史学理论话语的影响，反映了翻译史论近年来的演变推进：

1）吸收了当下翻译史研究的时新话语，超越了初版中受兰克学派影响的痕迹（比如搁置历史的客观性，支持用多元观点阐述历史；融入了诸如俘虏、奴隶、不同种族的混血儿等众多普通译者的史料，讲述“来自底层的历史”；史料不仅来源于官方档案与正史记载，还扩展到口头叙事等非文本记录），突出了译者在历史转折时期作为文化传播者所发挥的推动社会发展的作用（bearers of crucial historical developments）。不过，两位编者也保持了清醒的态度，提醒研究者要防止当下翻译史研究中后殖民主义、女性主义等视角走向极端，形成另一重障碍[2]。从西班牙学者桑托约（Santoyo 2006：11-13）的历史作为“马赛克镶嵌画”的隐喻角度来看，整本书的翻译史书写如同一幅色彩斑斓的“马赛克镶嵌画”（a mosaic），每一章则是其中的一个画面。不过，尽管两位编者在修改过程中尽力融入了全球化视野及新的材料和分析方法，“马赛克镶嵌画”上仍不免留有空白，也不免会有些许朦胧的地方。

2）吸收了非西方的学术话语与研究成果，各章节的内容都有所添补。比如，深圳大学王辉教授2008年在兰培德（Peter Lang）出版社出版的著作《殖民语境下的中国典籍翻译：理雅各及其两个〈中庸〉译本》（*Translating Chinese Classics in a Colonial Context: James Legge and His Two Versions of the* Zhongyong）为该修订本提供了传教士翻译的资料与启迪，因而两位编者将相关材料增补进了第六章“译者与宗教传播”的新增小节“东方圣书的翻译”（Translating the sacred texts of the East）之中。

---

1 该翻译史著的初版重在叙述世界范围内古往今来的翻译名家，而修订本则尽力增补了许多普通译者，突出了日常翻译的作用（尽管有些具体译者的贡献语焉不详，译者形象不够丰满），故该史著修订版的中文译名在本书中确定为《历史上的译者》。

2 参阅《历史上的译者》（即《历史上的翻译家》修订本）（Delisle & Woodsworth 2012：xiv-xxii）中的《第二版序》（“Foreword to the Second Edition”）。

当然，把儒家经典的译本当作宗教文本来传播的做法是否妥当仍有待探讨，但这确实体现了翻译史编撰者的主体性。

3) 突出当下“以译者为中心”的跨学科翻译史研究路线，注重翻译文化的考究。

4) 补充了新的信息。如第四章“译者与知识传播”中增加了一节“机器翻译：机器能成为译者吗？”（Machine translation: Machines as translators?），回顾了机器翻译的历史，展示了对机器翻译的不同看法；第八章“译者与词典编撰”（Translators and the production of dictionaries）基本上是重新写作，阐述了词典的千年发展之路；书中还补充了有关翻译机构的信息资源。

5) 尤为重要的是，该修订本根据翻译史研究领域新的材料和发现，纠正了一些错讹。最显著的就是，第四章原有的关于12世纪西班牙的“托莱多翻译学派”（Toledo School of Translators）的一节，已修订为“中世纪的西班牙：文化交流与文化复兴”（Medieval Spain: Cultural exchange and rebirth），因为最新研究发现，这个学派在历史上并不存在。

总的来讲，16世纪至今，西方翻译史研究追随历史研究的步伐，不仅浮出历史地表，还经历了从传统史学到新史学的范式转变，从注重翻译名家、名论和“宏大叙事”的研究转向了广阔的社会文化研究，关注“活生生”的翻译群体所演绎的翻译文化，钩沉具体而细微的翻译史实，并结合相关学科，以全球性的视野透视翻译的文化建构功用。

2.2.3 西方翻译史学理论的历史发展

如上所述，当下西方的翻译史实践与翻译史论越来越借重融入了后现代主义思潮的新史学话语，关注新文化史、全球史、微观史等。无疑，它们的发展是在翻译史学理论的指导下进行的，而翻译史学理论又与西方20世纪80年代以来的新史学息息相关。

相较于翻译史实践和翻译史论，翻译史学理论在西方起步较晚。1972

年，霍姆斯在描画翻译学的蓝图时将翻译史研究归入翻译学“理论研究”之下“分别研究”的“时间侧重”板块，可谓西方翻译史学研究的滥觞。尔后20余年，零星的翻译史学理论或散见于翻译学和翻译史著作的章节片段，抑或散见于翻译学工具书条目，抑或散见于学术期刊论文，探讨内容涉及历史分期、历史话语、学科性质、认知范畴、叙事模式、编撰形式以及翻译与历史的关系等问题(如Bassnett 1980/1991/2010；Brown 2001；Lambert 1993；St-Pierre 1993；Venuti 2005；Woodsworth 1995, 1998 等)，相关论述既不完整，更不成体系（Long 2007：75)。不过，其间有两位重要的翻译史学理论家必须提及，一位是鲁汶大学的德赫斯特，另一位则是澳大利亚学者皮姆。两位学者自20世纪八九十年代起就开始探讨翻译史学理论，近年来仍笔耕不辍。下面简要谈谈他们的早期贡献[1]。

德赫斯特早年从事法语翻译实践和理论的历史研究，在研究过程中深感翻译史研究的不足，因而呼吁在翻译学中加强历史维度的考量。他认为翻译史研究不仅能够开拓翻译学的视野，赋予研究者解决新问题的智识，帮助研究者避免机械僵化的思考，还能彰显不同理论与实践之间的关系，因而可能是理解翻译学学科结构的唯一路径；而且，翻译史研究亦有助于发展“翻译文化”（a culture of translation)，激发译者找到解决翻译问题的思路与办法（D’hulst 1994/2001：22)。随后，他提出了由“Quis(谁来译)—Quid(译了什么)—Ubi(译在何处)—Quius auxiliis(受谁赞助)—Cur(为何译)—Quomodo(如何译)—Quando(何时译)—Cui bono(影响如何)”等一系列问题构成的翻译史研究方法论（D’hulst 1994/2001：24-31)。他的研究促进了翻译史学理论的发展，丰富了翻译史的书写模式。

皮姆生于澳大利亚，先后辗转于美国、德国、比利时、西班牙等地求学和任教，既是一名具有迁移特性的多语种译者，也是一位具有多重文化身份的学者。在20世纪90年代之初，皮姆就对翻译史研究缺乏历史理

1 两位学者近年来的理论贡献本书第一、二章已先后论及，为避免重复，此处仅梳理其早期的学术思想。

论的指导提出了批评，并总结了翻译史研究的其他缺点与不足，呼吁从国际政治学、文化研究和社会学中借鉴“机制”（regimes）、“跨文化交际”（intercultural communication）、“交互文化”（interculture）等理论话语和方法来研究翻译史（Pym 1992b，1992c，1993）。到了1998年，其翻译史学研究的开山专著——《翻译史研究方法》——终于出版，该书致力于翻译史书写与理论的探索，影响非常深远。

德赫斯特、皮姆等人的早期史学研究为翻译史研究的快速成长与学科化开辟了道路。之后，翻译史学理论除一些散论外，还有几次大的讨论，以下将对这些讨论一一进行介绍。

1）加拿大翻译研究协会2004年召开第十七次年会，主题为“翻译与历史”（Translation and History），会议的成果就是两位加籍学者巴斯坦和班迪亚共同主编的论文集《勾画翻译史的未来》，该论文集2006年由渥太华大学出版社出版[1]。

2）劳特利奇（Routledge）出版公司出版的学术期刊《翻译研究》于2012年第5卷第2期刊发了翻译史研究专刊，以“重思翻译史研究方法”（Rethinking Methods in Translation History）为主题，由奥沙利文主持。

3）劳特利奇公司出版的学术期刊《译者》于2014年第20卷第1期刊发了翻译史研究专刊，以“翻译史的理论话语与方法论：跨学科路径的价值”（Theories and Methodologies of Translation History: The Value of an Interdisciplinary Approach）为主题，由克里斯托弗·朗德尔（Christopher Rundle）主持，班迪亚参与了互动回应。

这三次有关翻译史研究的讨论，涉及翻译史学理论的方方面面（当然也互有重叠之处），主要观点如下：

1 著名的翻译学期刊《媒他》分别于2004年第49卷第3期刊发了以“翻译的历史与历史的翻译”（History of Translation and Translation of History）为主题的翻译史研究专刊，于2005年第50卷第3期刊发了以“历史的透镜”（The History Lens）为主题的专刊。两期特刊的主持人都是巴斯坦，所探讨的内容与论文集相似。

1）提倡深挖翻译史研究的“空白”领域（lacunae），关注日常翻译史。上述讨论摆脱了19世纪兰克学派客观主义史学的桎梏，不仅关注经典译本和精英译者，更将普通人物的日常翻译实践和看似微屑的史料纳入研究视野。这些边缘史实表明，翻译史的题材已经跨越了传统的纯文学翻译、宗教翻译和翻译理论的历史叙述，从正史档案、官方记录扩展到了口译文献、灰色文献、法律文档、民族志、地方志、游记、非典型文本（如音视频、口头叙事等）等历史文献的范畴，甚至涉及有关翻译教学和培训的翻译学科史。所以说，翻译史研究不应将研究对象局限于书籍的狭隘范围，而应该进入法庭、学校、教堂、寺院、市场、码头等日常活动场所，撰写译者的群体活动，这样才能真正勾勒翻译的历史全貌。这实际上是翻译史研究的“实用性转向”（practical turn），与微观史研究相互呼应，相得益彰。

2）呼吁借鉴新史学理论话语，探讨翻译史研究中翻译与历史的关系，探索建设独立的翻译史学科。换言之，就是要采用新史学路线，挑战翻译史研究现有的理论框架，以全新的话语和方法论勾画翻译史作为新兴的独立学科的面貌。翻译史研究既可以从历史中获取史料支持，也可以从当代史学中借鉴理论与方法，如后现代主义史学、新文化史、新叙述史、微观史、史料考证、分期、主体性与客观性等理论话语。与此同时，由于翻译既是历史研究的对象，也能为历史研究提供阐释路径，之于历史研究有重要作用，因此也应将翻译作为重要的研究对象。翻译学与历史学不是二元对立的关系，二者可以互补，“翻译作为历史”（translation as history or history of translation）与“历史（中）的翻译”（translation in/of history）相互影响、相辅相成，有助于构建完善的翻译史学科。此外，翻译史研究也应该有自身的特色，应着眼于拓展翻译学的知识体系。

3）倡导翻译学与历史学开展合作，同时倡导跨（多）学科研究（interdisciplinary and multidisciplinary research），力图消弭翻译史研究中宏观研究与微观研究、民族史论与跨民族史论、普遍主义观与特殊主义观的二元对立，设想创建更具包容性的全球翻译通史（a more inclusive, global and comprehensive history of translation）。对于此目标设想，研究者承认困难重重，问题很多，但可以先着手做起来，摒弃二元对立的无谓争论，并考虑跨民族/国家主义的中间途径（an in-between approach to transnationalism）。不过，全球翻译史观并不否认民族翻译史，具体的民族史和区域史是全球史书写的基础。

4）受后现代主义话语的影响，强烈反对西方中心主义的研究模式，倾向于主体性第一位（但并不否定翻译史实的真实存在）[1]。这一方面反映了其后现代主义的历史本体观和相对主义的认识论，另一方面也说明了翻译史研究的文化政治驱动和历史多元真理的存在与价值。

5）呼吁立足第三世界的国家和地区（如拉美），反对翻译史研究的西方中心主义，呼唤非西方话语的声音及全球意识下的翻译史重写。翻译史是知识复兴之地，为深度的跨文化理解和真正的全球意识提供了合适的空间。研究者可借助后现代主义话语，从非西方（或与非西方相关）的翻译资源入手，挑战西方主流的翻译史书写模式，以弘扬亚非拉地区不同民族以及爱尔兰、北美印第安等民族的翻译文化传统，揭露历史上西方心态和行径的阴暗面。

6）倡导探索翻译史研究新方法。（1）翻译史的主体包括译者、原作者、译本读者和译本，而翻译史研究的主体应该是真正的翻译史学者，而非翻译学者和翻译工作者。主张将翻译史研究者作为历史叙事者，倡导对话史学，如中国学者张佩瑶的"太极推手"隐喻、日本学者朱迪·若林（Judy Wakabayashi）的"圆桌"（round table）隐喻等。（2）呼吁拓展翻译的概念，调整翻译史研究框架。（3）倡导采用跨学科的研究方法，书写动态的、差异化的各种翻译史（histories of translation），如翻译文学史、文学翻译史、诗歌翻译史、戏剧翻译史等。此外，文学作品的翻译，

1 与历史研究相同的是，翻译史研究也涉及历史认识论和本体论问题，比如对研究的主体性和客观性、史料真实性、多样性与一致性、历史现象的因果关系、翻译史学的功能与价值的探讨。

尤其是小说翻译，能为翻译史研究提供史料；而有些小说和影视作品中的人物本身就是译者——“虚构的译者”（fictional translators）——也能形象地展现翻译的历史。(4) 主张在翻译史研究方法革新上，采用众包模式（crowdsourcing model，尤其是考虑到全球史书写中海量的数据需要多语种、多文化背景的编著者来采集)、语料库研究、定量数据与可视化数据的采集和分析等跨学科的研究方法。

简言之，西方当下的翻译史学理论借鉴了新史学话语与方法，结合了翻译学的自身特点，是对皮姆、德赫斯特等学者的呼应，也是在其研究基础上的进一步发展。这些新兴的翻译史学理论破除了结构主义的二元对立史观，反对历史进程的简单化理论，放弃了大而无当的“宏大叙事”史与“名家名译（great deeds of great men）史”，日渐注重社会文化史和微观史，倡导保持差异性的多样化历史写作与跨学科的方法论，关注历史变迁中各种知识的非连续性（discontinuity）、复杂性（complexity）和脆弱性（fragility）；与此同时，愈加强调研究者的主体性，认为历史总是文化与权力观照下的主体阐释。

2.3 中国翻译史学简史

在中国，对历史上翻译现象、翻译事件或翻译家的研究由来已久。不过，此类研究鲜见于专门的翻译史书，而多见于综合类或其他门类的史书或记录，如僧祐的《出三藏记集》、慧皎的《高僧传》、道宣的《续高僧传》和赞宁的《宋高僧传》(又名《大宋高僧传》) 等佛教经录和传记。就目前可及的史料来看，关于中国翻译史最早的著述当数英国传教士傅兰雅（John Fryer）的文章《江南制造总局翻译西书事略》(下文简称《译书事略》，载于1880年6月《格致汇编》第5卷)。该文讨论了19世纪60年代至80年代江南制造局翻译馆的出版物，被认为是晚清最早的一份新式分类的官书局译书目录(邹振环 2017：20)。如此算来，中国翻译史研究已经历了一百余年的发展变迁，其间因历史缘故曲折变幻。考虑到20世纪80年代初中国内地的翻译研究在西学东渐的大潮下开始转向现代范式，且翻译史研究经历了“文革”的萧条之后逐渐走向复兴，故本小节大体以20世纪70年代末为节点，分别论述中国翻译史学史的两个时期。

2.3.1 发端至20世纪70年代末：以翻译史实践为重心的传统翻译史学[1]

自19世纪80年代发表《译书事略》至20世纪70年代末的近一百年中，中国翻译史研究经历了清末的发轫、民国的发展以及20世纪中期内地(大陆)与港台地区的承接与转折。

2.3.1.1 “译史”之名的确立

根据目前所掌握的资料来看，“译史”这一名称最早出现在1683年成书的《译史纪余》一书之中。该书是一部地理杂志，共四卷，由清人陆次云撰写，专记海外诸国事，包括外国诗篇(卷二)和外国书文(卷四)；虽其间有荒诞之谈，但不失翻译史研究价值，体现了翻译史作为“异域史”的特色。1905年，《南洋官报》开辟了“译史”专栏，翻译介绍《万国名王传》。[2]到了民国时期，已将翻译史作为一个比较普遍的术语使用。贺麟大概是最早拟写中国翻译史的学者。他在《严复的翻译》一文开端的“作者识”中提及，他打算撰写一部《翻译西籍小史》，“原书共分五章。除第一章绪论，论研究翻译史之旨趣及我国翻译外籍之起源外，其余四章分论翻译西籍史上的四个时期：一、翻译西籍发轫时期——明末清初之翻译；

1 本小节参考了邹振环教授(2017)所著的《20世纪中国翻译史学史》“上篇”的相关内容，特此致谢。

2《南洋官报》为旬报，自1905年旬报第三册起开始译介“哥司王亚拉力克第一传”(西哥特王国国王亚拉里克一世)；第四册译介了“俄罗斯女王加他邻第一传”(俄罗斯女皇叶卡捷琳娜一世)；其后还译介了波斯帝国皇帝冈比西斯二世、大流士一世，努米底亚王国(今阿尔及利亚一带)国王朱古达；等等。

二、翻译西籍复兴时期——江南制造局及同文馆之翻译；三、林纾严复时期之翻译；四、新文化运动以来之翻译”（贺麟 1925：75）[1]。只可惜，因部分原稿丢失，全书最终未能完成。此后，阿英（1938/1981）的《翻译史话》、黄嘉德（1940）的《翻译论集》、林榕（1943）的《晚清的翻译》等著述中都使用了“翻译史”或“翻译的历史”的说法。蒋翼振（1927：2，10）编著的《翻译学通论》甚至有“中国译学史”或“中国翻译学史”此类涉及翻译学科史范畴的词汇。

2.3.1.2 翻译史料的梳理研究

史料收集与整理是史学研究的基础，也是中国翻译史研究的一项传统工作，尤其在20世纪90年代之前更是翻译史研究的重心。继傅兰雅相继于1880年和1894年出版《译书事略》（江南制造局翻译馆）与《益智书会书目》（上海美华书馆）之后，中国学者所编辑的私家译本书目接续出现，如梁启超（1896）编的《西学书目表》（上海时务报馆）、沈桐生（1897）编的《东西学书录提要总叙》（松江读有用书斋刻本）、徐维则（1899）编的《东西学书录》[2]、顾燮光（1904）编的《译书经眼录》[3]、陈洙（1909）编的《江南制造局译书提要》（江南制造局铅印本）、王韬（1911）编的《上海制造局译印图书目录》（上海制造局翻译馆）等书目对清末译书情况进行了记录与简要介绍。及至民国，考证史学益盛，融合了中国传统的考据方法与西方历史实证研究的学风。在此历史语境下，翻译史料的发掘、整理与编撰在承接清末相关成果的基础上蓬勃发展。周昌受（1937）的《译刊科学书籍考略》统计了明末清初、晚清、民国（至1936年）三个历史时期的科学翻译成果。此外，还有虚白编、蒲梢（即徐调孚）（1929）修订的《汉译东西洋文学作品编目》（上海真美善书店）、金天游（1934）编的《汉译西文书目索引》（浙江省立图

1 按“作者识”介绍，《严复的翻译》一文计划作为《翻译西籍小史》第四章中的一节。

2 在该书的基础上，徐维则、顾燮光后于1902年又出了增补本《增版东西学目录》（上海石印本）。

3 该书由顾燮光于1904年编撰，1927年由杭州金佳石好楼刊印了石印本。

书馆)、杨家骆编撰的《民国以来出版新书总目提要》[1]、徐宗泽(1949)编著的《明清间耶稣会士译著提要》(中华书局)、罗果夫与戈宝权(1947,1948)编的《高尔基作品中译本编目》(上海时代书报出版社)等。

新中国成立后,翻译史料整理工作仍然成绩突出。其中,值得一提的是,两大翻译史料专家——阿英和张静庐在民国期间相关研究成果的基础上继续从事中国翻译史资料的梳理和研究。阿英编订的《晚清戏曲小说目》(1954年由上海文艺联合出版社出版,1957年由上海古典文学出版社出版)"翻译之部"收录晚清翻译小说629种,为学界提供了珍贵索引;此外,阿英(1961)长期整理的《晚清文学丛钞》(中华书局)12卷中,《域外文学译文卷》(1至4卷)、《俄罗斯文学译文卷》和《小说戏曲研究卷》或收录了近代的翻译小说,或梳理了译介相关的序跋、评论等资料。张静庐历时20年整理和辑注了中国近现代出版史料七编八册[2],其中包括了自1862年京师同文馆创立至1949年之间翻译出版的丰富史料。

2.3.1.3 各类翻译史实践

清末时期,除史料类的译书目录之外,还有一篇比较系统地讨论中国翻译史的文章——《译书略论》。该文由佚名所作,连载于1902年10月13日至14日的《中外日报》。该文分四个时期对明末至清末的西学翻译进行了研究,记述了每个时期的译书、译者、译地、译书宗旨、译书经费等情况,可谓现代意义上中国翻译史研究的发绪(邹振环 2017:23)。

在考证史学的时代风潮下,民国时期的翻译史研究以文学翻译史为主,佛典翻译史次之,但也首次出现了"科学翻译"的概念与科学翻译史著述。首先,不少文学史家梳爬整理了中国历史上的文学翻译活动,将其附着在中国现代文学史中,如陈子展于1929年和1930年相继出版的《中

1 该书于1933年7月作为南京词典馆出版的《图书年鉴》下册面世,1936年重印时作为单行本出版。

2 七编八册先后由上杂出版社、群联出版社、中华书局等出版机构于20世纪50年代出版,全套八册由上海书店出版社汇编在一起,2003年12月重版。

国近代文学之变迁》(中华书局)和《最近三十年中国文学史》(署名陈炳堃)(太平洋书店)、谭正璧(1929)的《中国文学进化史》(光明书局)、王哲甫(1933)的《中国新文学运动史》(杰成印书局)、胡怀琛(1934)的《中国小说概论》(世界书局)、阿英(1937)的《晚清小说史》(商务印书馆)、杨荫深(1938)的《中国文学史大纲》(商务印书馆)、郭箴一(1939)的《中国小说史》(商务印书馆)、李一鸣(1943)的《中国新文学史讲话》(世界书局)及田禽(1944)的《中国戏剧运动》(商务印书馆)等著作勾勒了晚清以来的近现代文学翻译活动。其中，谭正璧的《中国文学进化史》还简单描述了佛典翻译活动，而罗根泽(1943)的《中国文学批评史》(商务印书馆)则勾勒了道安、鸠摩罗什、玄奘、赞宁等十名佛经翻译大家的翻译理论。相类的是，历史学家柳诒徵(1932)的《中国文化史》(钟山书局)在第三编第二章“西教之东来”提及了唐至清代的西来宗教汉译，第四章“西方学术之输入”谈及了明末清初来华耶稣会士的科学翻译，第十四章“译书与游学”中记述了道光至清亡之间的译书活动、译书机构等；1944年《说文月刊》第4卷刊载了郑鹤声撰写的《八十年来官办编译事业之检讨》一文，描述了清季以来的官办编译事业。此外，郑鹤声、郑鹤春(1930)所著的《中国文献学概要》(商务印书馆)在第五章“翻译”中论述了东汉以来的佛经翻译活动与晚明以来的科学翻译活动，并论述了翻译之于古典文献学的重要作用。尔后，范行准(1943)的《明季西洋传入之医学》(中华医史学会钧石出版基金委员会)论及了明末时期西方医学的东传，这应该是中国最早的医学译介史了。

新中国成立之初的17年间，文学翻译史呈现出“厚今薄古”的倾向。随着政治上对苏联的“一边倒”趋势，外国文学译介的重点放在了苏俄文学上，出现了林学洪(1958)的《苏联的翻译事业》、冯至等(1959)的《五四时期俄罗斯文学和其他欧洲国家文学的翻译和介绍》等强调苏俄文学翻译重要性和批判欧美资产阶级文学的翻译史论文。此外，复旦大学中文系1956级学生编写的《中国近代文学史稿》(1960年5月由中华书局上海编辑所出版）中有专篇讨论林纾的翻译；北京大学西语系法文专业1957级学生编写的《中国翻译文学简史》[1]描述了自新文化运动至1958年间的文学翻译活动，其中重点突出了苏俄文学。

2.3.1.4 翻译史论的初现

概括地说，民国时期与新中国成立初期的翻译史著述基本上开展的是翻译史资料收集整理与翻译史实记录描述工作，属于翻译史研究的实践层面。不过，梁启超的《佛典之翻译》和《翻译文学与佛典》以及胡适的《佛教的翻译文学》等著述先后提出了“翻译文学”的概念[2]，并探讨了翻译对中国的语言、文学和文化的影响，呈现出史论的性质，应该是中国翻译史论的滥觞了。此外，1921年7月15日，《改造》第3卷第11号刊载了蒋百里的文章《欧洲文艺复兴时代翻译事业之先例》，该文论述了欧洲翻译的文化使命，并通过借鉴西方之译史来启迪中国的翻译事业；郑振铎的《俄国文学史上的翻译家》刊载于1921年《改造》第3卷第11号，论述了翻译家的文化使命与作用；郑振铎的《林琴南先生》刊载于1924年11月10日《小说月报》第15卷第11号，系统评价了林纾的翻译成就；郑振铎的《清末翻译小说对新文学的影响》刊载于1936年7月20日《今日文艺》第1期，该文将文学翻译放在中国社会历史发展和中西文化交流的大背景中考察；贺麟（1925）的《严复的翻译》阐述了严复译品产生的原因和影响。承续这样的研究，1964年钱锺书在《文学研究集刊》第1期发表了著名的文章《林纾的翻译》，从文化交流和比较文学视角论述了翻译和翻译家的作用。这些论文无疑为现代翻译文学提供了历史知识资源，但也颇具史论特征。

---

1 该书系油印本，未正式出版。封面上的“1960年1月”字样标明了该教材的印行时间。

2 《佛典之翻译》初撰于1920年，是《中国佛教史》之第五章，改订于1922年；《翻译文学与佛典》最初以《中国古代之翻译事业》为题（副题为《翻译文学与佛典》）发表在1921年7月15日《改造》第3卷第11号上，1923年6月收入《梁任公近著第一辑》中卷（商务印书馆）时改为现名。《佛教的翻译文学》出自胡适《白话文学史（上篇）》（1928年由上海新月书店出版）的第九章和第十章。

2.3.1.5 翻译史学的滥觞

20世纪50年代初，中国内地的翻译史研究在中央人民政府出版总署翻译局主办的月刊《翻译通报》的引领下走上了学术探讨之路。1951年3月15日，在该刊的第2卷第3期上，周作人(遐寿)在答复中国翻译史编辑者的《遐寿同志来信》中谈到，编撰中国翻译史以史料搜集为最紧要，并提出编修六朝至唐的佛经翻译史、清末的《圣经》翻译史及清末的文学翻译史的设想。同年4月15日，该刊第2卷第4期刊载了董秋斯的文章《论翻译理论的建设》，该文不仅提出了翻译学的概念，还提出了编写中国翻译史的构想，认为中国翻译史的研究对翻译学的建设至关重要。5月15日，该刊第2卷第5期刊载了"中国翻译史特辑"，10篇文章中有7篇描述了佛经翻译的译场、机构、人员和方法等基本情况以及翻译家玄奘，谈论了如何吸收古代翻译经验的问题；另3篇文章则探讨了民族翻译和翻译史编修与分期等理论问题，多是个人意见的阐发与经验感悟。7月15日，《翻译通报》第3卷第1期再度开设的"中国翻译史特辑"与历史学家雷海宗等人的文章继续聚焦佛典翻译史分期和翻译史编纂等问题。可以说，这种大规模的翻译史学问题探讨，应是中国翻译史学研究的最早开端，只不过当时的讨论尚不成系统，比较零散而已。

2.3.1.6 20世纪中后期中国港台地区的翻译史学[1]

20世纪50年代至70年代末，中国内地(大陆)的翻译史研究渐趋萧条，而台湾和香港地区的翻译史研究一方面继承了民国时期的传统，另一方面则开始了现代化学术路径的探索。

首先，在史料梳理方面，有台湾图书馆(1958)编的《近百年来中译西书目录》(台北中华文化出版事业委员会印行)，王尔敏(1975)编著的《中国文献西译目录》(台湾商务印书馆)，谭汝谦主编、香港中文大学出版

1 考虑到我国港台地区的翻译史研究自20世纪50年代以来的连续性以及21世纪以来其已与内地(大陆)的相关研究汇聚成一体的情况，本小节整体论述20世纪中后期的港台翻译史。

的中日书籍交流史上第一套互译书目《中国译日本书综合目录》(1980)和《日本译中国书综合目录》(1981),以及汪次昕与邱冬银(1997)编的《英译中文新诗索引》(台湾汉学研究中心)等重要目录;此外,还有陈鹏翔(1975)主编的《翻译史·翻译论》(台北弘道文化事业有限公司)、刘靖之(1981)主编的《翻译论集》(三联书店香港分店)等论文集和有关晚清翻译机构和传教士翻译的史料辑述。

其次,一部分翻译史沿袭民国时的相关做法,附着在其他的史作之中,例如:方豪于1953年至1954年出版的五册本《中西交通史》("台北中华文化出版事业委员会"印行)将明清之际的西书中译纳入到中西文化交流史中进行讨论;孟瑶(1966)的《中国小说史》(台北文星书店)在清代部分描述了晚清的翻译;张振玉(1966)的《译学概论》(台北人人书局)在第二、三章介绍了中国翻译史及翻译理论;罗香林(1961)的《香港与中西文化之交流》(香港中国学社)在部分章节探讨了香港早期教会与理雅各(James Legge)等传教士的汉书西译。独立的文学翻译史作有韩迪厚(1969)的《近代翻译史话》(香港辰冲图书出版公司)、曾锦漳的论文《林译小说研究》(连载于香港《新亚学报》1966年9月第7卷第2期,1967年2月第8卷第1期)及吕正惠(1966)的《大陆的外国文学翻译》(台北"行政院文化建设委员会"印行)等,主要是译家译论描述和译作方法与文体等方面的研究,大体属于翻译史实践层面。

与此同时,我们也注意到,得益于与西方学界的交流,中国港台地区的这些翻译史作(主要是香港地区的)也或多或少地结合了现代化的学术路径。比如,韩迪厚的《近代翻译史话》在其硕士论文基础上写成,该书不仅遵循了现代化的学术规范(有详细的注释与附录),还在对严复、林纾、傅东华等主要译家的探讨中融入了现代意义上的翻译方法分析;尤其值得一提的是,该书关注翻译所产生的历史环境和对后世的影响,更具翻译史研究内涵。类似地,曾锦漳的《林译小说研究》关注现代意义上的翻译方法与译作的文体风格和影响,特别是对译作的副文本研究(序跋和评语)在当时极具前瞻性。

不过，需注意的是，港台翻译史研究以宗教翻译史研究为特色。台湾重视佛典翻译史，主要有中华大典编印会(1978)推出的释道安的《中国大藏经翻译刻印史》，大乘文化出版社推出的、张曼涛(1978)主编的《佛典翻译史论》和《佛典译述及著录考略》及裴源(1983)所著的《佛经翻译史实研究：中国翻译史纲(上篇)》，王文颜于1984年出版的《佛典汉译之研究》(台北天华出版事业有限公司)和1993出版的《佛典重译经研究与考录》(台北文史哲出版社)等。香港则聚焦《圣经》翻译史研究，如英国传教士海恩波(M. Broomhall)(1951)的《圣经与中华》(香港宣道书局)，荷兰学者贾保罗(R. P. Kramers)(1965)的《圣经汉译论文集》(香港基督教辅侨出版社)，陈惠荣(1986)编的《中文圣经翻译小史》(中文圣经新译会)，天主教香港圣经协会(1991)编撰印行的《天主教中文圣经翻译简史》，以及赵维本(1993)的《译经溯源：现代五大中文圣经翻译史》(中国神学研究院)等。

中国翻译史研究发轫自清末，以译书目录与指南为最，研究者中也不乏梁启超等译界与史界巨匠。究其原因，一方面翻译活动在清末民初开展得如火如荼；另一方面，受西方史学影响的中国“新史学”，促使本土学者开始关注外国史地以及文明史、民族史与进化史等史观(张越 2007)，由是，促进中西文化交流的晚清翻译活动开始进入时人的研究视野。到了20世纪二三十年代，中国近现代史学虽然在史学观念革新上深受美国鲁滨逊新史学派的影响，但在史学方法论的建设上却更青睐德国兰克学派，因为兰克学派从原始史料出发的主张以及力求考证精详的客观主义史学观与讲究考据的中国传统史学的面孔极为相似(李孝迁 2007)。这就不难理解，为何清末至民国的翻译史研究主要是基础层面的翻译史实践工作，或作史料发掘梳理，或附庸于文学史、文化史研究，抑或受其他专门史的影响，而翻译史论方面的研究则不多见。新中国成立之初，翻译活动依旧高涨，翻译的学科意识和翻译史学研究都初现萌芽，但翻译史研究仍处在传统层面；与此同时，马克思主义唯物史学成为学界主流，翻译史著述的写作范式明显受到政治意识形态操控下的唯物史观的影响。20世纪50年代至70年代末，中国内地（大陆）的翻译史研究渐趋萧条；而在港台地区，翻译史研究延续了民国时期的史学传统，虽然结合了一些西方的学术路径，大体亦是基础研究。

2.3.2 20世纪80年代以来：从翻译史实践到翻译史论的范式转变[1]

经历“文革”的中断期后，中国内地（大陆）的翻译史研究在20世纪七八十年代初“西学东渐”的语境下又重新兴起，与港台地区未曾中断的学术研究融为一体。本小节以1979年至2013年间出版的翻译史著作为考察对象，概述中国新时期的翻译史研究。

1979年至2013年间，中国内地（大陆）和港台地区共出版了540部翻译史著作[2]。其中，中国内地（大陆）出版的有492部，占91.1%；香港地区29部，占5.4%；台湾地区19部，占3.5%。为了更直观地观察这些年间翻译史著作的出版情况，我们大体以每五年为一个时间段来作图示分析。540部翻译史著每五年的数量分布情况如图2.2所示。

图 2.2　1979 年至 2013 年中国翻译史著作各年段数量图

1 本小节内容参考了黄焰结等（2016）的论文《中国新时期（1979—2013）翻译史著作的计量分析》。

2 根据笔者搜集整理的资料来看，尚未发现该时段内在中国澳门地区出版的翻译史研究著作。本书力求史料详尽，但鉴于作者学识和资料来源有限，挂一漏万，在所难免，敬请理解。

图2.2显示，中国内地（大陆）翻译史著作的出版数量呈逐年段上升趋势，其中涨幅最大的年段是在2004年至2008年，但显著上涨开始于20世纪90年代后期。再从具体年份看，2000年是第一个扩增的节点，该年度翻译著作的出版数量首次突破了10部，达到了15部之多；此后，内地（大陆）出版的翻译史著数量一直攀升，2004年突破20部，2007年突破40部；2009年至2013年每年的出版数量都在40部上下浮动，其中2009年达到最高峰44部（黄焰结等2016：39）。

1979年至2013年，中国内地（大陆）翻译史著作出版数量的逐年段上升，印证了中国翻译史研究在走向繁荣。更重要的是，它还直观反映了中国翻译史研究的发展历程：改革开放伊始至20世纪90年代初的复苏（1979年至1993年），世纪之交的接续发展（1994年至2003年）与近十年来的繁荣（2004年至2013年）。

之所以将前15年称为复苏期，是因为中国翻译史研究百余年的学术传统在内地（大陆）曾因“文革”而断裂，直至20世纪80年代，借着改革开放的春风和新时期的“西学东渐”潮流，才又重新拉开了帷幕。这一时期，虽然翻译史研究渐渐复苏并活跃起来，但由于受中西方传统史学的影响，多以翻译史实践为主（1979年至2005年间出版史著170余部，约占本时段翻译史著总量的74%），以史料汇编和描述性质的翻译理论史和实践史为最多，并执着于翻译名家（名译与名论）研究。其一，罗新璋（1984）编的《翻译论集》、《翻译通讯》编辑部（1984）编的《翻译研究论文集（1894—1948）》（外语教学与研究出版社）等论文集是重要的翻译史料集。其二，涌现了马祖毅（1984）所著的《中国翻译简史——五四以前部分》、陈福康（1992）著的《中国译学理论史稿》、黎难秋（1993）著的《中国科学文献翻译史稿》等中国翻译实践史、理论史和科学史的代表史著，而谭载喜（1991）的《西方翻译简史》则是中国对西方翻译史研究的开山之作。其三，商务印书馆在整理推出论文集《林纾的翻译》（1981）、《论严复与严译名著》（1982）等名家研究文集之余，还配套出版了“林译小说丛书”十种和“严译名著丛刊”八种，直接开启了中国翻译家生平资料的系统整理工作(参阅邹振环 2017：206)；尔后，陈石平和成英(1988)的《军事翻译家刘伯承》、吴洁敏和朱宏达(1989)的《朱生豪传》、高惠群和乌传衮(1992)的《翻译家严复传论》等翻译名家研究迭出，《中国翻译家辞典》编写组(1988)的《中国翻译家辞典》、陕西省翻译工作者协会(1989)编的《翻译家词典》、林煌天和贺崇寅(1991)编的《中国科技翻译家辞典》等翻译家词典频现。其四，施蛰存(1990)主编的三卷本《中国近代文学大系·翻译文学集》收录了“五四”以前的外国文学译本，展现了翻译文学史资料汇编的价值。最后，值得一提的是，1989年中国内地(大陆)还首次出现了翻译家自述、口述和访谈资料的收集整理——王寿兰编的《当代文学翻译百家谈》，开辟了翻译史研究“口述文献”的梳理工作。

及至20世纪90年代末，随着西方文化学翻译理论迅速登陆中国，中国的翻译研究开始了文化转向，翻译史研究逐渐兴起，研究范式也从复苏期的翻译史实践向翻译史论发展。进而随着翻译学学科地位在中国的确立，以及西方新文化史学话语输入的影响，翻译史研究在中国内地(大陆)逐渐繁荣起来。

首先，基础层次的翻译史实践仍然在发展，但步伐明显放缓，而提升层次的翻译史论则渐次增多。据统计，2006年至2013年的翻译史论著作有220余部，约占本时段翻译史著总量(310部)的71%。具体而言，王克非(1996)的《中日近代对西方政治哲学思想的摄取：严复与日本启蒙学者》从比较翻译史的角度揭示了中日翻译家在跨文化交流实践中的历史角色，拉开了翻译史论研究的序幕；稍后，王克非(1997)编著的《翻译文化史论》则正式提出了翻译文化史之名、实与研究方法，从文化视角审视了翻译在文化史上的作用以及文化对翻译的制约。尔后，陆续出现了王宏志(1999)的《重释“信达雅”——二十世纪中国翻译研究》、邹振环(2000a)的《20世纪上海翻译出版与文化变迁》、王宏印（2003）的《中国传统译论经典诠释——从道安到傅雷》、王建开（2003）的《五四以来我国英美文学作品译介史（1919—1949）》、谢天振和查明建（2004）主编的《中国现代翻译文学史（1898—1949）》、孔慧怡（2005）的《重写翻译史》、廖七一（2006）的《胡适诗歌翻译研究》、许钧和宋学智（2007）的《20世纪法国文学在中国的译介与接受》、杨义（2009）主编的六卷本《二十世纪中国翻译文学史》、张旭（2011）的《中国英诗汉译史论（1937年以前部分）》、赵稀方（2012）的《翻译现代性——晚清到五四的翻译研究》等翻译史论代表作。近年来，翻译史论逐步成为中国翻译史研究的重心，翻译的文化作用与翻译史的多样性得以彰显，重要著作有王宏志（2014）的《翻译与近代中国》、王友贵（2015）的《20世纪下半叶中国翻译文学史：1949—1977》、邓联建（2016）的《委曲求传：早期来华新教传教士汉英翻译史论（1807—1850）》、许钧等（2016）的《傅雷翻译研究》、肖超（2016）的《翻译出版与学术传播：商务印书馆地理学译著出版史》、胡翠娥（2016）的《翻译的"政治"——现代文坛的翻译论争与文学、文化论争》、何辉斌（2017）的《新中国外国戏剧的翻译与研究》、熊辉（2018）的《抗战大后方翻译文学史论》及李奭学（2019）的《首译之功：明末耶稣会翻译文学论》等。

其次，翻译史研究的主题已趋丰富，超越了复苏期以翻译史实践，尤以目录与提要等工具性史书为多的单薄的主题书写，而发展成为囊括20余种主题的多样性翻译史书写。其中，不仅主流的文学翻译史、翻译文学史、翻译文化史、外国翻译史、翻译家研究在质与量上取得了进展[1]，而且翻译研究史、学科史、教学史、活动/机构史、出版史、典籍译介史以及区域翻译史、翻译家口述史等主题翻译史或多或少都有所涉及，有些主题

1 翻译史书写质的提高是整体而言的，这并不意味着要否认早期某些翻译史著作的经典性，如罗新璋编的《翻译论集》、马祖毅的《中国翻译史简史》、谭载喜的《西方翻译简史》、陈福康的《中国译学理论史稿》等早期经典史著后来都有了再版或修订版。

史甚至在专著上实现了零的突破。

港台方面，翻译史研究延续了先前的特色，主要关注翻译作品书目/提要、文学翻译史和宗教翻译史。

相对于中国内地（大陆）而言，香港与台湾地区的翻译史著出版数量要少许多，发展也较为平缓。但需要指出的是，这并不代表翻译史研究在港台地区不受重视，实际上翻译史研究是港台地区文化研究、宗教研究与文学研究的重要组成部分，也是其翻译学研究的主体之一，香港中文大学发起的"书写中国翻译史研讨会"、翻译史暑期班以及一年一度的"宋淇翻译研究论文纪念奖"，台湾教育研究院主办的《编译论丛》等都是很好的说明[1]。港台地区翻译史著作出版数量之所以发展平缓，是因为：(1)他们的学术研究自20世纪五六十年代以来一直没有中断，一开始主要延续民国时期的翻译史研究学术传统，随着与国际学界接触越来越多，又较早接受了西方的研究范式，而后还影响了内地（大陆）的学术研究。(2)20世纪末以来，中国各地区之间的学术交流日益广泛，港台地区的学术研究在推进中国整体翻译学学科建设的同时，也带来了翻译史研究的勃兴，港台地区的翻译史学术成果纷纷在内地（大陆）出版。比如，20世纪五六十年代已在台湾地区出版的翻译相关的经典史著后来大都在大陆重印再版，如方豪的《中西交通史》分别于2008年和2016年在上海人民出版社和浙江大学出版社出版，张振玉的《译学概论》于1992年在译林出版社以《翻译学概论》之名出版。与此同时，港台学者的多部翻译史著在内地（大陆）接踵出版，如王宏志（1999/2007）所著的《重释"信达雅"——二十世纪中国翻译研究》、孔慧怡和杨承淑（2000）编的《亚洲翻译传统与现代动向》、朱志瑜和朱晓农（2006）编著的《中国佛籍译论选辑评注》、单德兴（2007）所著的《翻译与脉络》、李奭学（2019）所著的《首译之功：明末耶稣会翻译文学论》等翻译史著，

1 自2004年以来，"书写中国翻译史研讨会"与翻译史暑期班隔年轮流举办；"宋淇翻译研究论文纪念奖"始于1997年，涉及的研究多属翻译史研究；《编译论丛》创刊于2008年，极关注翻译史研究。

纷纷在东方出版中心、北京大学出版社、清华大学出版社、浙江大学出版社等出版机构付梓。此外，香港中文大学翻译研究中心在2000年还将其主编的"翻译研究论丛"交由北京大学出版社出版，后又将其主办的期刊《翻译史研究》(2011年至今)交由复旦大学出版社出版。实际上，港台地区高校图书馆馆藏的翻译史书籍大都来自内地(大陆)的出版社，这即是内地(大陆)与港台地区学术共同繁荣的最佳证明。可以说，内地(大陆)的翻译史研究勃兴离不开港台学者的努力[1]，而内地(大陆)的学术繁荣也是整个中国翻译史研究的共同繁荣。(3)考虑到港台地区与海外学术广泛交流的历史文化语境以及张扬中国学术的呼声，陈德鸿(Chan L. T. 2004)、孔慧怡(Hung 2005; Hung & Wakabayashi 2005)、张佩瑶(Cheung 2006)、龙慧珠(Lung 2011)等多名港台学者也将其翻译史研究成果在国外出版。

总的来说，40余年来，翻译史研究在中国取得了长足进展，整体呈现出多样性与多元性的特点。首先，就研究范式来看，20世纪八九十年代，复兴的翻译史研究主要延续了之前的传统史学模式，学习借鉴的也多是西方传统翻译史模式。进入21世纪以来，受西方当代新史学与翻译研究"文化转向"的双重影响，翻译史研究的范式发生了转变，史论结

1 实际上，中国澳门地区的学者也在翻译史研究方面有诸多贡献。澳门理工学院李长森教授的专著《近代澳门翻译史稿》2016年在北京的社会科学文献出版社出版，对澳门近代的翻译活动进行了深入细致的研究，从语言和翻译的角度强调了澳门作为中西文化交流平台的历史作用，填补了近代中国翻译史研究的空白(李长森 2016)。除李长森的专著之外，张美芳、李德凤、蒋骁华等学者也发表了多篇探讨翻译史的论文，涉及区域翻译史、翻译教学史、中国诗歌英译史、外国翻译史、翻译理论史、文献翻译史等多种翻译史主题(相关论文可通过中国知网查阅)。

合的翻译史著述数量逐步上升，翻译史论已成为研究的主流[1]；至于“元研究”性质的翻译史学研究，除了邹振环的《20世纪中国翻译史学史》之外，其他研究散见于学术期刊(大多是评述翻译史著作的书评文章)和翻译史著作的开篇章节[2]。其次，研究主题虽然颇具多样性，但专题翻译史比较少见，且现有主题的研究态势也不均衡。综合翻译史、非文学翻译史、翻译教学史、翻译活动史以及表现中国各地文化多样性的区域翻译史偏少；而数量居多的文学翻译史、翻译文学史和翻译文化史的内部也存在诸多不足，撇开范式雷同、视角方法单一不说，对历史上的翻译文学期刊、从事翻译活动的文学社团与机构、古代对外交流中的翻译现象等研究对象关注不够，也缺乏对小说、戏剧、散文等文类作专门研究的翻译史，尤其是对特殊文类的专题翻译史(如莎剧汉译史、十四行诗汉译史等)的关注；翻译家与译者研究也存在模式化与简单化的倾向；外国翻译史研究方面，以理论史和入门性质的选读、导读居多，对历史上国外

1 当然，翻译史论研究范式已成为当下中国翻译史研究的主流，但这并不意味着要否认翻译史实践层次上基础研究的价值与意义。相反，这方面的工作仍需多加努力，尤其是翻译史料的发掘与整理工作更亟待深入。这也反映了当下中国翻译史研究的多样性和多元格局。值得称道的是，为了弘扬中华优秀翻译文化，促进中外文明交流互鉴，在谢天振、许钧、郭国良等知名翻译学者的策划组织下，国内一些出版社陆续推出了中国翻译名家的译作选集，如人民文学出版社携手中国翻译协会出版的“中国翻译家译丛”(目前已推出三辑40位名家译作选)，商务印书馆出版的“故译新编”(目前已出版鲁迅、郭沫若、穆旦、周作人、刘半农、戴望舒、卞之琳、朱湘等名家译作选21册)，以及浙江大学出版社出版的“中华翻译家代表性译文库”(收录为中外文化交流做出杰出贡献的翻译家的译作，每位翻译家独立成卷，计划分辑出版80至100卷，如第一辑包括鸠摩罗什卷、玄奘卷、林纾卷、严复卷、鲁迅卷、胡适卷、林语堂卷、梁宗岱卷、冯至卷、傅雷卷、卞之琳卷、朱生豪卷、叶君健卷、杨宪益与戴乃迭卷、穆旦卷)。不可否认，这些都是翻译名家的代表译作，为今后全面的译作史料收集整理工作确立了可资借鉴的先行模式，为翻译史研究和翻译研究奠定了坚实的基础。此外，朱志瑜、张旭、黄立波(2020)在黄嘉德、罗新璋等前贤的翻译史料研究工作的基础上，经过多年的努力，深入挖掘并辑录了汉末至1949年间第一手的中国传统译论文献1,000余篇，其中多篇资料还是首次在学术界面世。这套六卷本的《中国传统译论文献汇编》可谓中国传统翻译理论的“地图”，是中国传统译论史的一项重大基本建设，意义不凡。

2 比如，邵有学(2018)的《中国翻译思想史新论》在“引论”部分用三章界定了翻译思想史概念，概括了中国翻译思想史的基本特点及发展脉络，阐述了翻译思想史的研究对象与撰写方法。这大概是目前篇幅最长的翻译史学研究著作章节。

的翻译现象的研究少之又少，而横亘中外、跨越东西且具有全球视角的翻译史作则更为鲜见。

2.4 小结

西方翻译史研究发轫于16世纪，初期受传统史学与早期新史学的影响，以翻译史实践为中心；至20世纪80年代，随着翻译学学科地位的逐步确立与文化学翻译研究的兴起，翻译史研究注入了后结构主义和后现代主义的史学观，转而采用以翻译史论为重心的研究模式，日趋关注翻译文化史、微观史、新叙述史及全球史的书写，书写方式也从客观实证的传统手法和静态的社会学方法转向定性与定量、动态与静态、叙事与实证、客观性与主体性、文学性与历史性的多元融合。需要注意的是，翻译史研究从翻译史实践转向翻译史论，也是同期翻译史学研究发展的结果，说明翻译史学已从传统的叙述史学时代步入了新文化史学和后现代主义史学的时代。当然，这一发展趋势与历史学的前进步伐是一致的。

中国翻译史研究滥觞于清末，与西方翻译史研究相比，起始时间相对较晚，跨越了传统翻译史学和现代翻译史学转向两个时期，历经了发轫、发展、复兴与繁荣四个阶段。

概括来讲，纵贯前三个阶段的20世纪历史风云变幻，翻译史研究也曲折回环，但基本上一直是中西方传统史学影响下的翻译史实践工作，因而与西方的传统翻译史学有不谋而合之处。21世纪伊始，在新史学话语与文化学翻译研究的影响下，中国翻译史学发生范式转向，日益关注翻译史论。可以说，20世纪80年代以来的中国翻译史研究基本上延续了第二次世界大战结束后西方翻译史学的发展过程，只不过范式转变的时间稍微推迟了数十年而已。

21世纪以来，中西方翻译史研究都进入了一个繁盛的时期，著述数量多、种类全、主题广，研究规模大、立意新、视野宽，展现出多彩的空间与多元的格局。与此同时，翻译史研究态势不均衡、方式雷同化、学术深度不够等若干不足也暴露无遗。这既是问题所在，亦是经验教训，只有进一步思考与探索，才能更好地开展今后翻译史的书写工作。历史让人了解人类过往的优良传统，从而总结经验，弥补不足，继往开来。对中西方翻译史研究数百年历史进程的描述与思考，目的亦在于此。

第三章 翻译史料研究法

3.1 引言

前二章在描摹翻译史研究体系与范畴的基础上，系统梳理了中西方翻译史的研究脉络、发展趋势和前沿成果，旨在廓清翻译史学的学科性质，揭示其特征，梳理其学术史，进而帮助广大研究者更好地从事翻译史研究。然而，“加强翻译史研究，既需要有科学的研究方法指导，也需要加强对第一手材料的发现与搜集，更需要有开阔的视野以及质疑与批判的精神”（许钧 2014：2-3）。有鉴于此，本书将在接下来的三章里逐步探讨翻译史料搜集整理方法、跨学科的翻译史研究方法与书写模式，并提出笔者自己的思考判断和对未来研究的展望与建议。

历史研究，史料先行，翻译史研究也不例外。换言之，翻译史料观察是翻译史研究的基本前提，只有在梳理和熟悉翻译史料的基础上，研究者才能选择基本的研究方法与理论模式以阐释问题，从而发现新问题、产生新的研究方向并进一步发掘新史料。可以说，若没有坚实的翻译史料基础，再高明的方法与模式，也难作出一流的翻译史学术研究。

强调翻译史料先行并不意味着翻译史料就是翻译史研究的全部，更重要的是对翻译史料的重要性进行认知和判断。那么，何为翻译史料？

如何对翻译史料进行搜集、拓展、鉴别、整理和运用？本章将从“翻译”等概念出发，围绕这些问题展开探讨。

3.2 核心概念

在具体探讨翻译史料之前，有必要厘清翻译史研究中与翻译史料密切相关的几个核心概念，廓清翻译史料的范畴。

3.2.1 翻译

翻译是人类历史上一项复杂的活动，其内涵是语言(更确切地说是符号)之间的转换，可以从语言学、文学、文化研究、功能理论等多种维度进行定义；而翻译的外延则涵括更多内容，除了语言转换之外，解释、比喻、象征、改写、改编等也都可以看作翻译，甚至历史上的伪译(pseudotranslation)、假定翻译(assumed translation)、社会心理意义上的翻译(socio-psychological form of translation)等都可纳入翻译的范围[1]，翻译的界限因此而大大拓宽。这种反本质主义的努力彰显了翻译史研究所应有的历史广度，极大地拓展了翻译史研究的对象范围，使翻译史研究更加有趣、更接地气，但与此同时也使得翻译的历史知识碎片化，甚至意味着翻译的消解，进而可能导致翻译史研究的消解(Gürçağlar 2013：131；王剑 2017：45)。试想一下，如果翻译无所不包，就无所谓真正的翻译了，翻译的重要性与历史深度也就更加无法体现了。因此，明确翻译的

1 伪译和假定翻译是翻译学者吉迪恩·图里(Gideon Toury)(1995/2001：31，40)提出的两种翻译现象，前者指“那些没有真正的原文，但在目标语文化中却被视为翻译的目标语文本”，后者指“所有在目标语文化中体现为或被视为翻译的目标语文本”。社会心理意义上的翻译是翻译学者埃德温·根茨勒(Edwin Gentzler)(2008b：123)以精神分析法推衍出的一种翻译定义：“在某种文化中任一时期、任一地点发生的翻译现象，不论其是否被目标语文化称之为翻译”。由此可见，在显性的、文本的翻译史之外，还存在隐性的、口头的翻译史。

概念是翻译史研究的首要问题，这不仅影响到翻译史的书写，还决定了翻译史料的挖掘与选择。也就是说，建设翻译史料之前必须明了“翻译”的“操作定义”（operational definition）和翻译的类型[1]。

1）区分翻译（translation）与非翻译（non-translation）。如上所述，将多样化的翻译现象纳入翻译史研究的考察范围不仅不现实，而且在翻译史料建设上也不易操作。至于如何区分翻译与非翻译，一定要以“回到历史现场”的姿态来辨别，而不能以今人的眼光来裁剪历史。皮姆（Pym 1998/2007：62）认为，可以借鉴法国学者热拉尔·热奈特（Gérard Genette）提出的“副文本”（paratext）概念来确定目标语文化中的翻译。副文本指所有用于提示标准文本（text proper）的文本材料，如封面、出版信息、作者和译者信息、序跋、题图等。按照皮姆的说法，所有具备副文本特征的翻译文本均可确定为翻译作品。再拓宽一下范围，如果某一文本同时期的“外文本”（epitext，指与该文本相关的宣传、访谈和评述等文本材料）和“元文本”（metatext，指涉及该文本的馆藏目录、书目、提要、索引等诸种文本材料）也能够说明该文本在当时为翻译作品，则该文本亦有理由成为相应历史时期翻译史研究的对象（转引自王剑 2017：45-46）。

2）区分不同类型的翻译[2]。（1）按翻译所涉及的两种代码的性质，可将其划分为语内翻译（intralingual translation）、语际翻译（interlingual translation）和符际翻译（intersemiotic translation）（Jakobson 1959/2004：114）。语内翻译是同一语言间不同语言变体之间的翻译，如把古英语写的《贝奥武甫》（*Beowulf*）翻译成现代英语，把客家话翻译成普通话，以及单语词典的词条解释等。语际翻译是不同语言之间的翻译，

1 翻译史研究须明确研究对象“翻译”的概念，以使研究系统化、清晰化与深度化。这并不意味着“翻译”是一个单一的单数概念（a singular, unitary concept）；相反地，我们把“翻译”看成一个跨文化、跨时空的集群概念（a cluster concept），希望在此基础上书写丰富多样的各类翻译史。

2 参阅杨莉藜（1993：2）编著的《英汉互译教程》（上册）。

也就是一般意义上的翻译，被认为是“正宗翻译”（translation proper）。符际翻译则是非文字符号与文字符号之间的互释，如艺术家用文字解释艺术品，用手语翻译正常的言语等。(2) 按翻译的工具和成品形式，可将其划分为口译和笔译。(3) 按翻译主体的性质，可将其划分为人工翻译和机器翻译。(4) 按翻译的客体，亦即所译资料的性质，可将其划分为文学翻译和非文学翻译。前者包括诗歌、戏剧、小说、散文等文类的翻译，后者包括科技、商务、法律、新闻、宗教等非文学客体的翻译[1]。这些翻译类型可以是重叠的，如人工操作的英汉文学笔译就涉及语际翻译、笔译、人工翻译和文学翻译四种类型。一旦明确了翻译类型，翻译史料的发掘就主要围绕这一类型的翻译展开。

当然，除了类型翻译史之外，还有翻译出版、翻译技术发展等翻译衍生形式的历史研究。这些衍生形式的翻译史研究在史料建设阶段不仅需要搜集相关的译作，还应关注衍生领域的相关史料。比如，翻译出版史的史料不仅包括某历史时期出版的翻译作品，还涵括出版机构、出版政策、出版技术、编辑、印刷、发行等方面的文献档案。

3.2.2 重译、复译与转译

重译、复译与转译是翻译史研究中三个重要概念。据考证，“重译”最早出现于周代，《尚书大传》中有这样的记载：“成王之时，越裳重译而来朝，曰道路悠远，山川阻深，恐使之不通，故重三译而朝也。”汉代史籍中也有“重译”“重三译”“重九译”的记载。显然，最初的“重译”指“语言的辗转翻译”，也即现代意义上的“转译”(指以第三方语言为中介的间接翻译)。此外，古代的“重译”还指代“译使”(如唐代吴兢《贞观政要・诚信》有云“绝域君长，皆来朝贡；九夷重译，相望于道”) 或南方蛮荒之地 (如唐代张说《南中送北使》诗云“待罪居重译，穷愁暮雨秋”)，

1 详细内容可参阅本书1.2.3节。

亦泛指异域之人（如唐代柳宗元《柳州峒氓》诗云“愁向公庭问重译，欲投章甫作文身”）。到了五四时期，关于重译的论述达到高潮，鲁迅、茅盾等翻译大家仍使用“辗转翻译”的古义[1]，与此同时，其同义术语“转译”也被广泛使用，“重译”则又有了“对自己或他人已翻译过的作品重新翻译”的新义[2]，且与新出现的另一个术语“复译”同义[3]。

可见，随着“重译”古今意义的变迁与外延的拓展以及“复译”和“转译”两个术语的出现，自民国时期以来翻译学界对这三个概念的使用比较混乱[4]，没有统一的定义标准，非常不利于学术研究，尤其给翻译史研究带来了极大的不便。有鉴于此，笔者尝试对转译、重译和复译三个概念进行区分，以规范相关的学术研究。

“转译”指以第三方语言为中介的间接翻译，对应英文术语relay translation。

“重译”指同一译者对同一原作的重新翻译，对应英文术语self-retranslation。这是相对于译者自己的“初译”而言的。

“复译”指不同译者对同一原作的重复翻译，对应英文术语

1 如鲁迅与穆木天在20世纪30年代关于重译（间接译）与直接译的讨论。1934年，针对穆氏对间接翻译的批评，鲁迅先后在《申报・自由谈》上发表了《论重译》（6月27日）和《再论重译》（7月7日）两篇文章。

2 例如，在20世纪20年代鲁迅与梁实秋关于翻译的论战中，梁实秋就曾批评鲁迅等人从英文、日文间接翻译法俄名著和弱小民族的文学作品的做法，“转译究竟是不大好，尤其是转译富有文学意味的书……有翻译价值的书，正无妨重译。有了多种译本，译者才不敢草率从事”（出自梁实秋的文章《翻译》，载于《新月》第1卷第10号）。实际上，若考察20世纪20年代末30年代初的《新月》月刊，可以发现与翻译相关的文章大多称辗转翻译为“转译”，“重新翻译”为“重译”。

3 大概因为现代汉语双音词“重复”的关系，有人称“重新翻译”为“重译”，有人称之为“复译”。如称间接译为“重译”的鲁迅（署名“庚”）就号召“非有复译不可”，“即使已有好译本，复译也还是必要的”，即使先出的译本“已很可观，但倘使后来的译者自己觉得可以译得更好，就不妨再来译一遍……”（庚，《非有复译不可》，刊于1935年4月上海《文学》月刊第4卷第4号）。

4 相类的是，西方对术语retranslation也有不同的定义，既指以另一语言为中介的间接翻译（indirect translation; relay translation），也常指重新翻译的作品和重新翻译的行为（Gürçağlar 2009：233）。

retranslation by others。这是相对于他人的"首译/原译"而言的。

现在看来，转译的概念内涵基本得到了学界的公认，其使用范畴趋于一致，而重译与复译在很多场合依然混淆使用。实际上，非常有必要在学术研究中对重译与复译进行区分，毕竟重译与复译确有不同之处，反映了译者在心理动机、翻译语言和翻译策略等方面的差异。一般来说，译者对自己已经翻译过的作品，是抱着不断完善的态度来重译的；而对他人已翻译过的作品，译者往往是以批评的眼光来复译的。再者，复译还反映了复译者与首译者在象征资本和经济资本上的竞争，而这在重译中是不会发生的。

3.2.3 "译入"与"译出"

一般地，译入被认为是将外语译成母语，译出则是将母语译成外语。这种说法虽然没错，但不够严谨。其实，译入和译出是翻译方向相反的一对概念，应该结合翻译史书写的民族/国别立场，以译者的母语或优势语（dominant language）[1]为基点来进行考察。若以中国翻译史为例，汉语或中国某少数民族的语言就是翻译方向的基点，将外语翻译成汉语或中国某少数民族语言的历史就是译入史，反之则为译出史[2]。也就是说，若立足于中国翻译史书写的立场，外国作品汉译便为译入，中国作品外译则为译出。由此推断，在中国翻译史上，传教士和其他外籍人士所做的外国作品汉译为译入，所做的中国作品外译为译出。比如，清末来华的英国传教士傅兰雅在北京同文馆、江南制造局翻译馆和美国期间所做的西书汉译为译入；而英国驻华基督教传教士鲍康宁（F. W. Baller）（1904）英译的《好逑传》（*The Fortunate Union*）虽在中国上海的美华书馆出版，仍被视为译

1 通常情况下，优势语是译者的母语，但有些译者成年时期生活在他国，因此他们的优势语可能是其成年后最常使用的语言，而非母语。

2 中国各民族语言之间的翻译，主要关涉汉语与少数民族语言之间的互译。若以汉语为基点，汉语翻译成少数民族语言就为译出，反之为译入；若以少数民族语言为基点，情况则正好相反。

出。同理，华侨和华人学者虽然旅居或入籍外国，但在中国翻译史上其外译中国作品也属于译出，如旅美华侨梁社乾（George Kin Leung）于1926年英译鲁迅的《阿Q正传》（*The True Story of Ah Q*）（上海商务印书馆）。然而，若以英语世界翻译史为例，傅兰雅的西书汉译就是译出，鲍康宁和梁社乾的中国作品英译就是译入了。由此也便不难理解，理雅各、翟理斯（Herbert Allen Giles）等英国汉学家甚至中国翻译家辜鸿铭（Ku Hung-ming）所做的中国典籍英译，在英语翻译文学史上书写了浓重的一笔（参阅France & Haynes 2006）。

可见，译入史和译出史是根据翻译方向区分的一对历史叙述。一般情况下，默认的（unmarked）翻译史为译入史，而译出史则往往需要加以强调（marked），这主要是因为传统的翻译方向是从外语译入母语或优势语，国际译联甚至在1997年进行的“国际翻译日”主题宣传中，强调翻译工作者应当选择自己最擅长的语言来从事翻译活动。因为这种传统或不成文的规定，翻译史研究自然以译入史居多。不过，译出活动的历史并不逊于译入活动的历史。就中国而言，从早期的民族交流以及对外文化交流，到后来传教士与汉学家迻译中国经典，历史也很悠久，只是这方面的学术研究起步较晚。近年来，随着中国文化“走出去”的步伐加快，译出史日益受到了关注。

3.3　翻译史料

史料是使过去的事物得以流传于后世的实物资料、语言资料等历史遗留物，有助于人们认识、解释和重构历史过程（潘树广等 2012：2；庞卓恒等 2006：251）。相类而言，翻译史料是历史上有关人类翻译活动与各种翻译现象的资料，是开展翻译研究和编撰翻译史的客观依据。

3.3.1 文献史料与口述史料

从史料的形式来看，翻译史料一般包括文献史料和口述史料[1]。

文献史料指书籍、报刊、档案等文字史料以及电影、录像、音视频等音像资料。文献史料内容繁复、完备、连续且系统。一般而言，翻译史研究者所利用的史料大部分是文献史料。

口述史料又称口传史料，是指经口耳相传得以保存下来的以往人类的言行。近年来随着口述翻译史的兴起，采访翻译家的各种口述资料以及翻译从业者的录音资料，都是颇为研究者所重视的口述史料。

文献史料和口述史料都是翻译史研究中基本的史料形式，各有其特点，在翻译史研究中可互为补充。但需要注意的是，文献史料中的音像资料一般指客观记录翻译活动和描写翻译现象的史料，如联合国大会的口译现场音视频资料客观记录了会议口译活动，历年来的音视频资料可谓联合国会议口译史的重要史料；此外，与翻译相关的影视作品也可以视作为相应的翻译史料[2]，比如，美国电影《翻译风波》(*The Interpreter*)讲述了一位非洲出生的联合国同声传译员希尔维娅·布鲁姆(Silvia Broome)的人生故事，可为联合国口译史提供相关历史材料。相比之下，口述音像史料则是记录和描写翻译者言行的资料，如央视10套科教频道播出的访谈式节目《大家——翻译家许渊冲》。当然，这两种史料也并非截然对立，有时也互有交叉，尤其在描摹翻译现象的影音资料中。

---

1 此外，翻译史研究的史料形式还包括实物史料，亦即历史发展过程中被保存或遗留下来的前人活动场所和所使用过的有形物品，包括地面保存和地下发掘的遗迹、遗物，例如：现存于土耳其博阿兹柯伊赫梯档案馆的泥版《赫梯法典》(*The Hittites Laws*)，赫梯语与古埃及语互译，见证了公元前15世纪的翻译活动；在埃及发现的、现存于大英博物馆的罗塞塔石碑(Rosetta Stone)，其上所载歌颂托勒密国王五世的碑文即由三种文字(古埃及象形文、古希腊文和当时的通俗体文字古埃及草书)构成；位于上海的江南制造局翻译馆旧址则无声地向世人展示了百余年前的翻译盛举；西安大雁塔、洛阳白马寺也无时无刻不提醒着人们昔日的翻译辉煌。不过，相较于翻译史研究中的文献史料，实物史料非常稀少，更谈不上连续性与系统性。

2 虚构的译者(fictional translator)也是形象展现历史的叙述途径之一。

3.3.2 直接史料与间接史料

从史料的性质(或源流)来看，翻译史料可分为直接史料和间接史料[1]。

3.3.2.1 直接的翻译史料

直接史料是“未经中间人手修改或省略或转写”的史料(傅斯年 2009：52)，强调历史材料的原初性。就翻译史研究而言，直接的翻译史料能够反映译文或译本的原始面貌，可信度和准确性最高(郑锦怀、岳峰 2011：446)。关于直接翻译史料，郑锦怀、岳峰(2011：446-447)认为至少包括五种，即原始的报刊译文，原始的译本单行本，(译)文集里的译文，译作未刊本，译者及其同时代人物的日记、书信等。本书在此基础上，将直接的翻译史料扩展至以下八种：

1)原始的报刊译文(含影印本)。早期的很多译文都先刊载在各种报刊杂志上，而后才有可能被收录至某种(译)文集中，或者被编辑成册，出版单行本，但因为种种因素的影响，转录后的译文与其原初版本之间常常存在差异(郑锦怀、岳峰 2011：446)。比如，著名诗人、翻译家卞之琳在20世纪20年代末与30年代初的学生时期翻译了大量的外国诗歌，稍后选录自己的译作于1936年3月初版单行本译文集《西窗集》(上海商务印书馆)时，就对入选的部分译诗进行了修订。其中，最明显的修订就是法国诗人保罗·瓦莱里(Paul Valéry)的诗作*Le Bois amical*，原译《和霭的林子》刊载于1933年4月19日出版的《清华周刊》，收录进译文集时更名为《友爱的林子》，且在文字、换行、格式、版式等方面都有变化。译诗的重译反映了译者风格的转变与翻译思想的变化。若探讨卞之琳早年的翻译活动，不能不重视原始的史料。类似的例子不胜枚举，足见原始报刊译文的重要性。幸运的是，近现代史上一些重要的报刊书籍后来都被影印出

1 或者如英国历史学家克伦泊(C. G. Crump)(2016：67)在《历史与历史研究》(*History and Historical Research*)中所区分：“原始史料”(primary sources)和“二手史料”(secondary sources)。

版，影印本保存了书刊的原始面貌，应该视为直接的翻译史料。

2）原始的译本单行本（含影印本）。古今中外，书籍都有多种版本，或由同一出版机构修订重印，或由多家出版机构推出不同印本，而各种版本之间很可能存在差异（郑锦怀、岳峰 2011：446）。再以卞之琳的译文集《西窗集》为例，该书于1936年3月由上海商务印书馆初版，当年9月再版；若干年后重新修订，于1981年11月在江西人民出版社出版。笔者考察1936年版与1981年版后发现，比之前者，后者不仅发生了明显版式变化（竖排转横排），封面也由卞之琳选译改为卞之琳编译；更重要的是，入选的译作目录也多有不同（如在1981年版本中，原版的第一辑诗歌全部被删，但增补了小品文与短篇小说），即使保留下来的译作也经历了不同程度的修订。因此，若根据1981年版的《西窗集》来研究卞之琳早年的翻译，可能出现的结果就是史料的准确性受质疑、可信度下降，研究的结论站不住脚。

3）（译）文集/选集里首次面世的译作。在文化转型时期，“原创作品与翻译作品之间没有泾渭分明的界线”（Even-Zohar 1990：46）。在中国近现代史上，大多数作家往往翻译与创作并举，著译合集的现象极为普遍，出现了很多（译）文集/选集。这些（译）文集/选集往往也包含了此前未曾公开发表的译作，如胡适于1920年3月初版的诗集《尝试集》（亚东图书馆）收录了其早年翻译的拜伦诗《哀希腊歌》，赵景深（1936）编的文集《永言集》（上海时代书局）收录了诗人朱湘此前未曾面世的遗作——《我的心呀，在高原》（节译），卞之琳（1936）的译文选集《西窗集》收录了3首新译《海风》《死叶》《歌》，等等。可以说，（译）文集/选集里首次面世的译作也是直接的翻译史料，应该加以关注。

4）创作的作品中融入的首次面世的译文。中国近现代的作家不仅著译合一，甚至还将译文融入创作之中。这又分为两种情况：（1）日记、信函、小说、散文等创作文本中嵌入了译文，如徐志摩所译的托马斯·哈代（Thomas Hardy）的《一同等着》《疲倦了的行路人》《一个悲观人坟上的刻字》等诗均嵌置在其文《厌世的哈提》(1926年5月20日《晨报副刊·诗镌》)中。(2)仿拟翻译的拟作。拟作虽然表象是"作",但它有可以参照的原文,创作过程中经历了"潜翻译",或者说作者/译者的心里有一个潜在的翻译文本(熊辉 2010,转引自黄焰结 2013:73)。比如,徐志摩创作新诗《西窗》,公开声明模仿托马斯·斯特尔那斯·艾略特(Thomas Stearns Eliot)的《序曲》("Preludes");闻一多悼念亡女的《忘掉她》有美国女诗人莎拉·特雷弗·蒂斯黛尔(Sara Trevor Teasdale)《忘掉它》("Let It Be Forgotten")的影子;等等。可见,创作文本中嵌入的首次面世的译文,特别是经历了潜翻译的拟作可视作直接的翻译史料,这一点值得我们关注。

5)翻译未刊本。译者在翻译作品完成后,生前可能因种种因素未能获得机会发表,或无意将其出版,但在其逝世后,一些翻译未刊本(手稿、誊抄稿、打印稿等)幸运地保存下来,由其亲朋或出版商整理出版。这些翻译未刊本是具有极高学术价值的直接翻译史料(郑锦怀、岳峰 2011:447)。比如,2015年发现的尘封了近半个世纪的林语堂英译《红楼梦》(*The Red Chamber Dream – A Novel of a Chinese Family*)原稿,虽然只是未正式出版的打印稿,但对推动红学研究、翻译研究与林语堂研究具有重大的意义。

6)未经剪辑的口译音像史料。口译是译者以口语方式进行的翻译活动,其过程稍纵即逝,需要现场录音或录像予以保存。原封的口译活动音像资料可以还原现场,展现口译的内容和节奏以及译者的语音语调、面部表情和临场翻译能力等现场原貌,是直接的翻译史料。不过,需要注意的是,剪辑的口译音像资料因为经过了删改,只能算是间接翻译史料了。同样,口译内容的文字转录一方面因为经过了转录者的修补(尽管转录者工作的态度非常客观),另一方面因为无法还原口译活动的现场情况,所以也只能视作间接史料。

以上六种直接的翻译史料均是关于翻译事实本身的遗存(郑锦怀、岳峰 2011：447)。但就翻译史研究而言，还有翻译活动亲历者与目击者的陈述文献以及关于影响翻译的外部因素的文献资料，亦即翻译文本之外的史料。

7) 译者及其同时代人物的翻译话语、翻译评述、笔记、日记、书信等。这类史料是译者本人、译者的亲朋、译作的编辑人员、出版人员和读者等与翻译事件密切相关的人物留下的陈述和文献，一般只有在翻译事件发生的同时或者几乎同时记录下来的陈述与文献，才能算是直接翻译史料(郑锦怀、岳峰 2011：447)。比如，徐志摩极度青睐英国女作家曼殊斐尔(亦写作曼殊斐儿，现多译作凯瑟琳·曼斯菲尔，与其英文名Katherine Mansfield相对)，在1923至1926年间翻译了她的多篇短篇小说，并于1927年出版了单行本《曼殊斐尔小说集》(上海北新书局)，在翻译的同时他不仅有时记些翻译心得[1]，还发表了《曼殊斐儿》《再说一说曼殊斐儿》等评论文章[2]。与此同时，还有出版商在报章杂志上为徐志摩的翻译做推介广告，胡文、张友松、胡适等时人也发表了相关的翻译评论[3]。可以说，这些有关翻译的同时期的评述、广告、笔记和书信，让研究回到了历史的现场，也是宝贵的直接翻译史料。不过，需要注意的是，如果翻译评述、广告、日记、笔记和书信等文献是在翻译事件发生之后相隔很长一段时间才回忆出来或补充记录下来的，那么就只能算作间接的翻译史料了(郑锦怀、岳峰 2011：447)。

8) 影响翻译的相关文献史料。翻译不是在真空中发生的，而是社会

1 如徐志摩在《译曼殊斐儿小说〈幸福〉小序》中写道："翻译她当然是大胆，我译她纯粹是为爱审她。但她有时真叫你的译手发窘……"(作于1925年5月1日，载1925年7月1日《晨报七周年纪念增刊》)。

2 徐志摩，《曼殊斐儿》，1923年5月10日《小说月报》第14卷第5号；徐志摩，《再说一说曼殊斐儿》，1925年3月10日《小说月报》第16卷第3号。

3 胡文，《徐志摩君的〈曼殊斐儿〉》，1923年8月10日《小说月报》第14卷第8号；张友松，《我的浪费：关于徐诗哲对于曼殊斐尔的小说之修改》，1928年《春潮(上海)》第1卷第2期；胡适，《论翻译——寄梁实秋，评张友松先生评徐志摩的曼殊斐儿小说集》，1929年1月10日《新月》第1卷第11号。

历史文化语境的产物。就翻译史研究而言，政府部门、出版机构、赞助人、出版商、教育机构、学术团体、市场、读者等外部因素影响了翻译的产生、出版、传播与接受。这些权力机构发布的与翻译相关的政策、条例、规定、要求以及相关的宣传、推介等，都是研究翻译的一手资料，值得关注。比如，新中国成立伊始，中央人民政府成立了出版总署翻译局，颁布了翻译出版规定(张君悌 1950：23-24)，计划设立翻译书籍审查处，召开第一届全国翻译工作会议；与此同时，《人民日报》也以“用严肃的态度对待翻译工作”为题发表了数篇翻译批评文章。这些都是研究新中国之初翻译史的重要档案文献，是直接的翻译史料。

3.3.2.2 间接的翻译史料

间接的翻译史料既包括经过前人整理、修改、增删或转录的第二手乃至第N手翻译史料，也包括并不与翻译活动直接相关，但能够为研究者提供若干线索的文献材料(郑锦怀、岳峰 2011：447-448)。关于间接翻译史料，郑锦怀、岳峰(2011：448-449)认为至少包括四种，即经过转录的译文或译本、书目索引、前人著述及译者追记。在此基础上，本书将间接的翻译史料扩展至以下六种：

1)转录的译文或译本。有三种情况：(1)如前所述，口译音像史料的文字转录；(2)原始的译文或译本佚失，但该译作被他人收录。这种转录的译作可能与原初面貌有些许差异，但能够反映原作的基本面貌，可信度与史料价值仍然很高，如(译)文集/选集中收录的原始报刊译文或译本。(3)后世整理编纂后重新出版的译文或译本，如上海书店1990年推出的由施蛰存主编的三卷《中国近代文学大系·翻译文学集》、河南文艺出版社2016年汇编《新青年》杂志译文而出版的《新青年·翻译卷》、上海古籍出版社2018年校注汇辑的清末长篇翻译小说《昕夕闲谈》，以及人民文学出版社携手中国翻译协会推出的“中国翻译家译丛”(目前已出版三辑40种)、商务印书馆推出的“故译新编”丛书(自2019

年截至目前，已出版鲁迅、冯至、徐志摩、伍光建、梁宗岱、郑振铎等名家译作选21册）和浙江大学出版社自2020年以来推出的“中华翻译家代表性译文库”等。这类译作汇编或选集往往经历了繁简文字转换、异体字替换、版式变化、标点加注和文字修补等环节，增添了编纂者的序言、说明或导读，可以说出版社与编注者在翻译史料的整理抢救和普及传播等方面的工作功不可没，对翻译史学术研究有重大意义。但研究者要清醒地认识到，这些材料还是间接的翻译史料，必要时一定要尽量找到原始译作，与转录本进行比较，进而寻绎出译者的翻译策略与翻译思想，做出可信的研究成果。

2）汇编的翻译史资料。历史上翻译家的生平、翻译话语、译事叙述等都是重要的翻译材料，需要及时整理，否则随着时间的推移会湮没在历史之中。中外的不少学者都从事过翻译史研究的这项基础工作[1]。例如，美国学者罗宾逊所编的《西方翻译理论：从希罗多德到尼采》汇编了从古希腊历史学家希罗多德到德国哲学家尼采两千多年以来西方历史上的翻译话语；中国学者罗新璋所编的《翻译论集》汇编了上自三国时期的佛经翻译论述，下至20世纪80年代初的翻译文章，是一部综合性的中国翻译通史论集；朱志瑜、张旭、黄立波所编的《中国传统译论文献汇编》（六卷本）汇聚了东汉末年至1949年间的中国传统翻译理论文献，但内容比《翻译论集》更加丰富翔实，堪称中国传统译论的“地图”。不过，和第一种间接史料一样，这些翻译史料汇编也是转录的，研究者需要认真鉴辨使用。

3）译者及其同时代人物的追记。译者本人或翻译事件当事人的事后追记——如回忆录、旧事记、学术随笔等——都是间接的翻译史料，一方面因为译者本人或当事人追记翻译事件的时间可能与翻译事件发生的时间相距甚远，另一方面也可能因为年老健忘或主观情感因素，译者本人或

1 可参阅本书的1.3.1小节。

当事人追记的内容与实际情况相去甚远。当然，译者与当事人的追记仍具有一定的学术价值，特别是可以为翻译史研究提供若干线索，研究者可以据此查证探究。当然，追记时间与史料价值之间成正比关系，越早追记，准确性越高，史料价值也就越高；反之，追记时间越迟，记忆相对愈加模糊，史料价值自然就愈低了（郑锦怀、岳峰 2011：448-449）。

4）翻译工具书与翻译音像资料。翻译工具书包括翻译相关的书目、索引、提要、百科全书、翻译（家）词典、翻译年鉴、大事记、作家/翻译家年谱、作家/翻译家笔名索引等史料，翻译音像资料指翻译相关事件的纪录片、翻译家采访纪录片等材料。翻译工具书与翻译音像资料都是“前人精密归纳直接材料而得的”（傅斯年 2009：52）。换言之，这些史料经过前人的系统整理，已经比较全面（当然仍需要研究者的校核补遗），较容易获取，更便于利用，是翻译史研究的常备史料。

5）前人著述，即前人有关翻译活动和翻译现象的著述。从著述形式来看，包括著作、期刊论文、报刊文章、网络文章、音像作品等；从著述内容来看，涉及翻译史、文学史、宗教史、文化交流史、科学史、思想史、出版史、外交史等史作。这些著述能为相关的翻译史研究勾勒研究状况，进而提供研究线索。就翻译史研究而言，仅回顾翻译史和翻译学术论文是很不全面的，须知其他的相关历史著述也可以为翻译史研究提供很多相关的参考[1]。当然，前人著述仍需要研究者认真考察与鉴辨。

6）文学/影视作品中的翻译资料。文学作品和影视作品中不乏翻译活动相关记录和对译者的描写，如：流亡海外的阿根廷作家胡利奥·科塔萨尔（Julio Cortázar）（1973）将翻译糅合到小说《曼纽的传单》（*Libro de Manuel*）中，描写了小说人物作为译者的经历和见解，重释了历史事件，展现了阿根廷军政府统治时期的真实历史面貌；中国电影《叶问1》中的日军翻译官李钊对日本军官的不忠实翻译行为，反映了日本侵华历

1 典型的例子可参考本书的2.3.1小节。

史时期中国翻译工作者的伦理道德；缪娟的小说《翻译官》(已被翻拍为电视剧《亲爱的翻译官》)描写了两个青年翻译的爱情故事，在一定程度上反映了当下中国翻译工作者的生活状况。这些文学/影视作品虽然是虚构的，但也可以为某段时期的翻译史提供间接的佐证材料，应该予以关注。

3.3.3 翻译文本、副文本、外文本与元文本史料

我们知道，翻译是语言之间的转换，涉及原本和译本，甚至在翻译史研究中还需要考察同时期的创作文本。上述两类翻译史料主要考察的是与翻译自身相关的材料，这在翻译史研究中仍不够全面。因此，本小节从文本角度考察翻译史料，即文本、副文本、外文本和元文本四种史料。

1) 翻译文本史料

所谓文本，是指“组成一个连贯整体的任何一组符号”(Martin & Ringham 2016：219)。文本不仅可以以书面文字符号表现形式出现，还可以以话语、电影、雕塑、绘画、音乐、广告等非语言符号形式出现。翻译文本史料是翻译史研究的主体史料，包括各种形式的原本、译本以及目标语文化中相关的创作文本。比如，在考察作家/翻译家徐志摩的翻译史时，除了要发掘他本人的译本外，还要考察其翻译所依据的原本，以比对原文和译文[1]；考察其创作文本，以比对翻译与创作的同异；甚至还要考察其翻译作品的衍生文本[2]，从而系统梳理徐志摩的翻译策略及其翻译影响。所以，在考察某段时期的翻译史时，原文本与相关的原创作品也是不可忽视的重要史料(当然，直接史料最好，但可信的间接史料也可以接受)。

1 原文与译文的比照研究恐怕令人诟病。当下的文化学翻译研究和翻译史研究一般仅注重译文研究，不甚重视原文，究其原因，批判语言转换基础上的传统忠实观、关注目标语主体文化对译文接受的影响是其一(王宏志 2007：7，43)，而潜在的另一个原因则是因庞杂的文本而导致的比读困难。

2 比如，徐志摩曾翻译的英国女诗人克里斯蒂娜·吉奥尔吉娜·罗塞蒂(Christina Georgina Rossetti)的诗作《歌》(“Song”)，后由当代流行音乐人罗大佑1974年进行谱曲，这也是罗大佑出道的第一首音乐作品。徐志摩译诗衍生的这首音乐作品，反映了其诗歌翻译在目标语文化中的接受情况与影响。

2) 翻译副文本史料

所谓副文本，是指与翻译相关的信息材料，如译作的封皮(含封面、封里、封底里、封底、书脊)、勒口、扉页、版权页、目录、页码、插图、辅文(包括出版者序言，原作者的序跋，译者的序跋、说明、题记与注释，译作的引文、附录、参考文献和索引等内容)。副文本史料提供给研究者的诸多重要信息——如作者与译者的信息、译作的来源信息、译作的出版信息(出版机构、版次、年月、字数、印数)等，是翻译史料数据库建设的重要参数，不仅可用于鉴别翻译来源、翻译方向、译作版本、著译者信息，还能帮助研究者理解翻译发生的历史文化语境以及译者的生平背景、翻译诗学和翻译思想等。

3) 翻译外文本史料

和副文本一样，外文本和元文本的定义也出自法国叙述学家热奈特。所谓翻译外文本，即翻译文本之外的文本，指的是与翻译相关的宣传、广告、述评、访谈等文本材料，也被称为翻译的超文本话语(extratextual discourse about translation)，此类文本反映了推广者与批评者的翻译期望、参与度及其所在群体的翻译惯习(Gürçağlar 2008：46-47)。外文本史料涵括了与译作同时期的翻译评论、宣传等直接史料，以及译者本人和当事人事后追记的间接史料。

4) 翻译元文本史料

所谓翻译元文本，指的是有关翻译文本的文本，包括翻译作品的馆藏目录、书目、提要、索引、词典、年鉴等工具书史料。元文本史料不仅可以提示其涉及的文本为翻译作品，还可以为研究者提供重要的研究线索。

3.4 翻译史料的发掘与运用

梳理了翻译史料的类型及其性质与功能之后，下面将进一步探讨史料的搜集、拓展、鉴别、整理和运用的方法与途径。

3.4.1 翻译史料搜集与拓展的渠道

史料搜集是一切学术研究工作的基础，对于翻译史研究来说亦是如此。决定一个翻译史研究课题能否取得成功的第一步，也是关键一步，就是翻译史料的搜集与拓展，因为“一旦材料拓展了，突破便随之而来”(王建开 2007：57)。本章第3.3小节详细探讨了翻译史料的分类与所指，与此同时也说明了各种书籍、报刊、杂志、文献、档案、音像资料等材料是获取翻译史料的重要渠道。下面主要谈几个值得重点关注的渠道。

1) 与翻译相关的海外资源。翻译史实质上是语言文化交流史，涉及不同语言的文献记载。就中国学界的翻译史研究而言，“国内一些有影响的翻译史专著基本不使用英文文献，视角不免单一”(王建开 2007：57)，甚至有时会出现错讹论误[1]，因此关注外文文献是获取翻译史料的一个重要渠道。当然，有关翻译的海外文献既有直接史料(如近现代来华传教士的中文翻译与中文作品外译)，也有间接史料(如外国学者对来华传教士翻译的相关研究)，这些史料以外来者的眼光为中国翻译史研究增添了新的内容和视角(王建开 2007：58)。

以翻译家徐志摩研究为例，除了其译作、译述等本体史料之外，他在英美等国的留学背景、与英国布鲁姆斯伯里文化圈(the Bloomsbury Group)的交往及其在文学观念上所受到的欧美作家与文学思潮的影响，也有许多相关的海外史料，这些史料在对徐志摩翻译活动与翻译思想的阐释中发挥了重要作用。例如，帕特丽卡·劳伦斯(Patricia Laurence)(2003)在《丽莉·布瑞斯珂的中国眼睛》(*Lily Briscoe's Chinese Eyes: Bloomsbury, Modernism, and China*)中描述了徐志摩与英国历史学

1 如有学者在研究英语世界的《红楼梦》译本的综述中，因未曾亲见外文刊物《中国杂志》(*The China Magazine*)而将其连载信息弄错(参阅郑锦怀、岳峰 2011：449)。

家狄更生(此为徐志摩的译法，又译为戈兹沃西·洛斯·迪金逊，与其英文名Goldsworthy Lowes Dickinson相对应)、汉学家亚瑟·威利(Arthur Waley)等人的交往；徐志摩嫡孙徐善曾(Tony S. Hsu)(2017)为其祖父立传的《志在摩登：我的祖父徐志摩》(*Chasing the Modern: The Twentieth Century Life of Poet Xu Zhimo*)描绘了徐志摩的海外足迹和人生定位的转换。再如，要研究近现代海外的中国作品外译与研究情况，那么法国汉学家亨利·考狄(Henri Cordier，狄亦作迪，自用名高第)编撰的《西人论中国书目》(*Bibliotheca Sinica, 1904–1908*)与华裔美国图书馆学家、目录学家袁同礼编著的《袁同礼著书目汇编》[1]便均可作为重要的参考史料；而近百年中文小说的英译书目可参阅王颖冲(2018)的《中文小说英译研究》。另外，即使研究西学汉译和外国文学汉译，外国学者的相关著述也可作为较好的补充。如傅兰雅研究权威阿德里安·阿瑟·贝内特(Adrian Arthur Bennett)(1967)所著的《傅兰雅：西方科技译入19世纪的中国》(*John Fryer: The Introduction of Western Science and Technology into Nineteenth Century China*)、美国汉学家韩嵩文(Michael Gibbs Hill)(2013)所著的《林纾的文字制造厂：翻译与中国现代文化的生成》(*Lin Shu, Inc.: Translation and the Making of Modern Chinese Culture*)等史著也为我们提供了源自西方的史料，展现了西方学者的研究视野。

2)古代史籍、近现代报刊等相关领域的资源。翻译是一项跨语言的文化交流活动，古往今来各民族、各国家之间的文化交流，上至政治、

1 国家图书馆出版社于2010年6月出版的《袁同礼著书目汇编》汇聚了袁同礼在20世纪五六十年代所著的关于海外中国学研究的十余种书目，包括《西文汉学书目》(*China in Western Literature: A Continuation of Cordier's Bibliotheca Sinica*)(1958)、《俄文汉学书目》(*Russian Works on China, 1918–1958*)(1959)、《中国留美同学博士论文目录》(*A Guide to Doctoral Dissertations by Chinese Students in America, 1905–1960*)(1961)、《中国留英同学博士论文目录》(*Doctoral Dissertations by Chinese Students in Great Britain and Northern Ireland, 1916–1961*)(1963)、《中国留欧大陆各国博士论文目录》(*A Guide to Doctoral Dissertations by Chinese Students in Continental Europe, 1907–1962*)(1964)等。

经济、军事、外交、宗教、文学、科学等活动，下至人们的衣食住行，都与翻译息息相关。翻译活动的这种杂学性质决定了翻译史料的开放性，因此，不能仅仅在单纯的翻译活动范围内寻绎翻译史料，还要在政治经济、军事外交、文学活动、科学研究等广阔的视野范围内寻绎；要研究历史上的翻译现象，离不开对相关领域翻译史料的发掘，如古代史书典籍、近现代报刊以及军事史、外交史、交通史、新闻史、宗教史、文化史等著述。比如，孔慧怡(2005)通过考察唐代以前存世的《礼记》《淮南子》《说文解字》《史记》《汉书》《三国志》《水经注》等70余种史书典籍以及《出三藏记集》《高僧传》等佛教史籍，梳理了中国古代翻译史上“翻”与“译”概念的流变和“翻译”一词的最终出现。相类的是，夏登山(2017)通过考察《晋书》至《宋史》之间的16部正史以及《高僧传》等6部佛教史籍，认为南北朝以前的“译”基本上都是口头的传译、交释，而“翻”的兴起与南北朝后期佛经翻译的书面运作方式有关。

3)数字化资源。近30年来，随着计算机的空前普及与互联网的飞速发展，文献数字化进展迅速，所涉文献种类之多、范围之广，令人难以想象。很多图书馆和出版社与数字公司联袂合作，将其收藏的纸质资源(包括珍稀的、很难找到的资源)数字化，之前卷帙浩繁的文献遂分布在各类图书馆的数字平台、数字公司的数字平台、网络数据库和语料库等数字资源之中，搜寻与检索起来非常便捷。具体谈几例：(1)要考察古代的史书典籍，大都可以利用其数字化资源，如数字化的《四库全书》(上海人民出版社)、《二十五史》(商务印书馆)及“中华经典古籍库”(中华书局)和佛教数字档案馆(佛教数字资源中心)等在线资源库。(2)中国近现代报刊上有关翻译的史料，可利用“大成老旧期刊全文数据库”、上海图书馆推出的“全国报刊索引：晚清、民国报刊全文数据库”等数据库寻绎。(3)双语平行语料库与翻译语料库可为研究者提供关于历史上的翻译现象的量化语料分析，助其得出可信度较高的研究结论，如上海交通大学胡开宝负责建设的“莎士比亚戏剧英汉平行语料库”与绍兴文理学院建设的“《红楼梦》汉英平行语料库”，为莎剧汉译史和《红楼梦》英译史上的译者风格、翻译策略及翻译语言的探讨分析提供了切实的语料基础；浙江大学肖忠华负责建设的“浙大汉语译文语料库”与西南大学胡显耀负责研制的“当代汉语翻译小说语料库”，收录了大量的汉语翻译文本，为汉语翻译语言的历时分析与共时比较提供了语料基础。(4)诸多的西方翻译(史)研究资源现在也有了数字版，如约翰·本杰明(John Benjamins)出版公司推出的在线资源库“翻译研究文摘”(Translation Studies Abstracts，简称TSA)和“翻译研究书目”(Translation Studies Bibliography，简称TSB)，西班牙阿利坎特大学(the University of Alicante)推出的在线资源库“口笔译研究书目”(Bibliography of Interpreting and Translation，简称BITRA)，等等。

上述在线资源库分布在公共图书馆、高校图书馆、数字公司的数字平台或出版公司和研究机构的网络平台上，一般需要付费使用，仅有部分资源库可免费使用。在中国，有几家提供翻译史料相关资源的数字化网站值得特别关注，它们是：中国国家图书馆·中国国家数字图书馆(http://www.nlc.cn/)、国学数典(https://bbs.ugxsd.com/forum.php)、翰堂典藏(https://www.hytung.cn/)、读秀知识库(https://www.duxiu.com/)、台湾汉学研究中心的“专题资料库”(https://ccs.ncl.edu.tw/ExpertDB.aspx)等。在国外，也有几家比较好的翻译史研究资源网站：如拉丁美洲翻译史研究小组(Groupe de recherche sur l’ histoire de la traduction en Amérique latine，简称HISTAL)网站(www.histal.ca/)，加拿大翻译史学家让·德利尔推出的翻译史研究数字资源库(http:/aix1.uottawa.ca/~jdelisle/projets.htm#Multimedia%20Software)，等等。

3.4.2 翻译史料梳理的方式

搜集史料要有史料意识，要把与研究对象相关的翻译史料的出处了解清楚。这就需要对研究课题的相关文献有一个大概的了解，而大概的了解则建立在大量的文献阅读的基础之上。不过，仅有史料意识还不够，同时还要有问题意识，毕竟翻译史研究不仅仅是翻译史料的收集与汇编，还需运用史料来阐释问题，史料的量不是关键，关键的是史料的价值。这样看来，翻译史料梳理的方式主要是“圈地”与“挖井”的结合。

开展翻译史研究之初，研究者可能只有一个大致的研究方向，还没有明确的选题与研究问题，这时就需要根据大致的研究方向圈定翻译史料的发掘范围，喻为“圈地”。换言之，要充分了解预设研究方向的历史文化语境，阅读、梳理与此相关的尽可能多的史料，然后依据史料的重要性确定相关研究对象，提出研究问题。显然，抽丝剥茧的“圈地”类似于“自上而下”（top-down）的史料梳理模式。“挖井”似的史料梳理方式则与之相反，要求研究者从具体的研究问题出发，围绕研究对象层层扩大范围，逐步搜寻自己所需要的支撑史料来阐释问题。由此可见，“挖井”是“自下而上”（bottom-up）的史料梳理模式，要求研究者以研究问题为基点，从与问题相关的文献中发现蛛丝马迹，再顺藤摸瓜，逐步构建自己所需要的翻译史料网络（network）。[1]

一般来说，翻译史料的发掘方式是从“圈地”逐渐过渡到“挖井”。比如，若要做一个民国时期文学翻译史研究领域的课题，自然要先搜集民国时期文学翻译活动的史料。我们知道，民国历史虽然较为短暂，但上承晚清，下启当代，处于社会动荡与剧变的历史转型时期，翻译活动伴随着中国社会的现代化进程，文学翻译活动更是与现代中国的新文化建设、新文学的生成和发展及现代汉语的变迁等交织在一起。因此，有关新文化运动、中国现代文学、语言接触、中外文学关系、文艺出版等领域的文献

1 “自上而下”与“自下而上”的史料梳理模式均有中外学者论及。例如，皮姆（Pym 1998/2007: 38, 86）认为，“上”指（近乎）完整的史料库，“下”指从史料库中精选出的史料；夏天（2012: 82）认为，“上”指研究对象所处的宏大历史语境，“下”指预设的研究结论（研究线索）。本书的定义与他们有些差异。在本小节中，“上”指有关预设研究对象的史料总和（这是一种理想的状态，但在实际操作中以尽可能多为指导原则），“下”指史料梳理过程中形成的明确研究方向（研究线索）。

著述也是翻译史研究的重要史料。在梳理这些史料的基础上发现，当时有关文化、文学、翻译的争鸣往往与文艺期刊和文学社团/社群纠缠在一起，于是可将目光集中到文学社团翻译的史料梳爬上，从中再选择20世纪二三十年代重要的新文学社团新月派作为研究对象。梳理新月派相关史料发现，新月派成员多是留学欧美或受欧美文化熏陶的自由主义知识分子，十余年间不仅创造了以诗歌为主体，辐射戏剧、小说、散文乃至文学评论等多种文学样式的“新月文学”，还在翻译方面成就了一番事业，而其中他们的诗歌翻译成就最大、影响最为深远。这样，通过史料的层层梳理，最后将选题确定在新月派诗歌翻译研究上，与此同时生成若干问题：新月派的诗歌翻译呈现出什么样的群体特征？与中国主休文化有着怎样的承接与转合？与其他文学社团的翻译文化有何异同？给中国本土文学带来了什么样的影响？等等。由是，带着这样的问题，一步一步构建新月派诗歌翻译的史料网络——除译作、译述等本体史料之外，还要发掘新月派译诗的原文、译诗影响、诗歌译者群体的学识背景与文学接触、中国现代新诗史、欧美诗史等方面的史料。

当然，翻译史料的发掘方式有时还可以是直接从问题出发式的“挖井”，这一方面是研究者已经有了明确的研究方向和研究问题，另一方面有赖于研究者对研究对象的历史文化语境了然于胸。不过，这并不是绝对的，“挖井”的同时仍可以结合“圈地”，这样获取翻译史料的效率可能更高，获得的翻译史料也可能更扎实、更全面。

3.4.3 翻译史料的鉴别

翻译史料的鉴别是翻译史研究的基础和前提。若翻译史料不准确、不可靠，研究就会出现种种谬误，得出的结论自然不可信。如前所述，翻译史料形式多样，纷繁庞杂，使用时要有批判的意识和怀疑的态度，要秉着实事求是的精神予以多方考辨。翻译史料鉴别有很多需要关注的地方，下面仅谈其中几个方面。

3.4.3.1 翻译古籍的版本鉴别[1]

古籍一般通过抄、印两种方式流传于后世。由于抄印、编撰、装帧方式的不同，古籍出现了不同的版本类别，因而古籍的鉴辨尤为重要。

就翻译古籍而言，鉴别过程中要留意两点。其一，部分原作有多种译本，而每种译本又有多种版本。这是因为古代的翻译，无论中外，都有很多的重译与复译。因此，首先就要鉴别是谁的译本，然后鉴别该译本的版本，进而考察译本的底本(原作版本)。以明清传教士的翻译为例，耶稣会士曾将中国的典籍翻译成多种西方文字，如《孝经》就有卫方济(François Noël)、韩国英(Pierre-Martial Cibot)等人的译本，而卫方济的《孝经》译本(*Filialis Observantia*)采用的底本是《今文孝经》，参考了吕维祺《孝经大全》等三种注释版本(潘凤娟 2010)；类似的是，德国耶稣会士邓玉函(Jean Terrenz [Terentio])在明末译述的西方解剖学作品《泰西人身说概》有一种刻本和九种抄本，而译作采用的底本并非某一部作品，而是杂糅了古罗马医学家克劳迪亚斯·盖伦(Galen Claudius)和近代人体解剖学创始人安德烈亚斯·维萨留斯(Andreas Versalius)等西方学者的学说(邹振环 2011：319-354)。可见，原作底本与译本的版本鉴别对翻译史现象的阐释至关重要，如果判断失误，结论就难立。

其二，记载翻译的史料也可能有多种版本，如前文提到的《二十五

1 近现代翻译史料也有类似的版本问题，如重译、复译多，新版本多，繁体转简体，异文多，等等；此处不再赘述。但有两点值得注意：(1)因意识形态、诗学等原因，很多重印再版的翻译史料有不同程度的删改，如前文提到的卞之琳1981年版的译文集《西窗集》与1936年的初版有较大的差异。(2)盗版译作泛滥。民国时期就有很多改头换面的翻译，挖改删削，甚至隐匿作者与译者信息，这些盗版的译作在20世纪50至90年代的中国港台地区还大量存在。如今，译作盗版现象仍未完全杜绝，如近年来中国大陆的几家出版社被诟病盗版外国文学名著翻译。研究者尤其需要注意的是，有出版社打着名人翻译的旗号，而出版的翻译作品竟是东拼西凑的伪译，如中国文学史料学专家陈子善就曾公开批评，辽宁教育出版社出版的林徽因译作《夜莺与玫瑰》(英汉对照)与林的原译完全不同，系不折不扣的伪书(参见《学者质疑"林徽因译"〈夜莺与玫瑰系伪书〉》，https://book.douban.com/subject/6857344/discussion/44153739/?author=1，2020年10月9日读取)。笔者经过与林徽因以笔名"尺棰"发表的原译《夜莺与玫瑰：奥司克魏尔德神话》(刊于1923年12月1日《晨报五周年纪念增刊号》)进行比对，发现陈子善的批评所言不虚。

史》《高僧传》《出三藏记集》等史籍。需要注意的是，这些史籍现今大都经过了校注又重新出版或选辑出版，采用了简体字，替换了异文，加注了新式标点。在使用这些史料时，要尽量参考多种版本，注意文字、标点、句意等方面有无出入。比如中国首篇带有翻译理论性质的文章《法句经序》，就有胡适、罗新璋、朱志瑜等辑注的多种版本，而罗新璋在1984年和2009年分别辑录的版本竟也有差异(杨全红 2010：127-133)，这主要是因为罗先生先后引录自不同的《出三藏记集》版本(后一种版本在引录者经过多方考证后认为更可信)，同时还修订了文章的断句。

3.4.3.2 近现代中国翻译史料中的译者笔名/别名鉴别

近现代中国翻译史上，因种种原因，译者们在发表译作时往往喜欢使用笔名或别名，如徐志摩曾以仙鹤、谷、海谷等笔名发表译作，而梁实秋的笔名和别名有CHL、秋郎、李敬远、程淑、谐庭等十数种之多，卞之琳也有季陵、林子等笔名。这种现象给翻译史料的搜集整理带来了较大的困难，因为对译者笔名和别名不了解而导致史料搜集出现疏漏和错讹的情况不在少数。有一个明显的例子就是，在中国现代文学史/翻译史研究中，早些年常有人把海派男作家、翻译家林微音误作新月女诗人林徽因，将男作家的译作安在女诗人的身上，称她是唯美主义作家、翻译家[1]。这主要因为林徽因是新月派作家，名气更大，而林微音虽非新月成员，但却担任过新月出版社的经理。其实，林徽因原名林徽音，就是为了与林微音区别开来才更用现名。翻译史研究中时常混淆两位译者，这不仅对两位翻译前辈不公平，更重要的是会导致搜集的翻译史料有误，进而影响到翻译史的书写。

1 如张少雄(1994：48)将林微音译穆尔的《旧恋的新歌》误作林徽因的译作，中国现代文学馆(1997)编的《中国现代文学百家——林徽因》将林微音所译的房龙的《古代的人》(上海开明书店，1930年)和美国厄普顿·辛克莱(Upton Sinclair)的《钱魔》(上海天马书店，1934年)列入“林徽因主要著译书目”，等等。(说明：实际上，《古代的人》于1927年11月在上海开明书店初版，1929年再版，1930年三版；《钱魔》最初由上海水沫书店于1929年6月初版，后于1930年再版，之后又在上海天马书店再版。)中国现代文学史上对此二人的混淆可参见陈宇(1992)的论文《林徽因研究中若干问题的考辨》。

3.4.3.3 在线翻译史料的鉴别

随着互联网的普及，网络上的翻译史料越来越多，不仅有形式多样的数字化资源，还有学者博客、学术论坛、自媒体等资源，史料线索极其丰富，搜集起来非常便捷，对翻译史研究大有裨益。但在网络时代，网络信息又很复杂，翻译史料良莠不齐，许多史料未经严格的学术审核，缺乏严谨的学术规范，史料发布往往只是发布者的主观意愿行为，且一些发布者也可能缺乏学术道德意识和学术伦理观念。因此，要谨慎使用网络上的翻译史料。在使用网络资源时，一定要寻访原书、核查原文，进行必要的考证。

3.4.4 翻译史料的整理与运用

在发掘与鉴辨翻译史料之后，就要对史料进行进一步的整理与运用。

3.4.4.1 翻译史料的整理

首先，要编撰一份比较完整的与特定研究领域相关的翻译史料总目录。翻译史料总目录包括研究书目和译作总书目两方面。研究书目是研究特定翻译史课题的参考资料，为研究者提供译者、译作、译论等方面的线索，比较容易理解。译作总书目要求列出尽可能多的与特定课题相关的翻译作品，强调目录的完整性。译作总书目可以按照译作（语种）、译者（国别）、原作（语种）、原作者（国别）、译作发表时间与载体、译作特征（文类、语言变体[1]、语言特征[2]等）、原作特征（文类、语言变体、语言特征等）、翻译方向（译入或译出）、翻译方法（直译与意译、节译与全译、编译、摘译、缩译等）、翻译策略（异化与归化）等参数来编撰。当然，并非所有的参数都要反映在译作总书目中，具体的参数依照特定课题研究需要而定。以

1 语言变体指古代语言与现代语言（如文言与白话、古英语与现代英语等）、方言与普通话或标准语等语言变体的区分。

2 语言特征指作品的语言特点，如简明还是复杂，通俗易懂还是晦涩难懂。译作语言特征还包括是否有翻译腔。

20世纪二三十年代中国莎学探索期的莎剧翻译研究为例，根据收集整理的1921至1935年间基于莎剧原本的中文翻译[1]，可以制作出一个较为详尽的总目，如表3.1所示：

表 3.1 基于莎剧原本的中文翻译总目（1921—1935）

序号	译者	中文译本	出版时间	出版源 / 出版地	全译 / 选译	译本特征
1	田汉	《哈孟雷特》	1921-6-15	《少年中国》第 2 卷第 12 期	选译第 1 幕第 1 至 3 场，从日文原本转译	白话散体
			1922	上海：中华书局	全译	
2	田汉	《罗蜜欧与朱丽叶》	1922—1923	《少年中国》第 4 卷第 1、3、4、5 期	全译，从日文原本转译	白话散体
			1924	上海：中华书局	全译	
3	诚冠怡	《陶冶奇方》	1923	北京：燕大（即燕京大学）	《驯悍记》全译	白话散体
4	曾广勋	《威尼斯的商人》	1924	上海：新文化书社	全译	白话散体
5	邓以蛰	《若邈玖嫋新弹词》	1924-4-25 /4-26	《晨报副刊》第 91、92 期	选译《罗密欧与朱丽叶》第 2 幕第 2 场	白话诗体
6	邵挺	《天仇记》	1924	上海：商务印书馆	《哈姆雷特》全译	文言散体
7	邵挺 许绍珊	《罗马大将该撒》	1925	译者自刊	《裘力斯·凯撒》全译	文言散体

（待续）

1 当然，在中国莎学探索期仍然存在以莎剧改写本为蓝本的各种故事梗概式编译，因案例繁多，且受篇幅所限，故此处未列出。

（续表）

序号	译者	中文译本	出版时间	出版源 / 出版地	全译 / 选译	译本特征
8	张采真	《如愿》	1927	上海：北新书局	《终成眷属》全译	白话散体
9	缪览辉	《恋爱神圣》	1929	上海：唯爱丛书社	《温莎的风流娘儿们》全译	白话散体
10	朱维基	《乌赛罗》	1929-6/12	《金屋月刊》第1卷第6、7期	选译《奥赛罗》第1幕第1场、第2幕第1场	白话散体
11	戴望舒	《麦克倍斯》	1930	上海：金马书堂	《麦克白》全译	白话散体
12	张文亮	《墨克白丝与墨夫人》	1930	广州：青野书店	《麦克白》全译	白话散体
13	顾仲彝	《威尼斯商人》	1930	上海：新月书店	全译	白话散体
14	彭兆良	《第十二夜》	1930	上海：中华新教育社	全译	白话散体
15	袁国维	《周礼士凯撒》	1931	广州：泰山书店	《裘力斯·凯撒》全译	白话散体
16	孙大雨	《黎琊王》	1931-4-20	《诗刊》第2期	选译《李尔王》第3幕第2场	白话诗体
17	孙大雨	《罕秣姆德》	1931-10-5	《诗刊》第3期	选译《哈姆雷特》第3幕第4场	白话诗体
18	徐志摩	《罗米欧与朱丽叶》	1932-1-1	《新月》第4卷第1号	选译《罗密欧与朱丽叶》第2幕第2场	白话诗体
19	朱维基	《乌塞罗和黛莫娜的死》	1933-11-1	《诗篇》第1期	选译《奥赛罗》第5幕第2场	白话诗体

（待续）

（续表）

序号	译者	中文译本	出版时间	出版源 / 出版地	全译 / 选译	译本特征
20	陈治策	《乔妆的女律师》	1933	河北定县：中华平民教育促进会定县实验区	《威尼斯商人》全译	白话散体
21	孙大雨	《黎琊王悲剧》	1934-11-24	《大公报·文艺副刊》第122期	选译《李尔王》第1幕第1景	白话诗体
22	王则平	《该撒大将》	1934	上海：申报出版社	《裘力斯·凯撒》全译	白话散体
23	洪深	《威尼斯商人》	1935-1-1	《文学》第4卷第1号	选译第6幕	白话散体
24	曹未风	《该撒大将》	1935	上海：商务印书馆	《裘力斯·凯撒》全译	白话诗体
25	余楠秋 王淑瑛	《暴风雨》	1935	上海：黎明书局	全译	五言诗体
26	高昌南	《朱理亚·凯撒》	1935-2-1/3-1	《文艺月刊》第7卷第2、3期	选译《裘力斯·凯撒》第1至2幕	白话散体
27	高昌南	《暴风雨》	1935-6-1	《文艺月刊》第7卷第6期	选译第1幕第2场	白话散体

其次，要在译作总书目的基础上精选出具体的译作书目。应该说，译作总书目可以反映出特定研究课题的总体概貌和主体文化的历史语境，如“基于莎剧原本的中文翻译总目（1921—1935）”呈现出了20世纪二三十年代莎剧汉译的总体面貌——从清末民初的梗概式文言编译发展到在原剧基础上所作的以白话散体为主的翻译。这份总目蕴含着丰富的译本研究元素，当然值得深入探讨。但就一个具体的课题来讲，并非所有的译本都有研究的必要，研究者必须有选择性地选取一些重要的、有

代表性的译作来作为研究对象。比如，在对20世纪二三十年代新月派的诗译莎剧进行研究时，可从“总目”中选取邓以蛰、徐志摩、孙大雨、朱维基、顾仲彝等关联性高的重要译作来进一步考察(参阅黄焰结 2018)。

实际上，从译作总书目中精选并编撰具体书目的过程，既是发现问题并以问题为先导的史料运用过程，亦是具体的研究课题形成之际。也就是说，精选、编撰具体译作书目的目的在于回答研究问题和检验研究假设，其完整性只是相对而论的。

3.4.4.2 翻译史料的运用

史料运用贵在精，否则有可能陷入史料的汪洋大海之中而难有史识。一般来说，翻译史料的筛选运用有两条原则：(1)重要性原则。翻译史料的重要性即是史料的意义，那些能够有效回答研究问题、检验研究假设、支撑研究论断的翻译史料都是重要的史料。当然，对史料重要性的判断可能因人而异，个人的研究兴趣、外部的研究环境、学术圈的研究动向都会影响研究者的选择。(2)相关性原则，亦即与研究对象和研究话题相关联的原则。在翻译史研究中，译者对原本、翻译方法与策略的选择及译作的影响是需要重点考察的问题，而与此紧密相关的译本与译作副文本、外文本和元文本等翻译史料能够构建起与问题相关的语境，可用以深入分析具体的翻译现象，阐释研究问题(夏天 2012：82-84)。

翻译史料的运用体现并丰富了史料的深层价值。但史料本身只是一种客观存在，不能自行再现或者自行重建翻译的历史，重建历史的是翻译史研究者。因此，翻译史料的运用不可避免地会带有研究者的主观性。对于同样的翻译史料，不同的研究者可能会有相异的反应或解读角度：有人视若珍宝，有人弃如敝屣；有人这样解读，有人那样看待。其实，这是正常的历史研究现象。就翻译史研究而言，研究者适度的主观参与也是件好事，而且极有必要(a good and necessary thing)(Pym 1998/2007：30)，因为客观的史料和翻译史研究者的思想总是交织在一起的，与其说研究者发现了史料，不如说他们创造性地使用了史料。当然，翻译史研究者在史料运用中一定要注意自身主体性和史料客观性的平衡，千万不可过分强调一面而忽视了另一面。

3.5 小结

翻译史料是一个历时性的概念，涵括历史上与人类翻译活动及各种翻译现象相关的史料，范围广、内容杂、数量大。不过，翻译史料的开放性需要在历史广度上予以限定，否则不仅无从下手，还无法彰显研究所应有的历史深度，甚至可能导致翻译史研究的消解。因此，收集翻译史料前，要确定好相关的核心概念，如“翻译”“重译、复译、转译”“译入与译出”等，这是史料收集的必要准备工作，同时也决定了翻译史的书写角度与内容。

翻译史料按形式、性质和功能等角度可划分为“文献史料”与“口述史料”，“直接史料”与“间接史料”，“文本史料、副文本史料、外文本史料和元文本史料”等类型。这些分类的所指重心不同，但互为补充，构建了系统的翻译史料体系，可以帮助研究者构建相对完整的翻译史料目录。当然，芜杂的翻译史料还需要研究者进一步整理并加以使用，这体现了研究者的主体性。换言之，研究者的学识背景、思想能力、价值观念、生活体验及其所遵循的文化习俗等在一定程度上影响了其对史料的判断与理解。

离开了研究者参与的翻译史料仅是一堆材料而已，重建不了翻译史；而离开了翻译史料的翻译史研究则是没有根基的历史虚无，研究者的思想变得无力，研究结论也不再可靠。可见，翻译史料是翻译史研究的基础，“翻译史研究的关键在于翻译史料发掘得是否充分，以及研究者是否具有较高的学术眼光，是否能从浩繁的文献资料中挖掘出具有价值的翻译史料，并合理利用”(郑锦怀、岳峰 2011：451)。

第四章 跨学科翻译史研究法

4.1 引言

对翻译史料的钩沉与观察是翻译史研究的基础，但不是其最终目的。在全面详尽地收集史料之后，要进行深入的描述分析，思考并推导研究问题，检验研究假设，阐释翻译现象，破解历史疑点，努力恢复历史面貌[1]，并密切关照现实。这就涉及对翻译史研究方法论的探讨。

翻译史研究有不同的描写对象、研究视角、研究类型和叙述模式，不仅以翻译人物、翻译实践、翻译文本为研究的基础和出发点，此外还涉及翻译文化、翻译语境、翻译运动、翻译机构、翻译社团、翻译诗学、翻译思想、翻译策略和翻译影响等方面的诸多问题。因此，采用什么样的理论视角和研究方法来解读和阐释史料，就成了翻译史研究的一个关键。理论视角和研究方法“关系到翻译史研究是否进展顺利”，结论是否科学，“成果是否站得住脚，研究者是否能够与本领域和相关领域的学者顺利对话”(穆雷、欧阳东峰 2015：115)。显然，我们需要以多角度、多形态的科学的研究方法来指导翻译史研究。

1 按照后现代史学观，“历史真相是客观存在的”这一论断值得怀疑，史料观察不可能完全恢复历史的全貌。这种强调历史是现实的建构的史学观，恰恰说明了科学的研究方法的必要性，否则历史研究就陷入了戏说的泥潭。

“工欲善其事，必先利其器”，科学务实的翻译史学必须重视其研究方法。翻译史是跨翻译学与历史学的专门史，传统意义上的翻译史研究方法与传统的史学方法基本一致，以考证和叙述为主。但20世纪以来，各种新史学出现并获得发展，历史学不断借鉴社会科学和其他相关学科（包括自然科学）的研究方法，使得历史学研究方法逐渐丰富，呈现出多样化、综合化和立体化的特点，翻译史研究方法也随之得到了拓展。翻译史研究还应以翻译史料为基础，“从问题出发，具有跨学科的视野，力求以创新的意识不断拓新研究方法”（许多、许钧 2014：142）。此外，翻译史研究的理论视角或模式与研究方法之间互为预设（王晓元 2010：26），因而从某种意义上讲，翻译史研究方法又往往取决于研究者所采用的理论视角或建立的理论模式。鉴于此，本章将从翻译史研究的基本要素与问题出发，切入研究的理论视角，梳理研究思路与步骤，探讨跨学科的翻译史研究方法。

4.2 研究的基本要素与问题

要详尽罗列翻译史的研究问题当然不现实，也无必要，因为每个具体的研究课题都有其特性，研究问题往往也不尽相同。不过，大多翻译史研究还是包含了一些具有共性的基本要素：翻译语境、原作者、原作、译者、译作、读者及事件（翻译从发生、发展到传播、接受与影响的过程）。这些基本要素又关联了若干基本问题：（1）谁在翻译（Who）？（2）译了什么（What）？（3）何时翻译（When）？（4）译在何处（Where）？（5）如何翻译（How）？（6）为何翻译（Why）？（7）有何影响（What effect）？[1]具体而

1 此处参阅了德赫斯特（D’hulst 1994/2001：24-31）提出的“谁来译—译了什么—译在何处—受谁赞助—为何译—如何译—何时译—影响如何”的系列研究问题。相关内容本书2.2.3节亦有提及。

言，这些基本问题又细分和衍生出一系列相关问题：

1) 谁在翻译？

译者是谁？个体还是群体？其家庭出身、学识背景、职业背景、经济收入如何？有什么样的文化理念、价值观念和生活体验？受谁赞助或委托而从事翻译？其翻译思想与翻译诗学为何？……

2) 译了什么？

翻译了什么样的文本？文学文本还是非文学文本？翻译形式是口译还是笔译？翻译了哪些外国作家与作品？又选择不翻译哪些外国作家与作品？被翻译的作品在源语文化中的文学地位或历史影响如何？换言之，被翻译的原文文本是如何被选择的？选择的标准是什么？……

3) 何时翻译？

翻译发生的具体时间为何？这一时间处于历史上的什么时代？翻译书写与最终发表是否在时间上有迟延？随着时间的变迁，翻译是否经历了重译与修订？是否有复译？翻译的产生、发展、传播与接受的时间序列是什么样的？……

4) 译在何处？

翻译在何处书写、出版和传播？译文是发表在报刊上，还是以单行本形式出版，抑或收录在其他文集中，或是未刊本？出版者与编辑为谁？编辑出版过程中是否有增删改动？转载的过程是否有增删修改？翻译是否经历了出版机构的审查？审查对最终的翻译出版有何影响？翻译重印再版或修订版的地点是否发生了变更或增扩？……

5) 如何翻译？

翻译过程中采用了什么样的翻译方法与翻译策略？译文是否忠实于原文，二者关系如何？是否存在增、删、改译和误译？当时的人是如何看待和评价翻译的？……

6) 为何翻译？

翻译为什么会发生？为何以这种或那种面貌出现？翻译的历史语境如

何？译语文化与源语文化的关系如何？翻译动机是什么？为谁翻译？为什么会采用这样的翻译方法和策略？翻译受何种翻译规范操控？翻译规范是否因时间变迁而发生变化？是否因地域差异而有所不同？……

7）有何影响？

翻译用途何在？效果如何？翻译在目标语文化中是如何传播和被接受的？翻译对目标语文化产生了什么样的影响？译文反响如何？翻译在目标语文化建设中起到了什么样的作用？甚至，翻译对源语文化有何影响？……

基本要素与基本问题是翻译史研究的出发点，衍生出的相关问题仅仅是研究中可能出现的一部分问题，可以为具体的翻译史研究提供参考。

4.3 研究的理论视角、思路与步骤

研究的理论视角与思路、步骤也是开展翻译史研究的要点，前者对研究予以宏观指导，后者决定了研究的逻辑性。

4.3.1 研究的理论视角

理论"包含对翻译问题的历史思考"，作为翻译史研究的切入点，发挥着"探照灯"（searchlight）的作用（Hermans 1999：34）。换言之，理论视角就是研究的基础或路径，对整个研究起宏观指导作用。不同的研究理论和路径在很大程度上决定了翻译史研究者在研究视域和方法上的差异，可以帮助研究者发掘出研究对象的不同面目。一般来说，翻译史研究的理论视角源自翻译学自身(如翻译对等理论、翻译方法理论、语言学派翻译理论、文学翻译理论、功能学派翻译理论、操控派翻译理论、重写翻译理论等)[1]，但同时也借鉴或融入了比较文学、

1 需注意的是，很多翻译学理论本身也借鉴或融入了语言学、文学等其他学科的理论。

文化研究、社会学、叙事学、历史学、传播学、交际学、人类学、认知科学等学科领域的理论话语，以及后殖民与后结构主义学术思想，引入了文化史、社会史、政治史、性别史、出版史、口述史等诸多学科的研究范式。具体说来，翻译史研究可以采取以下理论视角：基于文本比较、翻译对等、语言分析、风格赏析、翻译艺术探讨等方面的传统研究路径和语言学研究视角；埃文–佐哈尔（Even-Zohar 1990）的多元系统理论视角；勒菲弗尔（Lefevere 1992/2004a）"翻译即重写"的理论视角；后殖民翻译理论视角（如Bassnett & Trivedi 1999; Niranjana 1992; Simon 1996; Spivak 1993/2004）；刘禾（Liu 1995）的"跨语际实践"视角；图里（Toury 1995/2001）的描写翻译研究（descriptive translation studies，简称DTS）路径；皮姆（Pym 1998/2007; Pym *et al.* 2006）的"以人为本"的社会学–文化研究路径；谢天振（1999）的译介学理论视角；铁木志科与根茨勒（Tymoczko & Gentzler 2002）的"翻译与权力"理论视角；莫娜·贝克（Mona Baker）（2006）的"翻译与叙事"理论视角；德赫斯特（D'hulst 2010：399-403）的八组系列问题方法论；邹振环（2012）的翻译出版与传播视角[1]；韦努蒂（Venuti 1992，1995/2004，2005）的解构主义与新历史主义理论视角；以及其他多种社会学翻译研究路径（如Milton & Bandia 2009; Wolf & Fukari 2007；王洪涛 2017）和翻译文化研究路径（Bassnett 1980/1991/2010; Bassnett & Lefevere 1990，1998/2001; Burke 2005；王宏志 1999；王克非 1997），等等[2]。

1 邹振环在20世纪末至21世纪初先后出版了《江苏翻译出版史略》（1998）和《20世纪上海翻译出版与文化变迁》（2000a）等翻译出版史著，但其有关翻译与出版的理论话语主要见于《疏通知译史》（2012）的《自序》与《译史通述》。

2 需注意的是，以上各种理论视角的划分并非泾渭分明，有些理论视角之间也有交叉与互鉴。详见本书1.3.2节与2.2.2节。

4.3.2 研究思路与步骤

翻译史研究的研究思路可以概括为“观察—描写—分析—阐释”八个字，研究步骤可概括为史料分析/微观语料分析基础上的宏观探讨。

第一步是观察翻译史料。如前所述，这是所有翻译史研究都需要经历的基础步骤。尽管观察史料不是研究的最终目的，也不可能完全恢复“历史原貌”，但追求最大限度的精确性却能为主体性阐释提供有力保障，否则研究无从谈起，得出的结论也难以令人信服。再者说，史料的发掘也是研究的突破口。

第二步是在史料观察的基础上，将描写研究的重心放在文本考察，尤其是对译本的考察上，因为译者的翻译思想不仅体现在翻译批评与翻译论述之中，还大量反映在其翻译作品里。简言之，译作客观反映了译者的翻译思想，因此，对译本(包括重译本与复译本)进行共时和历时维度上的比较与分析是文本考察的重中之重。此外，研究者还需要比较译本与创作文本、译作与原作。“微观的文本分析是翻译研究的基础性工作”，细致的语言分析与文体对照能生动地揭示翻译的标准、策略、表现形式、语言特征、文体和文本功能的转换机制，以及翻译与创作之间的互动关系(蒙兴灿 2009：9)。再者说，译者的翻译实践与翻译话语有时相互矛盾，理论表述是一种态度，翻译实践则是另一种态度。翻译研究学者图里(Toury 1995/2001：65)曾经警告说，译者、出版商、评论家和其他翻译活动参与者有关翻译的声明很可能不完整，或者仅仅强调信息提供者在该社会文化系统中所起的作用。所以说，仅凭序跋、评论等副文本和外文本史料肯定无法客观全面地描述翻译活动，翻译研究不能只听译者的“一面之辞”，而应重点关注文本。

当下的文化翻译研究和翻译史研究一般仅注重译文研究，很少重视原文。究其原因，主要是它们往往批判建立在语言转换基础上的传统忠实观，强烈要求关注目标语主体文化对译文接受的影响(王宏志 2007：

7, 43)[1]。这些文化学翻译研究学者的理论和实践曾引发翻译研究的“文化转向”，但同时也逐渐导致了对原文的忽视。如果要考察译者的翻译策略或翻译与创作的关系，仅凭译作本身难以准确观察翻译所发生的具体变化，只有通过与原文的比对，才能真切判断译者具体的翻译行为。图里（Toury 1995/2001：55）的翻译研究即是通过描写原文与译文片段之间的关系及对应趋势，来揭示“(翻译) 行为的规律性”，进而描写翻译中的规范与策略的。因此，在分析翻译文本时，应尽量辅以原文，观察译文与原文在语言、文体、风格、意象、形式、内容等方面迻译的对应程度，从而描述译者的翻译策略与风格，再结合副文本和外文本史料，将翻译置于宏大的文化语境中去考虑。这是我们倡导的多元研究途径之下的具体研究方法之一，也是对现有翻译史研究方法的补充。不过，需要说明的是，文化学翻译研究将对译作的关怀和对原文文本的关注作为宏观研究的出发点和支撑点，从而探究译本在目标语文化中的传播、接受与影响；传统翻译研究则大多以译文和原文之间的关系探讨为终点，计较字当句对的刻板忠实与对等和一字一句的得失，而无视翻译的历史与文化。

史料观察与描写之后就是“史识”。我们知道，写史并不只是收集与描写历史资料，更重要的是分析与阐释史料，找寻历史事件的意义与模式，使我们对所研究的对象和相关事件有更深入的了解。这需要研究者具有问题意识以及捕捉对象的独特“视角”，表达其见解。皮姆（Pym 2009：23-24）认为，翻译研究的根本任务是改善文化间的关系，翻译史的任务就是以叙事的形式理解文化间的这些关系，因此特定文化语境下参与翻译活动的译者是翻译史研究的中心。由是，翻译史研究应该本着“回

1 王宏志的《翻译与近代中国》(2014) 是近年出版的一部重要的翻译文化史著，其在讨论翻译与政治的关系时并未脱离对具体文本的分析，实现了文本内外因素的有机结合。可见，尽管翻译史研究新说迭出，研究者也需要在博采众家之长的同时，重视语言与文本的微观透视，只有这样才能更好地揭示翻译现象的本质 (钱梦涵、张威 2019：102)。当然，原文的不可考以及文本比读工作的庞杂和难以操作也是研究中的实际困难。不过，随着语料库技术的发展，文本比读的难题可以得到解决，本章将在后文加以论述。

到历史现场”的宗旨，以译者作为研究的中心，融合社会学中量的分析和文化学中质的阐释，结合静态的结构分析与动态的历史阐释，从翻译文化视角来探究翻译活动，以彰显社会文化语境及译者主体性在翻译中的互动。

4.4 跨学科的研究方法

阐明研究的理论视角与思路、步骤之后，我们需要探讨跨学科的翻译史研究方法。一般而言，根据性质、作用和适用范围，史学方法体系可分为普遍方法、一般方法和专门方法三个不同的层次。普遍方法指辩证唯物主义和历史唯物主义的哲学方法，是研究社会历史现象的普遍方法论，对具体的研究起着根本的指导作用。一般方法指广泛适用于一切历史科学领域的研究方法，与认识论、逻辑学有着密切的关系，如考证法、分析法、实证法、叙述法等；一般方法既受普遍方法的指导，又对下一层次的专门方法起着指导作用。至于专门方法，则指那些适用于历史学某个专门分支学科的个别研究方法，如主要用于经济史研究的历史计量法，研究历史人物和集团行为的心理分析法等；专门方法受普遍方法和一般方法的双重指导。这三个层次的方法既有相对的区别，又有内在的联系，共同组成一个完整的史学方法体系[1]。

翻译史是跨历史学与翻译学的专门史，既有历史学科的共性，又有自身的特性，同时与经济史、思想史、文化史和科技史等其他专门史也有相通之处。由是，翻译史研究方法自然结合了社会科学与自然科学的研究方法，融入了传统的经验思辨与学科的理论分析，涉及归纳与演绎、分析与综合、定性与定量、共时与历时、证实与证伪、微观与宏观等方式手段。

---

1 有关历史学方法体系的论述参照了《史学理论与方法》(王旭东 1998：100-101) 与《历史学方法论》(赵吉惠 1987：12) 的相关表述。

值得注意的是，穆雷、欧阳东峰（2015）在其论文《史学研究方法对翻译史研究的阐释作用》中就较为系统地论述了翻译史研究的历史学方法借鉴，具体涉及翻译史研究中的历史分析方法、阶级分析方法、逻辑分析方法、历史比较分析方法、历史系统分析方法、历史计量分析方法及历史学实证方法等，为翻译史研究方法的跨学科探索奠定了坚实的基础。在此基础上，本书将结合史学研究的一般方法、其他专门方法与翻译史学自身的特点来进一步探讨跨学科的翻译史研究方法。

4.4.1 翻译史研究中的考证方法

翻译史研究首先要对翻译史料进行搜集、考订、整理、鉴别和选择，这一步骤基本上采用的是考证（或考据）的方法。所谓考证方法[1]，亦即在广泛搜集史料的基础上鉴别史料形成的时间、地点，所涉作者/编者/译者、书名和人物（即来源），校对勘误，辨伪考订，分析并解释史料记载的确切含义，判断史料的价值、真实程度和记载人的可信程度。考证方法秉持“孤证不立”的原则，包括史料的辨伪、校勘、辑佚和训诂等具体方法，有互证、理证、旁证、反证和本证等形式。

历史文献考证方法是翻译史料工作的必备方法，也是整个翻译史研究中最基本的方法。就翻译文献辨伪而言，古代佛经翻译中的疑、伪经甄别是佛经翻译史的重要内容，具有“辨章学术，考镜源流”的非凡学术价值。比如，《仁王般若经》是中国佛教史上颇为重要的一部汉文佛经，大约在魏晋南北朝时期开始在中土流通；自南朝僧祐以来，关于其译者、译地存在不同的说法，真伪莫辨。杨维中（2016）通过考察译本实物与僧祐《出三藏记集》、法经《众经目录》、费长房《历代三宝纪》等佛典经录发现，《仁王般若经》并非“疑伪经”，竺法护、鸠摩罗什、真谛、不空等人先后四次翻译该佛典这一说法确系事实，且其梵文原本确实存在。

1 考证方法在中国又被称作实证主义史学方法。而在西方，兰克史学派同样注重史料考证，其运用的方法一般被称为客观主义史学方法。

再看一例对近代西学伪译——《景善日记》——的鉴别。[1] 1910年，英国人濮兰德(John Otway Percy Bland)和白克好司(Edmund Backhouse)合著的《慈禧太后统治下的中国》(*China Under the Empress Dowager*，又译《慈禧外纪》)在英国伦敦和美国费城同时出版，引起轰动。据白克好司称，该书第十七章引述的日记资料来自一名叫景善(1823—1900)的中国官员。《景善日记》记述了景善自1899年12月25日至1900年7月1日在北京的亲身经历和见闻，包括义和团运动、清政府内部纷争以及宫廷矛盾等"秘史"。1924年，荷兰莱登(Leiden)出版社推出《景善日记》(*The Diary of His Excellency Ching-Shan*)中英文对照本，由汉学家戴文达(J. J. L. Duyvendak)英译及考注。1936年，英国记者刘逸生(William Lewisohn)首次质疑《景善日记》的真伪，列举了三类疑点[2]和大小36处证据，证明该书是伪书。次年，日记的英译者戴文达也从学术观点出发判断该书是伪书，他使用的是文本对照的方法：戴文达搜寻到同时期的几份中国历史文献，证明《景善日记》大量抄袭了这些文献，而这些原件的日期都比日记所记载的日期要晚，所以很明显伪造者白克好司在1910年伪译出现后的一段时间制造出了《景善日记》。而从历史研究层面揭开《景善日记》假面具的是中国学者程明洲。他遍读当时有关的史料、电报、日记和杂记，于1938年指出该日记存在先知式记事的明显漏洞，同时又以中国读书人的身份指出日记的文笔和字迹都与景善出身翰林院的素养不匹配，进而考证该日记是伪书。从以上三人的考证来看，刘逸生以普通常识为基础，以相当客观的证据鉴辨《景善日记》为伪书；戴文达以专家知识辨伪；而程明洲则以历史学方法考证；可以说程明洲的考证

1 参阅孔慧怡，1999，"源于中国"的伪译——《景善日记》揭示的文化现象。载孔慧怡(著)，《翻译·文学·文化》。北京：北京大学出版社。181-206。

2 以下是刘逸生提出的三类疑点。(1)常理推断：日记是如何被发现和面世的？(2)外在证据：日记只记录了与义和团运动直接相关的对话和细节，没有其他生活上或政治上的细节，不像正常的日记记载。(3)内在证据：对照日记内容与事实，日记既记载了没有发生的事情，也出现了不少景善不可能犯的错误。

方法远比前两者使用的方法坚实。

历史文献考证作为确定史实的技术性方法，具有很强的专业性，而一般的翻译史研究者往往是外语专业出身，这方面的知识比较欠缺，需要专门补课学习并加强训练，否则其研究结果很容易受到质疑和诟病(穆雷、欧阳东峰 2015：120)。孙致礼(2009)的《中国的英美文学翻译：1949—2008》称得上是翻译文献考证做得颇好的史著。该书经由一众编著者爬罗剔抉，存真定伪，较完整地整理出了1949年至2008年的汉译英美文学书目，并根据年代和作家作了梳理考订。当然，随着当今科学技术的飞速发展，翻译史研究者可以把一些现代科学方法和技术手段融入到翻译文献的考证中。

4.4.2 翻译史研究中的历史叙述方法

历史叙述方法分为传统史学叙述方法和新史学叙述方法两种。

4.4.2.1 传统史学叙述方法

传统史学叙述方法一般按时间或空间的发展线索对历史事物进行合理客观的描述，排列史料，编次史实，叙述历史事件的经过与始末，呈现出生动而丰富的发展情节。换言之，传统史学叙述方法以对史实的描述为主，试图以客观的史实描写再现历史的原貌。这种“说故事”的全相叙述方法讲究“文史合一”，强调文笔简洁、平易流畅，是中西方传统史学的主流方法。中国的史学家司马迁、司马光，古希腊史学家希罗多德(Herodotus)与修昔底德(Thucydides)乃至近代英国杰出史学家爱德华·吉本(Edward Gibbon)，其叙述历史的手法皆是如此：去芜存菁，运用明畅的文字讲述一个动听的故事，呈现历史全相。

传统史学叙述方法也是传统翻译史研究的主流方法，它在强调翻译史料客观可靠的基础上，按照时间或空间顺序描述翻译的历史全景，以平易通畅的文笔叙述翻译事件的前因后果。阿英的《翻译史话》颇为典型，它套用中国传统的章回小说的形式，以生动、风趣的语言全景式描述了中国早期文学翻译的历史，详细追溯了外国文学家、外国文学作品和外国文学形象被译介到中国的过程。尽管这是一部模仿传统章回小说的史著，但字字有依据，事事有出典，考证与叙述都非常严谨(谢天振 2007：152)。中国第一部系统研究西方翻译史的著作——谭载喜(1991)的《西方翻译简史》是另一个典型。作者在翔实的史料基础上，按照时间和空间顺序对西方翻译历史的全貌进行了综合性的叙述，重点对各个时期的代表人物作了介绍，全书总共涉及古今西方历史上近三百名翻译家、翻译理论家以及与翻译相关的重大历史事件。此外，该书还具有叙述简洁、可读性强的特点。实际上，除史料汇编与目录索引等工具书外，很多翻译史实践类的著述都是采用叙述方法进行研究的。

当然，传统史学叙述方法不完全是基于史料的编述，也有在史料考察基础上的综合分析，只不过分析的成分相对要少一些而已。其实，上述翻译史著也是叙述中夹有分析，如《翻译史话》对某些外国作品在中国接受情况作了简要分析，《西方翻译简史》对西方翻译理论发展作了分析。在今天，翻译史研究中叙述与分析相结合的研究方法更为普遍。

4.4.2.2 新史学叙述方法

进入20世纪，随着社会科学与唯物史观联袂而兴，长时段的“结构史”(history of structures)代替了“事件史”(history of events)，以客观史实为重的全相式历史叙述方法遭到批判与摒弃，逐渐让位于量化分析的史学方法。吊诡的是，到了20世纪70年代，随着后现代主义史学的兴起，西方新史学出现了“叙事史”复兴，对“功能–结构”式史学和“过去变迁的井然有序的科学解释”提出了挑战，倡导转向文化史，回归叙述(张广智 2011：45)。新史学叙述方法在继承了传统史学叙述方法的特征的同时，也呈现出新的特点：(1)坚持对史实的全相式叙述，但不再是传统的“宏大叙述”，而转向对普通民众与日常生活的历史描述；(2)重新扛起“历史若文学”的大旗，重拾“文史合一”的叙述方式，但汲取了20世纪新文学的叙述技巧，消解了传统史学中“叙述”与“结构”的二元对立；(3)倡导叙事文笔简洁、平易通畅、对读者更富亲和力，但基于新历史主义的“互文性”理论，新史学叙述的思维方式往往呈现跳跃性特征，观点呈现与问题意识也带有浓厚的后现代思维，因而行文比较晦涩难懂，可读性不强；(4)主张历史叙述必须基于史实，但融入了后现代的主观虚构，掺入了运用修辞逻辑的历史想象。

历史学界不乏采用新史学叙述方法的历史著作。例如，黄仁宇(2015)的《万历十五年》混合了散文、小说和论文风格的叙述方式，把明朝万历年间的历史组接为一个个故事性叙事，以小见大，为读者展现了这一时期的历史全貌。在翻译史研究学界，新史学叙述方法已经在史学理论范围内有了较多的探讨(见本书2.2.3节)。但在史学实践方面，运用新史学叙述方法进行研究的翻译史著述还比较少见，美国华裔学者刘禾(Lydia H. Liu)(1995)的《跨语际实践：文学、民族文化与被译介的现代性(中国，1900—1937)》(*Translingual Practice: Literature, National Culture, and Translated Modernity — China, 1900–1937*)算得上是一部这样的作品。该书以翻译的新词语、新意义和新话语在本国语言中获得合法性的过程为研究对象，复原了语言实践中各种历史关系赖以呈现的场所，进而考察了翻译中生成的现代性的不同层面，呈现出一段不同寻常的概念翻译史。此外，在美国学者韦努蒂(Venuti 1995/2004)的名著《译者的隐身——一部翻译史》一书中，也不难发现新史学叙述方法的使用痕迹。

新史学叙述方法复兴了传统的叙述史学，也为翻译史学拓展了新的史学方向，值得翻译史研究者认真思考并重新审视。

4.4.3 翻译史研究中的分析方法

随着翻译史研究范式从翻译史实践走向翻译史论，传统的叙述方法逐步让位于思辨的分析方法，研究重点也从记录和描述翻译史事实逐步转移到分析和解释翻译史知识与翻译现象上来，亦即观察翻译史整体进程，探求其中的规律或模式，并据此阐释人类翻译活动的历史经验。具体来讲，翻译史研究中的分析方法包括历史分析法、逻辑分析法、阶级分析法、历史系统分析法和历史心理分析法等(参阅穆雷、欧阳东峰 2015：117-120)。

4.4.3.1 历史分析法

历史分析法是一种运用不同工具与手段对史实进行描述分析的基本方法，其根本任务在于深入事物内部，揭示其内部矛盾和联系，以认清事物的本质。换言之，如果说史料发掘、整理过程中的主要任务是“去粗取精，去伪存真”式的考证，那么历史分析法则是在此基础上对史实进行“由此及彼，由表及里”的描述分析。当然，史实分析的过程必然伴随对史实的叙述，所以运用历史分析法的过程中必须要结合历史叙述方法，只不过前者是重心，后者起辅助作用而已。

历史分析法是翻译史研究的基本方法，是把有关的翻译作品、译者、翻译理论、翻译思想、翻译活动、翻译机构、翻译政策、翻译社团和翻译流派等置于历史的特定语境中进行分析研究。“研究的目的不是流水账式的简单记录，而是通过寻找事件之间的逻辑关联与发展脉络，揭示其产生根源、呈现特征和本质规律，从而帮助人们深刻理解翻译现象与翻译活动的发展历程”(穆雷、欧阳东峰 2015：117)。

运用历史分析法的代表性翻译史著有张旭(2008)的《视界的融合：朱湘译诗新探》。作者首先通过深入细致的文献考证，钩沉出朱湘译诗的细目，全面而系统地描述了朱湘的译诗活动与译诗成就；但作者并未止于简单的史料罗列，而是将朱湘的翻译活动置于20世纪二三十年代这个特定的历史文化语境下，在客观描述史实的基础上，采取批判的分析态度，探讨了朱湘译诗的艺术特色(如遣词造句的相对欧化、“建筑美”实验、“音乐美”实验)及其对中国新诗形式建构的作用与影响，重构了昔日朱湘翻译事实的历史面貌。再如，秦弓(2009)的《二十世纪中国翻译文学史·五四时期卷》在大量的翻译文本挖掘、译本比较以及翻译与创作关系寻绎的基础上，结合五四时期的文化语境、原作的创作背景及其在所在国的文学史地位，通过泰戈尔热、日本文学翻译、易卜生热、儿童文学翻译、俄罗斯文学翻译等专题，深入探讨了五四时期翻译作品选择的动机、翻译发展的脉络、翻译文学的建树及其效应等。"这种历史分析方法能帮助研究者从历史角度考察问题，关注事件发生的背景信息，以及在特定时期内产生的历时变化，揭示了语言、翻译与历史、社会之间的复杂关系"(穆雷、欧阳东峰 2015：117)。当然，使用历史分析法研究翻译史需注意以下两点：(1)要坚持历史主义的态度，在一定的历史范围之内——或曰"回到历史现场"——诠释和评判翻译史问题；(2)历史分析法作为基本的翻译史研究方法，常与其他研究方法结合在一起使用，只不过有时处于辅助地位而已。

4.4.3.2 逻辑分析法

史学中的逻辑分析法运用分析、综合、归纳、演绎、抽象和概括等形式逻辑方法来认识并研究历史，亦即把纷繁复杂的历史材料上升为概念化的认识，形成历史的理论话语，从而深刻地揭示历史的本质和规律(赵吉惠 1987：103)。相比历史分析法，逻辑分析法更具有概括性、抽象性和逻辑推理的认识特点；在史料运用上，逻辑分析法能冲破历史线索和联系，舍弃无关宏旨或是带有偶然性的史料。在历史研究中，历史分析法与逻辑分析法经常交互使用。

就翻译史研究而言，逻辑分析法把生动具体的翻译史料归纳总结、抽象提炼成概念性认识，再运用这些概念进行历史判断、推理和评述，从而得出结论。韦努蒂(Venuti 1995/2004)的《译者的隐身——一部翻译史》就是一部主要采用了逻辑分析法的翻译史研究著作[1]。作者韦努蒂首

1 该书交互使用了历史分析法、计量统计法(如出版史料分析)、新史学叙述方法、个案研究、文本比较法等，但总体来讲，逻辑分析法是其最主要的研究方法。

先归纳分析了现当代英美翻译史料，得出了译作中“隐形”（invisibility）和“通顺”（fluency）两种翻译策略的概念；进而通过历史考古的方法，全面梳理了17世纪至今的英美翻译活动，证实这一阶段英美文化中“归化”翻译是主流，而异化翻译则处于边缘地位，由此提出对抗归化翻译的“异化”（foreignization）翻译策略；接下来又以个案研究和翻译文本分析的方法，进一步阐述“异化”翻译策略的运用，倡导建立异化翻译传统，恢复并修正已被遗忘的翻译，呼吁以“异化”策略彰显译者身份，抵抗英语国家的文化侵略。这种以逻辑分析为主的方法在廖七一（2010）的《中国近代翻译思想的嬗变：五四前后文学翻译规范研究》中也得以体现。作者考察了从晚清到五四时期大量关键性或典范化的文学翻译作品，通过翔实的史料分析和文本对比，概括出五四前后的文学翻译规范，即晚清文学翻译为“信”的失落与语言的“变格”，五四文学翻译则是对“信”的重构，进而揭示了翻译规范对文学翻译活动的驱动和制约。

需注意的是，从纷繁杂乱的翻译史料中抽象概括出的理论话语，并非放之四海而皆准，对这些理论话语的阐释往往需要一定的历史语境，其他研究者使用时需要注意，可以在研究中对这些理论话语加以检验和修正。比如，韦努蒂的“归化”（domestication）翻译策略反映的是英语国家价值观中的种族中心主义和帝国主义文化，但放在清末中国的历史语境下，严复“达旨”式的归化翻译则反映了“天朝大国”文化心理作祟下对西方文化的一种轻视。

4.4.3.3 阶级分析法

阶级分析法根据阶级斗争、阶级关系、社会阶层和社会结构来观察事物或揭示研究对象的特点(转引自穆雷、欧阳东峰 2015：118)。这种分析方法从阶级关系和不同利益集团出发，分析某一历史时期或某一历史专门领域的政治、经济、思想、文化、艺术、宗教以及翻译等活动所反映的社会关系和历史本质。比如，在20世纪五六十年代这一特定历史时期，中国的翻译史研究受意识形态影响明显，与当时反帝反封建的阶级斗争紧密结合：一方面，研究中心由原来的欧美翻译史转向了苏俄翻译史和亚非拉被压迫民族的翻译史；另一方面，五四运动以来的中国翻译史始终贯穿着两条道路的尖锐斗争——“先是五四运动前后革命的民主主义文学和封建复古主义的斗争，随后是社会主义道路和资本主义道路的斗争”，胡适、徐志摩和陈西滢等自由主义知识分子被斥为别有用心的“买办资产阶级的反动文人”，“一心贩运西方资产阶级的毒品”，“翻译一些与人民斗争不相干、或反人民的作品，企图麻痹读者的革命意志”，向革命进攻(冯至等 1959：129-149)。这种唯物史观指导下的阶级分析法在北京大学西语系法文专业1957级学生编写的《中国翻译文学简史》中也可见一斑。该书认为中国翻译界自始至终都存在着尖锐的阶级斗争，并集中批判了傅雷和傅东华，称他们的翻译活动无时无刻不透露出极端的个人主义，反映了腐朽的资产阶级人生观，宣扬帝国主义文化，是帝国主义的代言人(转引自谢天振 2007：153)。

不难发现，阶级分析法具有浓厚的意识形态色彩，“在特定的历史环境中、在考察阶级性的社会问题时有较大作用”，但随着时代的发展，它的局限性暴露无遗，“不再成为唯一权威的实质性方法”(穆雷、欧阳东峰 2015：118)。换言之，在当今的翻译史研究中，唯有除去政治标签的阶级分析法才是适用的学术研究方法，它可以与其他研究方法结合使用。

以20世纪二三十年代三大文学社团的诗歌翻译研究为例。文学研究会热衷于译介苏俄文学，新月派青睐于译介欧美文学，而创造社的文学翻译活动则浸染着以日本为中介的色彩。这种译介特点与三个文学社团的阶层出身紧密相关：文学研究会成员大部分出身中下阶层，主要留学苏俄，主张“为人生”的现实主义，倾向于以形式失落的自由诗来翻译泰戈尔诗歌、弱小民族诗歌以及19世纪初的欧美浪漫派诗歌；新月派成员主要出身于经济条件优越的家庭，有留学英美的经历，或在国内通过系统的大学教育接触过欧美文化，信仰自由主义，倾向于以严谨的白话格律诗来翻译形式更为整饬的欧美诗歌（如维多利亚时代的英国诗歌等）；创造社成员大多出身底层，因家庭经济原因选择去近邻日本留学，思想上悲愤激越且彷徨忧郁，倾向于以形式放纵的自由诗来翻译浪漫主义诗歌与苏俄和日本的普罗诗歌。通过对文学社团进行阶层分析可以发现，不同社团的成员接受了不同类型的文化影响，进而催生出现代文学界和翻译界的不同选择趋向以及作品类型，可以说阶级分析揭示了文学社团翻译现象的物质原因或初始原因（material or initial cause）（参阅黄焰结 2018；咸立强 2010）。再看鲁迅和梁实秋的翻译论争。王宏志（2011）分析认为，鲁迅和梁实秋两人的翻译标准其实是接近的，都反对死译和曲译；之所以发生尖锐的争论，是因为他们分属不同的阶级阵营，而翻译只是阶级斗争的武器而已。

4.4.3.4 历史系统分析法

> 历史系统分析方法运用了现代系统论原理，视社会和历史为一个有机的整体结构，历史的发展就是一个整体系统的演变。采用历史系统分析方法，可以按照发展的观点，由全局到局部、由表象到本质、由环境到系统、由整体到层次，揭示社会系统与外在环境的互动、社会系统内部各要素的辩证关系以及历史运动趋势。
>
> （穆雷、欧阳东峰 2015：119）

就翻译史研究而言，一方面，不同的翻译历史活动由不同的译者、译作、原作、出版机构、赞助人、读者等若干要素组成，构成方式各异，因而结构和层次各不相同；另一方面，翻译活动不是一个单一的独立系统，而是与语言、文学、艺术、政治、经济等外部活动构成的复杂关系网络，翻译活动与外部活动既相互依存又相互竞争。鉴于此，研究者“宜从整体观念出发，把翻译史视为一个内部有层次有结构、外部与环境发生交换关系的活动”(穆雷、欧阳东峰 2015：119)。

孔慧怡(1999：156-220)在《翻译·文学·文化》一书中的“伪译专论”部分对佛经的疑、伪经和《景善日记》等伪译现象进行细致考证之后，并未止步于此，而是将其置于主体文化体系之中进行整体考察——比如，对“源于中国”的伪译《景善日记》的研究，不仅考察了伪造者的生平背景与交际圈，还考察了英国的文学圈与学术圈，显示了主体文化规范如何支持伪译的运作。再如，刘霁(2007)的博士论文《学术网络、知识传播中的文学译介研究——以“学衡派”为中心》将现代文学社团学衡派的译介活动纳入学术共同体的视野中，考察了《学衡》的译介者群体。该社团成员因共同的知识背景、文化习俗、价值观念、生活体验、文学理念和翻译诗学而聚集与更迭。该文既关注历史的细节，从译介者的日常学术交往、译介活动和教学活动出发，考察译介行为的策划、组织和实施；又关注学衡派与其“社会圈子”和美国新人文主义如何在译介方面形成学术网络，探析学衡派的译介活动与文学知识传播的互动，以及与文学创作、学术发展和文化政治之间形成的互动影响。作者最后总结得出：学衡派在传播西洋文化的理想和现实之间存在落差，在历史中处于两难的境地。这部翻译史作在运用历史系统分析法、放眼全局的同时，也落实到了文学译介、知识传播、学术立场等具体层面，翻译活动的内外部分析趋于统一，整体、局部、结构和要素之间形成关联。这种研究方法将对系统整体的分析与对社会关系的考察紧密结合起来，避免了机械、片面地看待问题。

4.4.3.5 历史心理分析法

历史心理分析法是运用现代心理学的理论、方法和手段，分析历史人物或社会集团的心理活动和行为特征，从而对历史现象作出合理解释的一种新史学方法(庞卓恒等 2006：299；赵吉惠 1990：237)。就翻译史研究而言，翻译史事件都与人类活动有关，而译者(群体)的翻译活动往往彰显出鲜明的主体性，因而可以运用心理分析方法有针对性地研究个体译者或翻译社团、翻译流派等译者群体的心理活动和气质表象，探讨研究对象主体行为背后的社会文化因素和社会群体之间的关系(如译者的翻译动机，译者与原作者之间的关系、对原作者持何种态度，译者与译者之间的关系，翻译行为中的无意识、潜意识和有意识的“抵抗”等问题)，阐释译者/译者群体的翻译行为及其与历史的关联。

当然，运用心理分析方法做翻译史研究时，要把心理因素与社会历史环境结合起来，挖掘能够反映译者心理活动的典型材料，如日记、回忆录、调查问卷、传记、访谈和座谈之类的口述材料等。近年来，随着科学技术的发展以及翻译史研究的“实用性转向”(practical turn)，也可以尝试将应用于译者心理实证研究的有声思维法(think-aloud protocols，简称TAPs)、眼动跟踪法(eye-gaze tracking，简称ET)与认知神经科学的事件相关电位(event-related potentials，简称ERPs)等研究方法，应用于当下的译者群体研究之中。总之，翻译史研究的心理分析是建立在相对客观的事实基础上的科学解释，不能做无根据的推理。

目前来看，心理分析法在翻译研究中主要应用于翻译过程、认知心理、文化接受等方面(穆雷、欧阳东峰 2015：119)，在翻译史研究中较多地见于译者和译者群体的研究，且常与其他的研究方法杂糅使用。比如，《张谷若翻译艺术研究》(孙迎春 2004)通过梳理张谷若的生平事迹、翻译活动轨迹、翻译作品及张谷若女儿的口述材料等，探讨了促使翻译家成功翻译文学作品的要素，展示了其翻译思想的形成与发展过程。《译坛异军：创造社翻译研究》(咸立强 2010)在讨论创造社与中国现代文学翻译的关系时，也描述了创造社成员留学日本、深受日本文化环境影响的心理，认为这种心理导致创造社产生了激昂、颓废、痛苦、反抗、浪漫、革命等矛盾心理相交织的独特的文学翻译倾向。《胡适诗歌翻译研究》(廖七一 2006：54-71)通过钩沉胡适的诗歌创作、日记、信札、译作等史料，展现了胡适的情感历程，进而得出胡适的译诗是“心灵深处情感的结晶，是情的抒发”这一结论。此外，美国学者根茨勒(Gentzler 2008a)的著作《美洲的翻译与身份认同——翻译理论的新方向》(*Translation and Identity in the Americas: New Directions in Translation Theory*)运用社会心理分析的方法，深刻揭示了美国、加拿大、拉丁美洲等民族国家和地区译者的翻译心理，探讨了翻译在他们实现身份认同的过程中所扮演的角色。可见，家族心理、群体心理、阶层/阶级心理、区域心理都是翻译史研究中译者(群体)心理分析的重要研究方向。过往研究虽已有涉猎，但亟待更深入的探讨。

总的来说，翻译史研究中的心理分析方法更新了对新史料的认识，提供了观察历史的新视角，深化了对译者的评价与研究。需要注意的是，研究个体译者心理时，必须把心理的稳定性和可变性结合起来；而研究译者群体心理时，应具体问题具体分析，把社会心理的共同性和差异性结合起来。

4.4.4 翻译史研究中的历史比较方法

历史比较方法对比研究不同时间、不同空间条件下的复杂历史现象，旨在通过分析异同发现历史本质，从而探寻历史共同规律和特殊规律(赵吉惠 1990：241)。历史比较方法可以分为微观比较、宏观比较、共时比较和历时比较四种类型。

微观比较是指对特殊的历史现象或局部的个体性历史问题所展开的特定的、具体的研究；宏观比较是指从整体概括与系统认识的角度，对不同的历史现象进行贯通的或者高度概括性的比较研究；共时比较是指对同一发展阶段的历史现象或过程进行研究，考察它们在不同空间显现的共性和特殊性，以及决定其共性和特殊性的原因；历时比较是指对处在不同发展阶段的历史现象或过程进行考察和研究，以探寻历史现象或过程的发展变迁[1]。在翻译史研究中，不同时期的翻译活动、同一翻译现象的不同侧面，以及中外历史上同一时代或不同时代的翻译文化，由于存在某种历史联系，或者具有一定的共同性/共通性，而产生了相互比较的基础，形成了

1 对四种历史比较方法的定义整合了庞卓恒等(2006：273)所著的《史学概论》与赵吉惠(1990：243)所著的《史学概论》等史著的相关论述。

文化对话的可能性，研究者可以从比较中发现异同、寻找规律。下面试举例探讨四类历史比较研究方法。

4.4.4.1 微观比较研究

翻译史研究中的微观比较研究关注历史上的特定翻译现象或个体翻译问题，比如对翻译概念、翻译方法、翻译语言、翻译文体和佛典伪译等具体问题或特定现象展开的比较研究。夏登山（2017）的论文《对古代翻译史上“翻”、“译”之别的再思考》通过翔实的史料考证，比较了古代中国翻译史上“翻”和“译”两个概念。他认为南北朝以前的“译”基本上是口头的传译、交释；而“翻”表示翻译的这一用法则起源于六朝后期的佛经翻译活动，以凸显与“译”不同的书面翻译方式，但使用范围仅限于佛经翻译；“翻”和“译”的区别在宋代以后逐渐淡化。值得注意的是，在翻译史研究里，文本比较是常见的微观比较方法，包括原文文本与译文文本比较、多种译本的共时与历时比较、译本与相关的创作文本比较等，例如，孔慧怡（2005：87-101）通过对《心经》和《金刚经》存世的多种译本进行具体而微观的比较研究（如代表性句子、偈言、菩萨名称等方面的翻译比较），分析了佛经“新译”与“旧译”的关系。孔慧怡认为，从深层次看，新旧译本的“好坏”之别以及何种译本能够流通等问题，往往取决于主流文化对佛学文化的接受力和取向。这即是微观比较基础上的宏观探讨。

4.4.4.2 宏观比较研究

翻译史研究里的宏观比较研究关注对历史上翻译活动或翻译现象的整体概括和系统认识，包括以下两种形式：（1）对历史上不同时期的翻译活动或翻译现象的纵向宏观比较，如东汉至隋唐的佛经翻译活动前后期的比较、西方翻译史上不同历史时期的《圣经》翻译比较，等等。再比如，孔慧怡（2005）的《重写翻译史》的第二部分“宏观翻译史”，从文化心态、运作模式、翻译目标等视角勾勒了中国两千多年的翻译画卷，先是深入考察比较了中国的双线翻译传统，即历朝政府翻译活动（从业者为事务性译者）与文化翻译活动（从业者为文化性译者），进而考察比较了佛经翻译和西学翻译两大文化翻译运动。（2）历史上不同区域的翻译活动或翻译现象的宏观横向比较，主要含括中外翻译活动、翻译传统、翻译人物、翻译思想和翻译理论等方面的横向比较，如中西方翻译史比较、中国的佛经汉译与西方的《圣经》翻译和阿拉伯世界的《古兰经》翻译比较，等等。再如，王克非（1996）的《中日近代对西方政治哲学思想的摄取——严复与日本启蒙学者》通过比较严复与同时代日本启蒙学者加藤弘之和中村正直对进化论、自由观念等西方思想的翻译摄取，揭示了中日两国翻译家在跨语言实践中创造的独特价值：由于在国际环境、文化传统、国内政治经济结构等方面存在差异，日本启蒙学者大量译介西方思想文化，是为了“求知于世界”和变革民心；严复引进西方思想文化，则着眼于提高民智民德，在于自强保种。该书可谓一部中日近代翻译文化比较史。

4.4.4.3 共时比较研究

翻译史研究里的共时比较研究关注同一历史时期或同一社会层面的翻译活动或翻译现象的比较研究，比如对翻译理论、翻译思想、翻译期刊、翻译社团、翻译家、翻译理论家、译本等要素的比较研究。至于历史时期是否同一、社会层面是否同质，则与研究者的具体研究语境和内容相关，研究者需要事先说明。当然，共时比较研究可以是宏观的，也可以是微观的。比如，刘宓庆（2019）的《中西翻译思想比较研究》运用共时的研究方法，从宏观视角比较了中西方翻译思想的历史源头和发展历程，考量了中西方主流文化对待翻译的不同态度（文化战略与文化功利），归纳了中国传统翻译理论的特色，评述了西方翻译理论的功过得失。又比如，“一作多译”是《学衡》杂志特殊的诗歌翻译形式，在中国现代文学翻译史上是颇为罕见的翻译现象。为了探寻其中的文化意义，王雪明（2014：119-134）对1925年3月《学衡》第39期上发表的8种译诗（原作为华兹华斯的

《她栖息在人迹罕至的小道边》[1]）的形式与意象进行了比较分析，揭示了学衡派的归化翻译策略在中国文化转型时期发挥的阻抗功能。

4.4.4.4 历时比较研究

翻译史研究里的历时比较研究关注不同历史时期的翻译活动或翻译现象比较研究，包括对历史上的翻译家、翻译作品、翻译思想、翻译方法、翻译群体和翻译机构等要素的比较研究，也有宏观和微观两种视角。比如，吴赟（2012）的《翻译·构建·影响：英国浪漫主义诗歌在中国》既从宏观比较的视角审视了中国在不同文学时期（清末民初、五四时期、新中国成立后的前17年、新时期）对英国浪漫主义诗歌的接受与诠释，又从微观角度比较研究了英国浪漫主义诗歌经典在不同时期的译本，以小见大，从中透视了百年间文学翻译的起承转合、民族命运的跌宕起伏以及诗歌发展的历史经纬。再如，王东风（2019）以对拜伦名诗《哀希腊》（原名"The Isles of Greece"）在中国不同历史时期的汉译本的比较分析为例证，勾勒出五四以降中国百年西诗汉译的诗学谱系。

历史比较方法的基本价值在于帮助研究者察同察异求规律，加深对历史的认识，增进语言文化之间的理解，克服研究的片面性，但同时要注意以下几点：（1）事物之间要具备可比性，亦即遵守可比较性原则；（2）要有比较层面的研究价值；（3）四种类型的比较方法可以交互使用，要注重微观比较与宏观比较、共时比较与历时比较的统一；（4）历史比较法也可与其他历史研究方法结合使用，以提高研究的精度与信度（穆雷、欧阳东峰 2015：119）。

4.4.5 翻译史研究中的实证研究

这里的实证研究（empirical research）方法不同于4.4.1小节中的历

1 该诗原名"She Dwelt Among the Untrodden Ways"。

史文献考证方法，而是一种利用数量分析技术，分析和确定有关因素间的相互作用方式和数量关系的科学研究方法，亦即以实际数据来论证某种观点，描述某种规律。翻译史研究中的实证研究方法包括历史计量研究法、语料库研究法等。

4.4.5.1 历史计量研究方法

历史计量研究方法是运用现代数学和统计学的手段以及现代计算机技术，通过数量关系研究历史现象和历史过程的方法(霍俊江 2013：2；王旭东 1998：151)。历史计量研究方法最早可追溯至司马迁的《史记》和希罗多德的《历史》(*The Histories*)等古代史著；而现代意义上的历史计量研究方法发轫于20世纪五六十年代的年鉴派新史学，主要应用于人口史、经济史等专门史的研究，近年来已渗透到诸多学科领域之中，翻译史研究也不例外。

传统的翻译史研究多以描述性的叙述和定性的分析说明为主，而计量研究方法突破了传统研究中单一的定性方法的不足，有目的地运用数据统计、图表绘制、数理模型、线图与矩阵、抽样推断、时间数列分析、回归分析、相关分析、判别分析、聚类分析、模糊数学等手段或方法，结合计算机技术，对翻译史上的数量和复杂的数量关系(显性的与隐性的)以及这些数量关系所构成的特定的数据结构进行定量的研究和分析，进而将定性研究和定量研究相结合，揭示历史进程或个别历史现象的性质或特点，使研究更为精确与科学。

计量研究方法适于研究译者(群体)、翻译史现象和翻译史变迁发展中的数量关系，已在翻译史研究领域得到较为广泛的应用。《中国翻译学研究现状的文献计量分析(1992—2013)——对两岸四地[1]近700篇博士论文的考察》(穆雷、邹兵 2014)一文就是采用文献计量方法研究翻译学发展史的典型例子。该研究首先收集了中国自1992至2013年共计686篇

1 “两岸四地”实指中国内地(大陆)、香港、澳门和台湾，这一提法内涵不清，没有规范定义，不提倡使用。

的翻译研究博士论文，通过数据统计与分析，用图表直观展现论文数量的年度分布和学科专业分布，进而以计量分析的方法对博士论文进行分类考察，分析了这些论文在研究主题、研究对象和研究文本等方面的分布、特征与变化，展现了这二十年间中国翻译学研究的现状与发展。近年来，随着计算机技术的高速发展，计量研究的文献处理工具已越来越先进。王峰、陈文（2020）的《国外翻译史研究的课题、理论与方法》一文以Web of Science数据库收录的艺术和人文引文索引（Arts & Humanities Citation Index，简称A & HCI）及社会科学引文索引（Social Science Citation Index，简称SSCI）期刊论文为数据来源，借助CiteSpace、VOSviewer、HistCite等工具软件对2005至2017年间的翻译史研究论文展开文献计量与知识图谱分析，展现了翻译史研究论文国际发表总体情况、中国学者参与度以及国际翻译史研究的课题，采用聚类分析方法考察了国际翻译史研究的理论与方法。值得一提的是，姜秋霞（2009）的著作《文学翻译与社会文化的相互作用关系研究》在“宏观篇”中主要采用数据统计分析的方法，在客观描述的基础上探讨了社会历史背景对翻译文学的主题、来源及译作类型的影响；在“中观篇”中采用计量分析与理论分析相结合的方法，对不同历史时期的文学翻译结构形态进行考察，揭示了文学翻译与文学系统之间的关系；在“微观篇”的所有个案研究中采用数据统计、相关分析等方法，具体探讨了社会文化与译者和翻译文本等微观要素之间的关系。

可以说，历史计量研究方法革新了翻译史研究的传统思维方法，使翻译史研究进一步精密化和科学化，使研究结论成了更具有科学性的质和量的统一体，使原本处于边缘地位的史料得以应用，拓展了新的研究领域，开拓了学科的疆域。简言之，计量研究方法深化了对翻译史的认识，促进了翻译史学研究的现代化。与此同时，研究者也需要注意，计量分析方法只是翻译史研究者手中的工具，切忌夸大方法的作用、滥用计量方法，造成对理论概括的忽视、对日常交流与理解的疏忽，从而使研究越来越支离破碎，研究成果越来越抽象难懂。换句话说，翻译史研究中的历史计量方法虽然以客观材料(数据)为研究主体，但也要融入理论思辨，在方法论范式上进行“数据+观点”的经验判断。

4.4.5.2 语料库研究方法

语料库翻译研究注重实证研究，强调数据统计与理论分析的有机结合(胡开宝 2011：1)。翻译史研究中的语料库研究方法以双语语料库或翻译语料库为基础，结合数据统计与理论分析，对历史上的翻译活动和翻译现象进行探究，期待通过梳理历史进程中复杂的数量关系，来揭示翻译史发展的性质、特点以及翻译与语言文化等现象之间的共生关系和影响关系。应该说，翻译史研究中的语料库研究方法属于历史计量研究方法的一种，具有计量方法的性质和特点，只不过语料库研究方法强调以真实的双语语料、翻译语料或原创语料为研究基础，着重考察历史上的语言关系。

语料库翻译研究发轫于20世纪90年代，近年来日趋繁荣，主要用于翻译共性、译者风格、翻译文体、翻译规范、翻译与语言发展的关系等领域的研究。但相关的语料库翻译研究，尤其是语料库建设，可为翻译史研究提供有益的参考。比如，北京外国语大学研制的英汉翻译与汉语原创历时语料库收集了时间跨度长达百年的语料，该语料库规模浩大，可以用于宏观、整体地观察历史上的翻译文本与原文文本和原创文本之间的关系，为其间的翻译现象、翻译活动和译者(群体)的研究提供学术参考和支撑。这样看来，翻译史研究的语料库方法用以探究的对象更多的是整体的、宏观的和社会的，适宜于研究译者(群体)、翻译现象和翻译史发展与变迁中的语言关系；具体来讲，涉及原文文本和译文文本的双语/多语平行语料库、翻译文本和原创文本的类比语料库等多种语料库的建设。翻译史研究可以借助语料库方法在以下几个方面进行尝试：

1) 以大量的文本比对为基础来考察翻译方法、翻译策略、翻译文体和翻译语言等内容。传统的翻译史研究要么以人工方式比对抽样的原文文本和翻译文本，要么仅依靠翻译文本、副文本和外文本来进行观察分析，但仅凭人工根本不可能做到全面的比对处理，因而导致研究结果有时不够令人信服。如果基于原文文本和翻译文本的平行语料库，甚至翻译文本与目标语原创文本的类比语料库进行考察，研究结果就要精确、科学得多，同时还能证实、修正甚至推翻某些历史结论。比如，赵秋荣、王克非（2013）基于汉语原创文学和翻译文学的历时类比语料库（1915—1949）考察翻译汉语的特点，验证了埃文–佐哈尔的多元系统理论，并修订了翻译的普遍性假说：

> 当翻译处于整个文学系统中心位置时，它会更多地引介源语中创新的语言特征、语法体系和文学表达手法；当翻译处于文学系统边缘位置时，译文更倾向于采用目标语原创语言的规范，只有这时，译文的特点才基本符合翻译的普遍性假说。
>
> （赵秋荣、王克非 2013：15）

2）更加科学地判断某一历史时期占主流的翻译方法和翻译策略。翻译史研究中，翻译方法和翻译策略是翻译史的主线，直译与意译两种翻译方法之争贯穿了千余年的中西翻译史。具体到特定的历史时期，到底以何种翻译方法和翻译策略为主流，目前来看大都是基于传统研究得出的结论。如果借助语料库研究方法，建立大型的历时语料库，对历史上不同时期的翻译文本与原文文本进行比对考察，再结合目标语原创文本语料库进行类比考察，或者类比考察目标语言的古代语言语料和现代语言语料，就可以科学地定位某一历史时期的主流翻译方法和翻译策略。例如，朱一凡（2011）通过类比古代汉语语料库和现代名家小说文本库，全面考察了五四时期现代汉语中流行的欧化结构，发现了翻译引发现代汉语欧化结构形成的机制，也间接证实了五四时期直译的翻译方法和欧化的翻译策略居于主流地位。

3）具体到历史上的译者（群体）和翻译现象，我们可以建立特定研究范围的语料库，然后基于语料库来对其进行分析研究。以对翻译家兼作家徐志摩的翻译研究为例。徐志摩一生虽短暂，但其在诗歌、小说、戏剧和散文方面的翻译与创作达200多万字[1]，足以建设一个小型的翻译文本和原文文本的平行语料库以及翻译文本和创作文本的类比语料库。基于语料库，可以共时与历时地考察徐志摩的翻译方法、翻译策略和翻译语言，描写分析他的翻译风格，探究其翻译与创作之间的互动关系。如果再将徐志摩翻译文本和创作文本的语料库与20世纪二三十年代（亦即徐志摩从事翻译和创作的年代）的翻译文学语料库进行类比，还可以深入分析徐志摩的翻译与同一时代翻译文化的关联，以突出其个人的翻译风格。

目前来看，语料库方法在翻译史研究中尚不多见，但也逐渐受到了一些中外学者的关注。例如，《翻译史中的意识形态：加拿大政治演讲个案研究》（“Ideologies in the history of translation: A case study of Canadian political speeches”）（Gagnon 2006）一文就借助20世纪加拿大领导人在民族危机时刻所发表的政治演讲的英法文本语料库，考察了两种文本在字里行间或结构上存在的微妙差异，通过文本间“翻译转换”的描写分析，得出了“政府的意识形态操控了政治演讲的翻译”的结论。再如，《基于历时语料库的晚清“总统”概念译介史研究》（李茂君、胡显耀2020）一文运用“近代汉语学术用语语料库”和“晚清期刊全文数据库”考察了晚清时期president一词译名的历时变迁及其与“共和”“民主”等译名的共现关系，进而在此基础上探讨了概念译介背后的语言、社会和思想文化动因。

总的来说，语料库研究方法拓展了翻译史研究的方法论空间，开阔了研究者的视野，使翻译史研究更趋于精密化和科学化。但与此同时需注意：（1）语料库方法主要观察翻译史上的数量关系，以数据描写、分析

1 由韩石山编、天津人民出版社出版的《徐志摩全集》（八卷本）总字数大约265万字，除第六卷“书信”之外，其他卷的翻译与创作应不下200万字。

研究对象，这可看作翻译史研究的出发点，而非终点；接下来还须结合一定的理论视角对其进行阐释，就如同Gagnon（2006）与李茂君、胡显耀（2020）的研究所做的那样。（2）语料库方法也是一种研究工具，从建库到运用都无法避免人的因素的干预，语料库容量的大小、方法的使用都会影响研究结果的合理性，所以一方面要避免滥用，另一方面在使用时要遵从学术伦理规范。换言之，在翻译史研究中使用具有科学实证倾向的语料库方法时，须将数据呈现与理论分析相融合，在实证描述与思辨分析中寻求综合，以实现自然科学与人文科学并重、客观与主观结合。

4.5　小结

翻译史研究是一个动态的过程。首先，研究者要采用考据的历史实证方法搜集、整理和鉴别翻译史料。在这一研究环节，要让史料客观地反映现实，体现翻译史的"真"；同时，研究者要认识（主要是感性认识）翻译史的表面现象和外部联系，从而萌发问题意识。其次，研究者要采用思辨的定性分析方法、实验的定量研究方法或二者结合的方法，对所选择的翻译史料进行由此及彼、由表及里的描写分析与阐释，从感性认识上升到理性认识，使史料抽象上升为理论话语，体现翻译史研究的"善"。再次，研究者要采用考据实证与定性或定量研究混合的方法发掘新的翻译史料，拓展研究的广度与深度，从不同视角证实或证伪现有研究结论。最后，研究者要采用定性分析或定量实验的方法在新旧翻译史料的基础上形成新的综合，使原有理论话语更加严密、完善，上升为新的理论。

如果说翻译史料观察是翻译史研究的基础，那么翻译史研究方法则是研究的关键。翻译史研究方法是翻译史研究的重要工具，是对历史上的翻译现象和翻译活动的归纳、总结、分析、认识和判断。翻译史研究方法以历史研究方法为参考，并兼收其他社会科学（社会学、文化研究、人类学、传播学、经济学等）和自然科学（数学、统计学、神经科学、计算机科学等）的研究方法，而今方法论日臻成熟，已从传统的经验思辨逐步转向学科的理论分析（科学性研究）。就方法论体系而言，翻译史研究方法体现出综合的交叉性特征，如考证鉴别与分析阐释相结合、定性研究与定量研究相结合、描述性研究与实验研究相结合、微观研究与宏观研究相结合、经验思辨与理论分析相结合等；此外，具体的数据分析手段也经历了科学化的演变，如计量统计分析、数据库分析、语料库分析等。

可见，跨学科的翻译史研究方法综合了社会科学和自然科学的研究路径，科学性更强，但在运用相关方法开展研究时要注意以下四点：

> 1）在借鉴历史学研究方法时，应以翻译现象为研究对象，以此提出问题和假设；
>
> 2）历史学研究方法要和翻译学理论有机结合起来；
>
> 3）各种方法不是相互矛盾的，研究者可以根据具体情况和实际条件采取不同的方法，或者综合运用，以期达到最好效果；
>
> 4）不要盲目地追新求异，在拓展翻译史研究方法时，研究者要结合实际情况，充分了解各种方法的适用范围和利弊。
>
> （穆雷、欧阳东峰 2015：121）

我们应该清楚，翻译史研究方法是研究者再现或者重建翻译的历史的方法，研究者在实际运用翻译史研究方法时，总是离不开一定的社会历史观的指导，也可能会受到阶级立场的制约，因而总是不可避免地蕴含着一定的主体性。但研究者的主体性不是戏说历史的虚无主义，而是建立在史料客观之“真”和学术伦理规范基础之上的现实建构，力求恢复历史的面貌。这就是翻译史研究的“善”：由史料之“真”引发学术良知而做出对研究有益且适当的行为。

第五章 翻译史的书写

5.1 引言

完整的翻译史研究工作须依次经历三个基本环节：首先是“考据”，在这一环节，研究者需要广泛地搜集史料，并进行细致的辨析与整理；其次是“义理”，在这一环节，研究者需要运用适切的理论和方法深入分析研究史料，得出科学的结论；最后是“辞章”，在这一环节，研究者需要把研究成果按一定模式书写成史学作品。简言之，考据贡献材料，义理设定方法，辞章整合内容。翻译史研究工作的最后环节，亦即整合内容的翻译史书写阶段，是实现翻译史研究社会功能不可或缺的环节。若缺少这一环节，研究成果就无法展现出来，为社会所感知，其社会价值就无从谈起，社会效能更无从发挥。因此翻译史研究者必须切实了解和掌握翻译史的书写方法。本书在第三章与第四章分别探讨了翻译史研究工作的前两个环节，本章将在此基础上探究翻译史的书写。

按照后现代史学观，“故事”是历史的核心，讲述故事就是在重构历史（Bentley 1999：144；Munz 1997：839）。这样看来，历史从本质上说是一种叙事（narrative），任何历史都是具有一定叙事性的文本。翻译史也不例外，也要将纵横交错、纷繁复杂的翻译史实落实到文本上。因此，翻译史研究工作最后的环节是将前两个环节的研究成果用一定的书写模式表述出来，亦即借助既定的视角和方法，用尽可能清晰的语言，把分析研究中得出的观点或结论，以及能够支撑该观点或结论的有关史料按照一定的研究模式与思路表达出来。前两个阶段着眼于研究的基础和科学的方法指导，相较而言，最后阶段的翻译史书写着重于研究的整体布局与思路组织，涉及写作者的视角与理论基础、篇章结构的安排、文学性与历史性、写作的虚构性、语言表述的风格等。可见，本章对翻译史书写的探讨包括但不限于传统历史研究中的史书编撰形式（如体裁与体例）研究，重在结合历史的叙事本质与翻译史自身的特点，定位翻译史学术研究的视界，建构其本质意义上的逻辑框架，调试其论证理路，权衡斟酌其表述形式。

5.2 翻译史书写概述

翻译是一门杂学，有口译和笔译的工具形式之分，人工翻译和机器翻译的主体性质之分，以及语言、文学、科技、商务、宗教、教学、交通、外交、法律、财经等客体性质之分，而每一种客体既需要综合讨论，更需要分科研究（如科技翻译、文学翻译等）。因此，翻译史不像其他专门史那样相对“单纯”，其书写模式也相对复杂。

5.2.1 多元化的翻译史书写格局

纵览当下翻译史的书写模式，除年谱、书目、提要、索引、史料汇编等工具书类翻译史作之外，其他常见形式还包括纪传史、专题史、断代史、编年史、通史和区域史等[1]。这些翻译史作在编撰形式上可以分为以下几类：

1）以翻译运动/事件的发展为线索。翻译通史主要是按照此线索，以

1 本书1.2.3小节曾从空间和时间两个维度来看翻译史研究的认识范畴，可参阅。

时间为经、事件或人物为纬来展开的，如马祖毅（1999）的《中国翻译史（上卷）》论述了周代至清代的宗教翻译、科学翻译、西学翻译、文学翻译等各类外译汉活动，以及中国境内各民族文字的互译活动；谭载喜（1991）的《西方翻译简史》描述了古代、中世纪、文艺复兴时期、近代和现代等五个历史时期西文的翻译实践史和翻译思想发展史。这类翻译史一般以翻译事件为核心，关注翻译事件或翻译活动的历史性发展脉络，力图阐释各个历史时期翻译活动的不同特征及其文化动因。

2）以翻译理论的变迁、翻译思想的发展为脉络。这类翻译史与第一类翻译史结构相似，只不过其核心是翻译思想或翻译理论。翻译理论史或思想史主要以时间为经，以人物（翻译家和翻译理论家）或翻译事件为纬，阐述各个时期的翻译理论及其与历史的互文与关联，考察历史事件中的翻译思想以及背后的原因。比如，托马斯·R. 斯坦纳（Steiner, T. R. 1975）的《英国翻译理论（1650—1800）》（*English Translation Theory 1650–1800*）首先以隐喻式主题的形式探讨了150年间英国的翻译理论，然后按时序整理汇编了英国这段历史时期的翻译思想和批评话语；刘军平（2009）的《西方翻译理论通史》以时间为经、主要的翻译理论学派为纬，全面论述了西方翻译理论的历史；邵有学（2018）的《中国翻译思想史新论》从界定研究对象入手，以事件为线索，探讨了中国翻译思想的谱系。

3）以译者为中心，主要包括翻译家个体研究、翻译家群体研究或历史上的翻译家集体研究。翻译家个体研究主要涉及中外历史上的翻译名家，研究对象颇为广泛，现有研究成果也比较繁盛。翻译家群体研究主要涉及文学翻译流派、机构或团体中的译者群体，如吉泽斯·拜戈里-贾龙（Jesús Baigorri-Jalón）著、安妮·班恩（Anne Ban）英译的《联合国译员史》（*Interpreters at the United Nations: A History*）（2004）叙述了自联合国成立以来四代口译员的背景、培训和工作等方面的情况，揭开了联合国口译员这一翻译群体的神秘面纱；宋炳辉（2013）的《文学史视野中的中国现代翻译文学：以作家翻译为中心》则借助比较文学视角，从理论探讨、个案分析和学术对话三方面探讨了中国翻译文学史上的作家–翻译家（writer — translator）这一特别的群体。历史上的翻译家集体研究著作有杨丽华（2011）的《中国近代翻译家研究》，该书以翻译文本与翻译理论为主线，探讨严复、梁启超、林纾、鲁迅等近代史上的中国翻译名家，凸显了他们之间的时代共性。

4）以译作为主线。有的著作以单一的译作为中心，如周兆祥（1981）的《汉译〈哈姆雷特〉研究》从译作和译品赏析的角度考察了80年来莎士比亚名剧《哈姆雷特》在中国翻译和演出的背景与历史，详论了莎学源流、剧作版本、译本得失、译者风格和翻译成就；也有以不同译家的不同译作为线索的作品，如邹振环（1996）的《影响中国近代社会的一百种译作》从传播与影响的视角切入，以译作为中心建构了晚明以来西书中译的历史。这类翻译史著主要是从文本细读（包括译文与原文的比较分析、译文赏析）、文学比较、文化影响等视角切入。

5）以文艺期刊中的翻译为出发点。这类翻译史著大多从比较文学、译介学和文化研究的视角聚焦文艺期刊上的译作，描写分析文艺期刊的翻译风格、翻译策略与翻译观念，探讨文艺期刊在参与构建本土文化中发挥的历史作用。比如，杜慧敏（2007）的《晚清主要小说期刊译作研究（1901 — 1911）》以晚清五种主要小说期刊中的上百部（篇）译作为考察对象，深入分析了此类译作在中国传统文学文化语境中的生成过程，揭示了其参与构建中外文学文化关系的历史意义；潘艳慧（2008）的《〈新青年〉翻译与现代中国知识分子的身份认同》以《新青年》同仁翻译策略的运用为切入点，考察了五四知识分子对于其群体的现代身份的认同与构建。

6）以原作者为着眼点。这类翻译史著有两种情况：其一，按时间顺序介绍历史上外国作家群体和（或）不同文类的翻译，如李宪瑜（2009）的《二十世纪中国翻译文学史（三四十年代·英法美卷）》以数十名英、法、美三国作家为着眼点，分区域考察了20世纪三四十年代这些作家的作品及英法诗歌在中国的翻译情况，审视了翻译文学对中国现代文学的启发与催生作用；其二，关注特定作家的译介，如宋庆宝（2012）的《拜伦在中国：从清末民初到五四》通过描述拜伦作品在清末民初和五四时期的译介情况，阐述了拜伦作品在中国的传播史和变异史，以及中国知识分子对拜伦的接受史。

7）以翻译机构为坐标。这类翻译史著主要考察翻译机构的兴衰史，描写分析其翻译人员、翻译活动、翻译政策、翻译出版物和翻译成就等方面的情况，探讨翻译机构在历史上的文化作用。比如，黎难秋（2016）编著的《同文三馆——晚清翻译家外交家的摇篮》以晚清时期北京同文馆、上海广方言馆和广州同文馆为核心，叙述了同文三馆培养翻译人才、外交人才和教科政经人才的历史贡献；肖超（2016）的《翻译出版与学术传播：商务印书馆地理学译著出版史》以翻译出版为视角，考察了商务印书馆百余年来地理学译著的出版历程，探讨了地理学译著出版与地理学学术传播之间的互动关系；董丽敏等（2017）的《商务印书馆与中国文化的"现代"转型（1902—1932）》则以文化生产为切入点，探讨了商务印书馆这一近现代中国最重要的出版巨擘于1902至1932年间在西学翻译、古籍整理、文学期刊运作、国文教科书编制等方面所呈现的多方位发展方向，深度分析了商务印书馆的崛起、发展与中国文化和社会现代化转型之间的关系。

8）以文学社团为基本点。文学社团翻译史作往往既有宏观角度下对群体翻译活动的历史描摹，也有微观角度的个案分析，从中勾勒文学社团的群体翻译特征，透视其文化作用。比如，咸立强（2010）的《译坛异军：创造社翻译研究》通过考察创造社译介活动的历史进程，阐述了创造社的翻译观及其翻译活动与中国现代文学翻译和中国现代文学之间的关系；王雪明（2014）的《制衡·融合·阻抗：学衡派翻译研究》探讨了学衡派翻译活动的译介背景、选材倾向、策略运用和译文特点，揭示了学衡派翻译活动在新文化运动中的地位和作用。

9）以文学类型为本，这类翻译史著主要考察诗歌、小说、散文、戏剧等文类的翻译作品。比如，赵光育（1999）的《中国翻译小说史论》以外国小说的翻译为线索，梳理了清末至当代的翻译小说史，揭示了翻译文学在建设和发展中国民族文学过程中所发挥的作用；张旭（2011）的《中国英诗汉译史论（1937年以前部分）》是一部有关诗歌翻译的断代史，探讨了抗日战争全面爆发以前中国英诗汉译的情况以及译诗对中国新诗的冲击和影响；吴赟（2012）的《翻译·构建·影响：英国浪漫主义诗歌在中国》则是一部通史，考察了英国浪漫主义诗歌自清末以降在中国的百年历程，审视了不同文学时期中国对英国浪漫主义诗歌的接受与诠释。

10）以概念译介为核心。概念翻译是复杂多面的"知识翻译"过程，依托于两个理论前提：（1）"历史沉淀于特定概念，并在概念中得到表述和阐释"；（2）概念本身有着自己的知识迁移史，走过了不同的历史时期，植入了不同的历史语境（参阅方维规 2009：8）。概念翻译史主要从辞典和语言接触出发，以概念的跨文化传播为核心，透过文化和时间考察概念的知识迁移和本土化。比如，德国学者郎宓榭（Michael Lackner）、阿梅龙（Iwo Amelung）与顾有信（Joachim Kurtz）（2012）的《新词语新概念：西学译介与晚清汉语词汇之变迁》考察了晚清著作中新思想、新概念的产生及本土化问题，阐述了学科概念与知识体系的嬗变及相关影响因素；屈文生（2013）的《从词典出发：法律术语译名统一与规范化的翻译史研究》从概念史研究这一视角出发，聚焦近代若干重要法律概念的翻译、形成和传播，描绘了一幅法律术语翻译的脉络图，有助于厘清法学学科及该学科术语的发展历程。

11）以主题为切入点。翻译史蕴涵着多样化的主题，可以按翻译客体性质来划分（如文学翻译、科学翻译、民族翻译、宗教翻译等），可以按区域来划分（如英国翻译、法国翻译、美国翻译等），也可以按文学类型来划分（如诗歌翻译、小说翻译、戏剧翻译等），还可以杂合各种主题来划分，不一而足。比如，杨柳（2009）的《20世纪西方翻译理论在中国的接受史》以西方不同翻译理论的译介为主题，梳理考察了20世纪下半叶以来西方译论在中国的传播、内化、变形、批判和重新整合等历史过程；朱志瑜、黄立波（2013）的《中国传统译论：译名研究》则以译名为主题线索（纬线），按照东汉至1949年的时间顺序（经线）编织了一个译名网络，探讨了译名研究的历史变迁。

12）以史话和图文为形式，书写集知识性、客观性和趣味性于一体的翻译史通俗读本。这类通俗读本通常具有以下特征：

> 需要选择翻译史一些有启示意义的事件和人物为题材，通过生动的笔墨反映……翻译演变的本来面貌，使译史、译事和译者展现出丰满而呼之欲出的形象，使跌宕起伏的翻译活动更加引人入胜，从而更好地揭示翻译演变的本质。
>
> （邹振环 2017：323）

比如，臧仲伦（1991）的《中国翻译史话》用比较通俗的语言描述了中国源远流长的翻译史，可以起到翻译史启蒙的作用；邹振环（2000b）的《译林旧踪》以晚清以来译界的旧人旧事为线索，采用图文互动的形式，发掘有关译林的史实，阐明现代中国通过西籍汉译求新知的意旨；同样，上海图书馆（2011）编的《江南制造局翻译馆图志》以图文并茂的形式和通俗的语言，扼要介绍和分析了翻译馆在其存在期间有关西学的全部出版物，阐明了翻译馆在近代西学输入中发挥的重要作用。

5.2.2 会通的翻译史书写

上述12种翻译史书写模式可归纳为三种书写取向：（1）基于长时段、整体观的翻译“通史”和“全史”（如《西方翻译简史》《中国翻译史（上卷）》《西方翻译理论通史》等）；这类整体史体系宏大，体例完整，主要“以时间先后为逻辑进行线性铺陈，以人物和事件为主作史料分类，长于叙述而略于史实细节”。（2）“以翻译史实深描、细节纠偏、细部还原为主要任务”的碎片化翻译史（如《汉译〈哈姆雷特〉研究》《〈新青年〉翻译与现代中国知识分子的身份认同》《新词语新概念：西学译介与晚清汉语词汇之变迁》等)。(3)会通整体史与碎片史的翻译史书写(参阅蓝红军 2016)。

历史的叙事本质意味着翻译史叙述方式也是多元的，可以从多种角度反映历史，从而尽可能有效地还原真相。多样化的翻译史书写模式塑造了翻译史研究的多元格局，反映了研究者写作理念的多元化与方法的多样化。其一，翻译史研究中，写作理念是统领材料和方法选择的关键，写作理念的多元化不仅能够使翻译史著推陈出新，还能为读者带来不同的阅读体验；其二，翻译史的书写模式有其自身的难点，外国作品翻译成目标语言的时序往往与这些作品产生的年代不存在对应关系，再加之翻译活动中经常有一些随意行为或偶然事件，因而一般历史写作所遵循的时间顺序、分期标准或思潮主线很难作为翻译史布局的依傍，这样研究者往往需要在几种翻译史书写模式间游移换位，杂用体例，寻找平衡(卫茂平 2004：2)；其三，线性叙述的整体史与非线性叙述的碎片史虽然都是翻译史书写中必不可少的范式，但前者偏宏观式“大而全”，而后者偏微观式“精而深”，都存在一定的不足(蓝红军 2016：5-7)，而会通宏观与微观、理论与史实的翻译史书写打通了整体史与碎片史的脉络，整合了它们的优点与特点，创造了一种融通的翻译史书写模式。

很明显，上述列举的多数翻译史著作，出于研究需要、会通精神和推陈出新的目的，融合了几种书写方法，或以史带论，或以论带史，经纬相交，线面结合，创造了丰富多样且别具特色的翻译史书写模式。比如，卫茂平(2004)的《德语文学汉译史考辨：晚清和民国时期》以德语文学在中国译介的历史为经，以汉译的德语文学作家为纬，对德语文学汉译史中的若干综合性问题进行专题讨论，以史、传、论的方式构成了史作的框架。再比如，德利尔与伍兹沃斯(Delisle & Woodsworth 2012)的《历史上的译者》(*Translators through History*)虽然以历史上极具影响的译者(群体)为核心，却以时间发展脉络为纵轴，以翻译与字母发明、翻译与民族文学的出现、翻译与知识传播、翻译与宗教传播、翻译与权力、翻译与文化价值传递、口译与历史的创造等主题为横轴，深入阐述了不同国家、不同文化、不同历史时期的翻译现象及其背后的社会文化因素，既勾画出一幅色彩斑斓的“全球史”画面，又展现了多样化的民族翻译文化和别具特色的译者形象。

5.3 后现代史学观照下的翻译史书写

要创新翻译史的书写模式，研究者就要会通翻译学与历史学，努力将翻译史与史学理论恰当地结合起来(蓝红军 2016：9)。近年来，随着西方史学研究转向新文化史，翻译史研究出现了“叙事史复兴”的倾向(张广智 2011：45)。翻译史书写在这种后现代主义史学观的指引下也呈现出新面貌，美国学者韦努蒂借鉴新历史主义创新的翻译史叙述模式便是很好的例子(Venuti 2005：812-815)[1]。

翻译史本质上是一种叙事，其书写需要详尽的史料，但仅凭翻译史料不会产生任何意义，还需要研究者“通过某种特定的叙述模式”或“综合的叙述模式”来赋予历史上的翻译现象以意义。韦努蒂借用新历史主义学家海登·怀特(Hayden White)的“情节布局”(emplotment)理论，将翻译史书写模式划分为“浪漫型叙述模式”(romance)、“喜剧型叙述模式”(comedy)、“悲剧型叙述模式”(tragedy)和“讽刺型叙述模式”(satire)。

5.3.1 浪漫型叙述模式

浪漫型叙述模式是一种“演进”(evolutionary or progressive)的历史叙事，按照时间顺序叙述翻译活动的历史发展，最终达致“最高境界”或实现“某种超越”。这种历史叙述在结构上犹如一部浪漫的传奇，聚焦翻

1 本小节下文的引用除特别说明外，均出自该文献。

译活动的理论话语、翻译策略、文化规范、赞助人/机构、翻译的文化作用等基本因素，诉说着一段翻译历史。

歌德对德国历史上的三种翻译方法的历史叙述，即是浪漫型叙述模式的范例。他指出，在德国翻译史上三个不同的历史时期，诗歌翻译有着三种不同的翻译方法。最初的翻译方法是“简明的散文式翻译”（a simple prosaic translation），即归化并同化原文本，异域诗歌的诗学特征与意蕴在这一过程中被完全抹杀，典型的例子就是16世纪马丁·路德（Martin Luther）的《圣经》翻译[1]。第二种翻译方法仍然是散文式翻译，“仅盗用外语文本的内容，再用自己的意思表述出来”，典型的例子是18世纪60年代克里斯多夫·马丁·维兰德（Cristoph Martin Wieland）对莎士比亚戏剧的散文化德译。这种翻译方法虽然在一定程度上可以使译文靠近古邦异域，但并未对译者所处时代的主流德语文化带来冲击。第三种翻译方法是“近似于原文外在形式”（approximation to the external form of the original）的翻译，亦即忠实于原文的形式，这种方法将异域的语言要素和文化成分输入了德语，典型的例子是18世纪八九十年代约翰·海因里希·沃斯（Johann Heinrich Voss）对《荷马史诗》的严谨德译，该译本将六步格诗体成功地引入了德语诗歌。

很明显，歌德是按照译文是否充分再现原文的标准来区分三种翻译方法的。第三种翻译方法之所以被视作“最高境界”，是因为其忠实再现了原文的语言文化差异并“超越”了这些差异。换言之，此种翻译方法在差异的基础上实现了德语文学的创新。歌德承认，外国诗歌德译的三种方法可以同时有效使用，但重要的是它们代表了三个连续不同的历史时期。不同时代的翻译方法揭示出对翻译的不同历史认知，而每个时代的翻译方法都受到了内外部多种因素的制约。这样看来，外国诗歌德译方法的演进史不啻于一部浪漫史。

1《圣经》中有大量的诗歌体，内容奇幻、丰富，这种诗歌体是希伯来文的一种文学表达方式。

5.3.2 喜剧型叙述模式

喜剧型叙述模式重点探讨的是翻译的接受史。翻译史浪漫型叙事的最后必然要有一段收尾。这段结尾有时宛若一段“调和”的喜剧情节，叙述译者再现原文的努力——虽然在被目标语文化接受的过程中经历了种种磨难，但最终冲破重重障碍，在目标语文化中塑造出新的文化成分，结局皆大欢喜。

这里仍以歌德对翻译方法的历史叙述为例。在18世纪末的德国，译者们运用第三种翻译方法产出了忠实于原文的翻译。一开始这些译作遭到目标语文化读者的“抵制”，译者的翻译理念也不为读者所理解；但后来这些译作逐渐为目标语社会所接受，发挥了重要的文化作用，为德语文学增添了新的文化元素，构建了新的德语文学体系，这一结果令人欣喜。不过，译作在目标语文化中具有顽强的生命力，自首次出版后还会在学术评论和学术史中存在很长时间，其在目标语中的接受方式在很大程度上不同于原作在源语文化中的接受方式，这一点研究者须特别注意。

5.3.3 悲剧型叙述模式

悲剧型叙述模式主要探讨的是，受某种或多种社会文化因素的影响，历史上的某些翻译活动未能完全实现其预期效果。在叙述形式上，悲剧型叙述模式与喜剧型叙述模式有相似之处，但二者的叙述结局正好相反，且考察重心也不尽相同。悲剧型叙述模式重点考察制约翻译生产和译者行为的社会文化因素，而这些影响因素或隐或显，或出于个人，或来自社会，情况异常复杂，往往需要结合其他叙述模式进行探究。当然，与悲剧型叙述模式结合较多的叙述模式还是浪漫型叙述模式。

苏姗娜·斯塔克（Susanne Starke）对19世纪从事德英翻译活动的英国女性翻译家的历史叙述即是这种混合式的悲剧叙事。一开始，作者的叙述是浪漫型的，洋溢着浪漫色彩：在维多利亚时代，因为专制的性别等级制度，英国女性不能享受写作、出版和传播其作品的权利，于是一些在教会学校接受过教育的女性转而从事翻译职业；她们不仅成就了一番事业，还在知识上和思想上充分实现了独立，从而将自己从专制的性别等级制度中解放出来。然而，即使是从事“派生”形式的翻译，这些女性译者也不能公开“表明自己的女性身份”，只能托借男子之名。尽管如此，她们仍面临着一定的风险。可以说，父权制禁锢了女性的思想与活动，她们一旦违反人权法和神权法，必将被打入万劫不复的深渊。这样，斯塔克的历史叙事就从浪漫剧走向了悲剧。最后，作为女性的斯塔克无奈地总结说，即使这些维多利亚时代的女性译者“杀死了”当时男权社会为女性定位的“顺从”“谦让”的角色，“我们依然不得不认为她们是靠乔装打扮成就事业的”。显然，斯塔克最后阶段的历史叙事还弥漫着讽刺的意味——“任何为人所瞥见的性别解放终究还是一种意想不到的结果”。

5.3.4 讽刺型叙述模式

讽刺型叙述是一种批判的历史叙事，以不可知论或怀疑论为道德立场，批判或质疑历史上的翻译活动及其社会文化价值，尤其是质疑译者或翻译委托者(机构)的翻译目的、翻译动机、翻译政策等话语行为，以及翻译活动所产生的社会效果。典型的例子是皮姆对1992年西班牙巴塞罗那奥运会翻译活动的历史叙述。

1992年奥运会的举办地巴塞罗那是西班牙加泰罗尼亚自治区的首府，因此加泰罗尼亚语与英语、法语、西班牙语一起成为了该届奥运会的官方语言。这样一来，该届奥运会赛事活动的所有信息都需要在上述四种官方语言中互译。皮姆不仅以嘲讽的语言批评该届奥运会滋生了民族主义，更质疑加泰罗尼亚自治区政府对加泰语的态度带有民族主义倾向。在皮姆看来，加泰地区虽然制定了详尽的官方政策，加强了对加泰语的推广和标准化，但参与奥运会官方语言翻译的专业译者却寥寥无几。“所有的官方语言都是平等的，但有些语言却比其他语言有着更多的译者和更广阔的市场需求。”皮姆的结论叙述充满了对加泰地区当局的嘲讽：当局的语言政策和翻译政策使得加泰语同其他语言相比，仅获得了纯粹“象征意义上的平等”。

值得注意的是，如果以浪漫型叙述视角分析阐释皮姆描述的史实，则最终呈现的可能是对加泰罗尼亚文化的深切同情。浪漫型叙述模式会考虑皮姆几乎未曾关注的历史语境：佛朗哥政权统治时期（1939—1975），统治阶层通过各种禁令和手段压制加泰语，以致精通该语言的群体渐渐衰弱，在这之后出生的人则需要重新习得加泰语。如此一来，仅有寥寥数名精通加泰语的专业译者参与巴塞罗那奥运会的翻译工作便不足为奇了。从这个叙述角度看，也不难发现，在巴塞罗那奥运会期间，加泰地区当局在保护加泰语和推广标准化加泰语方面发挥了积极作用。尽管同英语、法语、西班牙语等政治和文化上的强势语言相比，只有一千万使用人口的加泰语仍然是市场需求不大的小众语言，但加泰语能在奥运会上作为官方语言使用，就足以表明加泰语的语言保护工作已经取得了前所未有的成绩；加泰语克服了历史的重重阻碍，达到了历史的最高阶段，成为一种能独立发展的语言——这样的叙述又具有了喜剧型叙述的特征。可见，同这种浪漫型与喜剧型组合的混合式叙述相比，皮姆的讽刺型叙述仅以嘲讽怀疑的方式处理史实，而且还通过弱化或抑制其他史料的方式将其他可能的叙述模式和解释方法排除在外。

韦努蒂以隐喻的方式将翻译史书写归纳为浪漫、喜剧、悲剧、讽刺四种文类所形成的叙述模式，揭示出目标语文化体系中译者、译作、赞助人、委托人、受众等翻译主体要素之间错综复杂的关系网络。这种后现代主义史学观照下的翻译史叙述模式，不仅创新了翻译史书写的范式，彰显了其在篇章结构、逻辑论证、语言表述等方面的特色，还反映出研究者的高度主体性。不过，韦努蒂进一步指出，这四种叙述模式不是彼此割裂的，可以相互组合使用，从而对历史上的翻译活动进行更加灵活而全面的阐述。此外，研究者在阐述翻译现象、构建翻译史的过程中，要具有自觉的意识和自我批评的精神；当然，自觉主动必须以“翻译史料之真”为前提。

5.4 翻译文化史学观照下的翻译史书写

韦努蒂的后现代主义翻译史叙述创造了“属于自己的单一的历史”[1]。下文拟沿着他的足迹从翻译文化视角考察不同文类的翻译史书写。

5.4.1 翻译文化史学理论简述

翻译是一种文化交流活动，周旋于不同文化之间。所谓翻译文化，即两种或多种文化周旋之后的产物，处于异域文化与本土文化交汇的地带[2]。一方面，翻译文化表现为一种文化行为，即译者群体在主体文化体系下参与翻译活动而构建文化的作为；另一方面，翻译文化由译者群体共同演绎生成，单个译者的作为不可能形成一种文化（Pym 1998/2007：125-128，161-162）。译者群体之所以共同作为，是因为他们的翻译诗学、翻译规范和对翻译的期望相近，这些相近的翻译诗学、规范与期望就形成一种翻译文化。由是，翻译文化又体现为一种已具规模的文化形态或文化模式。一般来说，在某一个历史时代，因为享有相同的主体文化和历史语境，翻译文化总表现出某些突出的相似特征，如晚清的“意译”风尚和“信”的失落，五四时期欧化的翻译语言和“信”的重构。

翻译文化起于译者，终于译者，既表现为译者(群体)从事文化翻译的行为，同时又是一种文化形态，二者相因相承，交织在一起。

翻译文化史重在研究翻译对于文化(尤其是译入语文化)的意义

1 按理说，应该采用多元的形式书写历史，但实际情况是，更多的历史书写倾向于书写一种属于自己的单一的历史，并借此机会表示这样的历史是一个完整、统一和连续的整体(乔国强 2017：8)。翻译史的书写整体上形成了一个多元的书写格局，但对每一位书写者来说，他们所书写的都是属于他们自己的单一的历史。

2 翻译理论家韦努蒂（Venuti 2013：248）形容“翻译文化”是一种特殊的文化。这其中，翻译文本一方面不同于原文本，另一方面在译语文化及其与多种异域文化的不间断交流中扮演着重要角色。其实，翻译语言也是一种独立存在的语言形式，又被称作第三语码，意指其既有别于源语，又有别于译入语（Baker 1993；Frawley 1984）。

和影响，它在文化史上的作用，以及文化对于翻译的制约，特别是在通过翻译摄取外域文化精华时，翻译起到什么样的作用，达到什么样的目的，发生什么样的变异。

（王克非 1997：2-3）

这就是说，翻译文化史研究不仅仅要描述翻译人物与翻译活动等史实(如译者为谁？译了什么？译得怎样？)，更重要的是通过分析史实，关注翻译在文化思想发展史上的价值与意义(如：为何译？为谁译？如何译？影响与反响如何？等等)。换言之，翻译文化史研究更关注主体文化是如何看待翻译的，翻译活动在主体文化中又是如何定位、运作以及产生影响和反响的。由此可见，翻译文化史研究着重描述分析翻译的选材、策略、语言和艺术等方面的文化形态，考量译者(群体)在主体文化体系下参与翻译活动而构建文化的作为，探究翻译的文化感受过程，透视其中包含的不同程度的理解、比较、选择、融会和创新，进而帮助研究者对翻译的原因和意义形成更充分的认识和理解。

5.4.2 文化隐喻式书写模式

所谓文化隐喻(cultural metaphor)，即用隐喻表达特定文化中的成员在情感上或认知上所认同的任何活动、现象或传统，象征或代表了一种共享的、潜在的价值观(Gannon 2001：xv)，是理解和认知文化的一种新途径。循着翻译文化史学观，我们可以提出若干文化隐喻模式来书写历史上不同类型或属性的翻译现象，如“移花接木”“借体寄生”“炼石补天”“栽花插柳”等[1]。换言之，我们可以尝试对这些翻译现象进行文化隐

1 翻译文化视角下翻译史书写模式的提出主要源于北京外国语大学王克非教授的思想和指导，特此致谢。此外，还需要特别指出的是，这四类隐喻式翻译现象仅是翻译史上一部分常见的翻译现象，不能代表全部(恐怕也难以详尽归纳)，而其他翻译现象的隐喻式书写模式还有待今后的研究继续发掘和拓展。

喻式的解读。

5.4.2.1 “移花接木”

“移花接木”主要见诸文学翻译——尤其是诗歌翻译与戏剧翻译，意思是将外国文学园地里异色花朵的种子移植嫁接到本国语言中来，从而在本国文学园地里绽放异彩。这个譬喻最早见于1821年英国浪漫主义诗人珀西·比希·雪莱（Percy Bysshe Shelley）的文论《诗辨》（“A Defence of Poetry”）。他在谈到诗歌翻译的困难时，曾比喻说“紫罗兰必须再次萌生于种子，否则开不出鲜花”（转引自Robinson 1997/2006：244-245）。巧合的是，新月派诗人陈梦家（1931：5-6）也将诗歌翻译比喻为“飞鸟播撒种子”，在中国新诗园地里开出了“奇丽的异色蔷薇”。诗人闻一多（1943/1948：204）则说：“新的种子从外面来到，给你一个再生的机会，那是你的福分。你有勇气接受它，是你的聪明，肯细心培植它，是有出息，结果居然开出很不寒伧的花朵来，更足以使你自豪！”剧作家夏衍对西洋戏剧输入中国也有类似的比拟：

> 把一种全新的外国艺术引进到中国，有一点像把外来的植物新品种引进、移植或嫁接到土壤、气候不同的新的土地……引进或移植一种外来的品种，目的是为了给中国的大地上增添一种奇葩，为了让这种新花能在中国结出营养而又美味的果实。
>
> （夏衍 2009：2）

中国诗人和剧作家与雪莱在文学翻译认识上英雄所见略同，这并非巧合，而是说明了诗歌、戏剧等文学翻译具有“移花接木，催生异彩”的文化共性，具有感发本国文学革新的文化功能。当然，外国文学作为种子播撒到新的土壤中，长出新的花朵，需要译者的选种与播种，为移植做好准备工作（Bassnett & Lefevere 1998/2001：58），这是译者的任务。不同的译者(群体)在选种与播种上自然存在差异，因而使得文学翻译的“移花接木”模式呈现多样化与多元化，其催生的异彩各具特色。相应的，翻译文学所呈现出的文化色彩也就不尽相同了。

显然，“移花接木”式翻译经历了选种—播种—催彩的隐喻过程，其书写可以沿此线索展开。下面试以20世纪二三十年代新月派的外国诗歌汉译为例简述之。

晚清时期的外国诗歌汉译，以中国传统诗学的范式去盛装外国诗的意境，即所谓“旧瓶装新酒”的“借体寄生”式翻译，是为外国诗歌汉译的发绪，虽然意义重大，但谈不上形式移植和为中国诗歌体裁增添新样式。直到新文化运动开始，翻译使得欧化的白话文出现，才有了白话文的译诗，胡适1919年的译诗《关不住了》开启了中国新诗的新纪元，新诗由此诞生。可以发现，五四时期的译诗将外国诗的语言结构移植到现代汉语中来，丰富了新诗的语言表达。在文化功能上，新诗借鉴了外国诗歌的内容或精神，以迎合五四的时代精神，或表现高潮时期的狂飙突进，或抒发退潮时期的落寞感伤；而且，在内容上也突破了中国传统诗歌的某些禁区(如性主题)。不过，五四时期因为“诗体大解放”的文学革命需要，译诗仅移植了外国诗歌的欧化语言和内容，而破弃了原作的诗学形式。译诗的“浪漫式”任性，致使中国新诗出现自由化和散体化的“非诗化”倾向。这样看来，五四时期破弃原作形式的自由式译诗，只是实现了“移花接木”的部分功能。

五四后期，新月派适时而出，以匡正新诗非诗化的弊端。新诗的最大弊端就是缺乏形式，自由散漫。那么，怎样去抵制这种“浪漫式”诗学呢？因为中国古典诗词的格律比较机械单一，所以新月派的译诗主要以试验外国诗歌形式为主，另补充中国传统诗学的其他审美特点(主要是借鉴中国诗歌字数整齐、句子均齐的建筑美)。如果说五四译诗在于“破”——破除旧诗词格律的桎梏，那么新月派的译诗则在于“立”——发展、完善和建立中国新诗学。也就是说，译诗不仅要输入外国诗歌的内容，还要移植其体制和形式，引导中国新诗朝诗学审美的方向发展。新月派舵手徐志摩(1925/2005：124)说："翻译难不过译诗，因为诗的难处不单是他的形式，也不单是他的神韵，你得把神韵化进形式去，像颜色化入水，又得把形式表现神韵，像玲珑的香水瓶子盛香水。"这句话除了强调译诗应该内容与形式并重之外，更关注译诗形式的优先性。新月派的译诗实践实现了用现代汉语再现西洋诗歌的形式与内容的"移花接木"过程。

既然新月派诗歌翻译研究可以采用"移花接木"的模式，那么研究者首先就要关注新月译者群体译诗的"选种"和"播种"过程，然后再考察"种子"在中国文学园地里的新生，探索其如何在本土文化中催生新活力与新色彩。具体来讲，需要考察新月派在译诗时对选材、策略和语言的考量及其译诗的艺术呈现和文化影响等。

首先，在选材方面，新月派的译诗取向主要从19世纪浪漫派传统逐步地转向了这一传统在维多利亚时代和20世纪初的变种，以及19世纪末至20世纪初的唯美派和象征派。简言之，以选译形式谨严的欧美浪漫主义传统诗歌为主，辅以其他客观抒情类诗歌(如诗剧、叙事诗、象征诗等)。这反映了新月派"理性节制情感"的古典倾向诗学。其次，新月派古典倾向翻译诗学的另一特征就是对译诗形式的关怀。新月译者们在尽量移植原诗形式与内容的基础上，根据中国诗学的审美，在译诗形式上进行了适度的"创格"。王尔德(转引自Ross 2013)曾说："当我在某人的花园里看到一朵奇异的大郁金香，长着四片漂亮的花瓣，我就非得种出一朵长着五片花瓣的大郁金香不可，人们没有理由只种仅长着三片花瓣的郁金香。"译诗的创格实际上就是新诗的诗体探索，最为直观地展示了"移花接木"的艺术。最后，新月派译诗本身就是翻译文学，一方面在语言与表达、文体与风格、形式和内容、思想与情感等方面都展现了新诗的异域色彩；另一方面，译诗与写诗形成互动，推动中国新诗发生了历史性的重大演变，于中国新诗的发展也有经验和教训上的启示。所以说，新月派译诗与写诗的兴盛是其"移花接木"后催生的异彩。

可见，新月派在古典倾向诗学指导下的诗歌翻译，展现了“移花接木”的本土化创新过程。用闻一多(1923/1993：118)的话说，是“中西方艺术结婚的宁馨儿”。

5.4.2.2 “借体寄生”

“借体寄生”这个隐喻最早见于钱锺书先生在《林纾的翻译》(1964/2009)一文中对林纾这类译者的描写。他写道：

> 一个能写作或自信能写作的人从事文学翻译，难保不像林纾那样手痒；他根据自己的写作标准，要充当原作者的“诤友”，自以为有点铁成金或以石攻玉的义务和权力，**把翻译变成借体寄生的、东鳞西爪的写作**。在各国翻译史里，尤其在早期，都找得着和林纾作伴的人。
>
> (钱锺书 1964/2009：783；粗体为笔者所加)

可见，“借体寄生”也多见诸文学翻译，特点是以本土传统文学之体寄生域外文学之新奇，如中国东汉末年三国时期的佛典“格义”翻译[1]、清末民初时期的文学翻译，欧洲各国文艺复兴时期的《圣经》翻译和文学翻译，日本明治时期的文学翻译等。显然，“借体寄生”式翻译基本发生在各国/民族文学翻译史的早期，译本本身具有文采，但与“移花接木”式的文学翻译相比较，并非传统意义上的忠实性翻译[2]。下面以清末民初时期的两种文学翻译现象为例。

其一，外国诗歌汉译在晚清西学东渐大潮中拉开序幕，“达旨”式诗

1 胡适(1928/1999：24)在《白话文学史》中认为，佛经翻译是中国白话翻译文学的开端，创造了一种文学新体。在西方，《圣经》翻译也往往被看作文学性翻译。

2 当然，鉴于不同历史时代的认知不同，“忠实”的翻译标准是相对的，某历史时期的忠实翻译也许在另一时期被认为是不忠实的译述或改编。我们今天看待历史上早期的翻译现象时也是如此。

歌翻译套用了中国主体文化中的诗学形式，与“意译”的时代翻译文化风尚相得益彰。携带着异域因子和现代质素的早期文言译诗，一方面发挥了“文化外交”的功用，另一方面表现了新识之士“中体西用”过程中价值取向与诗艺追求之间的张力。考察早期文言译诗在中国的发生、发展和演变历程，及其在历史上的文学定位与诗学影响，是翻译文化史书写的意义所在[1]。

其二，以林纾为代表的文言归化翻译盛行一时，比如莎士比亚戏剧的翻译。在中国，莎翁的大名于1839年被介绍过来(当时译为“沙士比阿”)。到20世纪之交，莎士比亚以“英国骚客”“英国最具声名之词人”“英国最著名之诗人”“绝世名优”等身份进入文学界视野，但其剧作家的身份却很模糊。当时，林纾等人虽对莎氏的生平和创作情况知之甚少，但既然“诗家莎士比”是“文明大国英特之士”“直抗吾国之杜甫”，那自然是要翻译的。在找到玛丽·兰姆和查尔斯·兰姆(Mary Lamb & Charles Lamb)姐弟俩人用散文改写的《莎士比亚故事集》(*Tales from Shakespeare*)之后，林纾和魏易误以为这本故事集是莎士比亚诗歌创作的“本事”，又因“莎氏之诗……立义遣词，往往托象于神怪”，遂“忠实”地将其译成“神怪小说”《吟边燕语》。1904年出版的《吟边燕语》用文言完整地译出了兰姆姐弟改写本的20个故事，且译文一如既往呈现的是古色古香的“归化”翻译：文言体史传写法，故事化，通篇不分段，不加标点，以叙述人口吻讲述对话，有增删和改写。此后，林纾一直延续了对莎剧的这种误读，1916年还和陈家麟合作将莎翁的五种戏剧原著译成了文言小说，即《雷差德纪》(《理查二世》)、《亨利第四纪》(《亨利四世》)、《凯彻遗事》(《裘力斯·恺撒》)、《亨利第六遗事》(《亨利六世》)和《亨利第五纪》(《亨利五世》)。林纾等人的莎剧文言故事化翻译在清末民初产生了重要的影响，不仅提高了小说的地位，为小说的兴起创造了条件，

1 2019年国家社科基金项目“晚清至五四时期的文言译诗研究”(主持人为安徽师范大学蔡静教授)可谓中国早期文言译诗的文化史研究，其研究成果值得期待。

更在中国译介和推广了莎剧，让中国读者和观众开始领略到莎士比亚作品的不朽魅力。当时用文明戏演莎剧竟成一时风气，其翻译效果可见一斑。考量清末民初的莎剧文言故事化翻译可以发现，这是不审西文的无意识误读和以中国传统文学为“前理解”的有意识误读的结果，莎剧文言故事化翻译既有启迪民智、富民强国的政治功用，亦是轻松高雅的消闲读物，结合了译者的政治需求与文学追求(参阅黄焰结 2008)。

从某种意义上说，翻译和介绍莎士比亚戏剧的程度标志着一个国家和民族接受外来文化并受到影响的程度；而莎士比亚中文著作翻译史与阅读史都是从改写的戏剧开始的，莎剧先以故事梗概的编译形式被译介，十几年后才有了完整的译本。这一点与日本明治时期的莎剧翻译是相同的。日本明治时期的文学翻译大多是自由度很大的意译，不在乎译文的准确性，只追求通俗易懂，便于读者了解和接受原作反映出来的西洋社会状况、思想、观念和风气，这对于日本思想观念的现代化起到了不可忽视的重要作用，也与日本“上下一心，求知于世界”的国策相吻合(王克非 1994：60)。在这种切合时代需求的改编性翻译文化风气之下，日本明治时期的莎剧翻译或是梗概式的改编，或是以日本民族艺术形式展开的编译，对日本文学、演剧和社会思想等诸多方面都产生了很大的影响(王克非 2000：74-75，80)。

本土化的“借体寄生”翻译传统在翻译史上重复发生，不仅阐释了翻译史的非线性发展，更凸显了这种翻译传统的重要性，所谓“筚路蓝缕，以启山林”。其实，从翻译文化史视角来审视，“译本的忠实程度与该译本在文化沟通上的作用之大小并无绝对的正比关系”，摄取文化信息才是最关键的，因此对于历史上的翻译活动，“我们不仅仅看它翻译质量的高低，更要看它在文化交流上发生的作用和影响，这是翻译文化史研究不同于翻译史和其他翻译研究之处”(王克非 1994：59)。更何况，由于不同历史时代的历史认知不同，“忠实”的翻译标准是相对的，某一历史时期的忠实翻译也许在另一时期被认为是不忠实的译述或改编。我们今天在看待历史上早期的翻译现象时又何尝不是如此？这样看来，以社会/政治需要和诗学规范为依归的“借体寄生”式翻译现象，对于整个世界范围内的翻译文化史都具有重要的意义，既可以在国别历史时期翻译史上予以深耕，还值得从全球史视野出发进行比较。

5.4.2.3 “炼石补天”

“炼石补天”多见诸历史转型时期的人文思想翻译，其特点是译者的选译有明确的目的性，在翻译过程中受多种思想因素影响，犹似炼域外之石补本土之天。所谓“炼石”，指的是通过翻译摄取域外思想；所谓“补天”，指的是通过汲取域外思想的养分来补充本土社会文化所需，解决本土的问题。“炼石补天”多发生在动荡与变革的年代，中国和日本的近代启蒙思想家严复、加藤弘之和中村正直等人对西方政治哲学思想的翻译摄取就属于“炼石补天”式的翻译。“炼石补天”式翻译聚焦的是深层文化层面(包含制度文化、精神文化等方面)的思想[1]，对此类现象的书写可遵循以下思路：

首先，作为域外思想的翻译者，译者自然是首要的研究对象。不消言，译者总是某种外来思想或学说的研究者，他们为什么有这样的翻译选择？他们是否认同这一外来的思想？为什么认同？又是如何认同接受的？这些问题非常重要，需要考察译者生活时代的历史语境以及译者的生活境遇、知识背景、价值观等因素，探究其翻译选择的取舍标准。

其次，可以从文本比对分析、译介方法、关键术语等角度考察分析译者摄取外来思想的过程及其翻译特点，考量译者的文化心态与文化使命，透视本土文化与域外文化交流碰撞的不同形态。比如，为什么中、日近代启蒙思想家严复和中村正直早先分别以译述方式译入了《天演论》(*Evolution and Ethics*)和《西国立志编》(*Self-help*)，尔后却比较严格地按照原文忠实翻译了英国哲学家和经济学家约翰·斯图亚特·密尔

1 当然，文学翻译也属于精神文化层面，属于“移花接木”和“借体寄生”模式。

(John Stuart Mill) 的《论自由》(*On Liberty*)——严复译为《群己权界论》，中村正直译为《自由之理》(参阅王克非 1996)?

最后，可考察翻译的接受环境，亦即译者、受众及影响他们的社会文化语境。译者与受众之间的关系既是主动与被动的关系，又是相互影响、互为制约的关系。译者在译介某一种思想学说时，总要考虑心目中的受众能够接受什么、愿意接受什么及接受程度如何。比如，严复在译述《天演论》时之所以采用汉以前的古雅文体，就是为士大夫阶层的知识分子读者考虑的。因为在严复的心目中，自强救国的重任还需要倚仗左右大局的知识分子，而西方的思想文化对这些知识分子来说又仿佛是“多么难以下咽的苦药”，因此他以古雅文体作为“糖衣”来吸引士大夫们(王佐良 1984: 483)。此外，还需要考量受众的接受心态和译者的接受心态是否一致，以及社会背景和文化传统与译者和受众的接受心态之间的关系。换言之，要全面考量目标语主体文化的整体接受环境，即目标语主体文化对一种外来思想是完全接受还是部分接受，抑或是变形地接受甚至排斥。

“炼石补天”式翻译现象既可以书写成特定历史时期的国别翻译史，也可以从比较文化的视角书写为翻译比较文化史——因为其在世界范围内重复发生。以中日近代思想启蒙家对西方思想的翻译摄取为例。中日两国为一衣带水的东方国家，近代都曾受到西方文明的巨大冲击，两国的知识分子都大量译介了西方政治哲学思想，但由于近代两国的整体接受环境不同，摄取西方思想文化的重心和目的亦有差别。比如，在摄取西方进化论思想时，虽然中日两国的翻译家都注重进化对于人类社会的意义，但中国的严复着眼于自强保种，而加藤弘之的初衷则是借此反对天赋人权思想，强调优胜劣汰；在摄取西方自由思想时，严复注重社会与个人自由的界限，中村正直则注重个性自由，旨在培养人的品行(王克非 1996: 146-149)。

> 中日近代对进化论思想、自由思想的摄取表明，不同国家的环境对于外来思想有不同的选择和调整，外来思想的摄取者往往不是简单

地起个传递作用，他们会根据所处环境和自己的理解、认识，结合本国现实需要作出判断。他们将外来思想纳入自己的认知系统，用新的视角审视本国的现实，解决本国的问题。

（王克非 1996：150）

5.4.2.4 “栽花插柳”

“栽花插柳”多见诸来华传教士的翻译，因传教士的主要工作在于传教，译书只是传教的辅助工作，竟而致“有心栽花，无意插柳”，掀起翻译的大潮。换言之，传教士的翻译主观上是为其传教服务的，客观上却沟通了中外文化，既向中国译介了西方的学术著作，又向西方译介了中国的传统文化，在文化交通史上起到了积极的作用。在中国翻译史上，“栽花插柳”式翻译先是见于明末清初来华耶稣会传教士的翻译，后则见于晚清时期来华基督教新教传教士的翻译。

“栽花插柳”式翻译涵括在华传教士的“西学”翻译与中国文化外译。其中，“西学”包括两层含义：(1) 西方在中国甚或东亚地区用中文介绍的学问；(2) 中国甚或东亚学者所理解和认识的关于西方的学问（邹振环 2011：10），包括纯宗教书籍、宗教文学、人文社科作品、科学技术著述等。确切来讲，“栽花插柳”式的“西学”翻译聚焦西方学术和科学知识的翻译[1]，这是传教士叩开中国大门的钥匙，立足中国的基石。同样，传教士向西方译介中国文化的根本目也是为传教服务的：明末清初耶稣会传教士热衷于翻译中国儒家经典，旨在从中寻找可以与天主教教义相融的内容，以便“以儒补教”，服务于传教（黎难秋 2006：583）；晚清新教传教士译介中国文化、历史与现状，主观上是为了让西方社会了解中国，为以后来华的传教士提供帮助（熊月之 2011：73）；在华传教士大力译编词典，主观上也是为了帮助同仁学习中文和从事翻译工作，进一步服务于传教。当

1 当然，传教士翻译了较多的纯宗教书籍，这属于宗教翻译探讨的范围，其零散的文学翻译则属于“借体寄生”式的翻译模式。

然，这些主观努力产生了积极的结果，促进了中西方文化的交流。

“栽花插柳”式翻译史的书写可重点关注以下要素：

1）中西合作译述。这种广义的翻译方式由明末来华传教士利玛窦（Matteo Ricci）开创——他与徐光启合译了《几何原本》，与李之藻合译了《同文算指》，中文译作共有19种之多。翻译方法反映翻译史的本质，尤其在这里，翻译被用作传授知识的手段，传教士译介科学知识与中国文化时，总设法添上宗教的色彩。这种特殊的译介方式展示了中外译者合作的诠释过程，透视了他们的心态，也展现了本土文化与域外文化交流碰撞产生的别样形态，需要重点考虑。

2）译者，包括传教士译者与担任笔述/口述工作的合作译者（一般为中国人）。当然，晚清翻译史研究还应关注报刊编辑、新式学校教习等翻译主体。

3）翻译机构。翻译活动分个人翻译和机构组织翻译两种形式，而机构组织翻译又有官方翻译组织和民间翻译组织、本土翻译组织和外国人翻译组织（如晚清的教会组织译书）之别。不同的翻译主体和机构有不同的翻译选择，反映了历史语境、意识形态、经济因素、诗学等内外部因素和主客观因素对翻译活动的制约。

4）翻译的传播与影响。传播媒介是影响翻译传播和接受的重要因素。近代以来，由于印刷技术、运输工具和通信手段的进步，翻译的传播和接受方式大大改进，传播范围不断扩大。在书写翻译史时，我们既要考察翻译的载体，也要考察其传播方式。同时，翻译在目标语社会传播的陌生学问所引起的反应相当复杂，不同时期、不同读者和不同语境下的反应可能不一样，或全盘吸纳，或一味排斥，或中庸调和，其中因素要认真考量。

需注意的是，“栽花插柳”式翻译是以传教士为出发点的，因此翻译史书写时自然以传教士译者为中心——若是以合作的中国译者为出发点，那便是“会通超胜”式翻译了。“栽花插柳”式翻译史可以从比较的视野书写传教士的西学汉译和中国文化外译——目前尚未发现相关的研究。当然，鉴于这两种相反方向的翻译比较起来有困难，亦可以分开书写，目前的研究大多属于此类。

5.5 翻译史书写的重要问题

具体而言，翻译史书写涉及文学性、意识形态性、虚构性等重要问题。

5.5.1 翻译史书写的文学性

在历史书写中，我们时常可以看到文学性与历史性的争鸣，而历史书写也随史学观的变化而有不同的侧重。一般来说，中国的古典史学书写强调文学性，所谓文史一家，比如司马迁的《史记》，既是"史家之绝唱"，亦是"无韵之离骚"，可见其文学性。西方的古典史学也是如此，如希罗多德的《历史》被誉为用散文写成的史诗(张广智 2011：21)。近现代以来，史学更加强调历史书写的客观真实性，因而青睐自然科学的研究方法、法则和理论的科学语言，叙述中往往充斥着各种图表、曲线和实证软件，历史著述的文学性大大削弱。20世纪70年代以来，随着叙述史的复兴，历史书写的文学性得到了一定的增强，毕竟从某种程度上讲，历史叙述有一种审美力量，它将历史事件梳理整合，构成人们认为有趣而且令人愉悦的种种模式(阿兰・梅吉尔 2019：90)，如本章5.4节论述的翻译史书写模式。

翻译史学的历史虽然相对较短，但其书写的文学性大体也是沿着这样的轨迹发展。以中国翻译史为例，阿英(1938/1981)套用中国传统的章回小说形式书写的《翻译史话》，语言生动风趣，极富文学意味。实际上，20世纪八九十年代之前的中国翻译史著述较多是文学性很强的学术散文，如梁启超（1921）的《翻译文学与佛典》、胡适（1928）的《白话文学史》、钱锺书（1964）的《林纾的翻译》等。步入21世纪后，中国的翻译史学者与西方学界的交流日趋频繁，越来越多地借鉴社会科学和自然科学的研究方法来研究翻译史；技术优势拓展了翻译史研究的疆域，增加了研究的维度，提升了研究的精度。但这种致力于理论语言和法则的技术使得翻译史书写脱离了日常交流与理解的范畴，普通读者可能觉得高深莫测甚至无聊，不利于激发他们的好奇心和求知欲。近年来，叙事史的复兴也在影响着翻译史研究，技术威胁翻译史书写的极端情况有望改观。

其实，从下面几个角度来看，翻译史书写的文学性是不容忽视的。其一，翻译史是“辨章学术、考镜源流”的文化史和知识史，但也像其他历史一样具有娱乐价值和审美情怀。因此，翻译史(索引、书目、年鉴等工具性史书除外)书写不应该是纯粹的翻译史料学和技术秀。通过史料来讲述翻译的历史，诗意必不可少；即使采用技术性很强的科学方法来研究翻译史，其文学性也不应被抹灭。其二，翻译史的最终目的在于反思历史上的翻译现象，从中寻求特殊的共鸣和同情，进而形成文化的力量，发挥文化作用。很明显，缺乏文学性的技术流翻译史书写不易实现这种历史功用。其三，文学类翻译史是翻译史研究的重中之重。无论是文学翻译史，还是翻译文学史，文学性自然应当得到关注。其四，翻译史书写具有一定的虚构性：一方面，翻译史研究者必须具有充分的历史想象力，能够以想象力来使史著的叙述生动、形象；另一方面，翻译史作为一种叙事文本，其书写还涉及隐含的虚构性（5.5.3节将详细论述)。

总体来讲，对于翻译史的书写，客观真实的历史性当然不容否定，但也不能随意放弃具有审美意味的文学性。概言之，翻译史的文学性与历史性应相辅相成，形成良好的互文。史学家吕思勉（2017：396）曾言：“治史学的人，虽不要做文学家，然对于文学，亦不可不有相当的了解。”这句话同样适用于翻译史研究者，毕竟翻译史书写也需要精通文章组织并兼具文采的“史才”。不过，需注意的是，翻译史书写不能以文害义，以文害史，参考严复“信达雅”的翻译标准，客观真实的“信”还是研究的基础。

当然，翻译史的文学性还涉及语言风格。翻译史作品因其内容、题材体裁和读者对象不同，应考虑不同的语言风格：

> 以叙事为主的史著，要注意叙述的条理性和系统性，要反映出事件过程的前因后果、来龙去脉，给人以有头有尾的完整印象。以论理为主的史著，则要求逻辑严密，判断合理，层次分明，对某些专门术语和概念要运用准确，切忌含混不清，模棱两可。为文化层次较高的读者而写的学术专著，要求语言典雅、弘丽，精隽雄厚，富有哲理，发人深思。而为大众读者写的“史话”、“历史演义”等普及读物，则要求深入浅出，通俗易懂，活泼有趣，生动感人，并尽量引用原始资料和经典著作中的原话，尽量避免使用令人费解的专门术语。
>
> （王旭东 1998：207-208）

5.5.2 翻译史书写的意识形态性

与翻译、选集、评论、编辑等“重写”（rewriting）形式一样，史学编撰也受控于意识形态（Lefevere 1992/2004a：9）。翻译史书写也或多或少地受到意识形态的操控。结合上文对翻译史的文学性的讨论，翻译史书写可谓审美诗学与意识形态相结合的产物，因为翻译史书写不是在“真空”中进行的，而是发生在特定的社会语境之中。综观中外翻译史著述，无论是政治审美化，抑或是审美政治化，都反映了一定的意识形态，只不过两者中的诗学与意识形态地位不同罢了。这说明翻译史书写是某一特定的社会现实需求，虽在一定程度上反映了翻译的发生、发展、传播、接受和影响，却不可避免地受形形色色的意识形态操控，进而影响翻译史书写的真实性（涉及对译者、译作、翻译事件、翻译现象、翻译文化、翻译功用的评价），导致其在一定程度上具有“虚构性”。

以中国现代翻译史为例。不难发现，五四以来翻译史的书写与新文学史的撰写几乎是同步进行的，民国时期不少文学史家对此间的文学翻译活动做了梳爬整理，将其附着在文学史中。这类文学史主要有谭正璧（1929）的《中国文学进化史》、王哲甫（1933）的《中国新文学运动史》、杨荫深（1938）的《中国文学史大纲》、郭箴一（1939）的《中国小说史》、李一鸣（1943）的《中国新文学史讲话》、田禽（1944）的《中国戏剧运动》等著作。它们在文学主张和思想上，几乎都站在新文化运动阵营内，书写新文学一路凯歌的胜利史，而作为其组成部分的翻译文学史自然也是这一意识形态和理论架构的产物（刘霁 2007：2）。新中国成立后，翻译史书写受政治意识形态的影响明显，与当时反帝反封建的阶级斗争运动结合紧密，北京大学西语系法文专业1957级学生编写的油印本《中国翻译文学简史》就是一个典型的例子。到了20世纪末，反映翻译史书写的意识形态性的例子也不鲜见。比如，陈玉刚（1989）主编的《中国翻译文学史稿》在体例和格局上受王瑶（1954）的《中国新文学史稿》和唐弢（1979）的《高等学校文科教材：中国现代文学史》影响颇深，不仅以鸦片战争、五四运动（《新青年》创办）、左联成立、抗日战争全面爆发等政治革命事件划分时段，而且入史的主要翻译家是郭沫若、鲁迅、茅盾、巴金等现代文学大家，入史的文学社团则是与以上文学家相关的创造社、新青年社、文学研究会、未名社等文艺社群，而胡适、徐志摩、鸳鸯蝴蝶派等一些所谓的新旧"反动文人"和文艺社团在中国近现代翻译文学史上所作的开拓性贡献，在某种程度上则被有意无意地淡忘，其意识形态性可见一斑。其后十余年，中国大陆出版的翻译史著又或多或少地受到了陈玉刚的《中国翻译文学史稿》的影响。此后，阶级斗争的意识形态在翻译史书写中逐渐消失，新的意识形态产生并取而代之。各种意识形态与史学观念相互交织，意味着翻译史学的范式发生转变，进而需要重写翻译史了。

5.5.3 翻译史书写的虚构性

历史是虚构的真实，所有的史学写作都有一个虚构的或推测的维度

(阿兰·梅吉尔 2019：275)，因此正视翻译史书写中隐含的虚构性非常重要。上文曾约略谈及文学性和意识形态是翻译史书写虚构性的重要因素，下文将具体阐述。

5.5.3.1 翻译史研究者的主体性

翻译史是研究者按照历史调查的规则建构出来的。套用历史学家柯林武德(2010：430)之言，翻译的历史知识即是翻译史学家“正在研究的那些思想在他自己心灵里的重演”。换言之，翻译史研究者不仅是翻译历史的观察者，而且以研究主体的身份参与了历史上翻译活动的演出。翻译史学者作为有思想、感情、好恶的活生生的人，又生活在特定的社会网络之中，其研究必然凸显出一定的主体性，进而产出一定程度的主观虚构写作：一方面，他们会根据自己的史学观来遴选和处理翻译史料，构建和书写自己所了解的翻译史；另一方面，他们对翻译人物、翻译作品、翻译事件、翻译现象等方面的价值判断和评价或多或少地融入了自己的主观色彩。这在历史研究中是不可避免的现象。实际上，一定的虚构性不仅可以拓展翻译史研究的思路，有助于挖掘历史的真相，还可以丰富翻译史书写的叙述方式，使翻译史研究走向多元。但需注意的是，翻译史书写的主观虚构不是随意的主观臆造，而必须建立在客观真实的史料基础之上，亦即，虚构需有所依据，尤其研究者要有求真务实的学术态度。否则，呈现给读者的历史图景就是研究者的主观臆造，与历史实际会有距离和出入。

5.5.3.2 历史想象力与移情能力

书写历史主要依靠的是文献证据。然而，一般来说，文献资料并非绝对意义上的真实史料，此外还有可能出现缺乏重要的文献材料的情况，这时就需要研究者在现有史料的基础上运用想象力去构筑历史场景，书写“虚构的真实”。再者，即使有充足的史料，史料自身也不能说话，书写历史还得依靠研究者对史料的阐发，因此研究者勾画历史场景的想象能力很重要。翻译史书写同样需要历史想象力来呈现虚构的真实，如根据史料描摹译者所处时代的生活场景和翻译活动场景等。以翻译家严复研究为例。严复将英国博物学家托马斯·亨利·赫胥黎（Thomas Henry Huxley）的《进化论与伦理学》（*Evolution and Ethics*）翻译成《天演论》，1898年单行本出版时刊发了“译例言”，其中阐述了“信达雅”的翻译标准。然考究严复该译本，隽永的桐城派译笔彰显了翻译的“达”和“雅”，“信”却显然不足。结合史料与时代背景，不难发现在那个内忧外患的时代，忧国忧民的严复希冀通过翻译西方理论学说寻求救国图强的真理，再深入推衍想象，可发现严复心中的目标读者是当时的士大夫群体。所以，严复从事翻译的目的是要吸引士大夫们的注意，但译书中所展现的近代西方的意识形态系统对仍然酣睡在中古梦乡的封建士大夫们无疑是难以下咽的苦药，因此可以想见，“雅”就是招徕士大夫的“糖衣”（王佐良 1984：483）。

另一方面，历史探究的是过去，要求研究者以“回到历史现场”的姿态，设身处地地感受历史人物所生活时代的场景，进而作出客观的思考判断，这就需要移情能力——如陈寅恪（1930/1996：10-11）曾言：“对于古人之学说，应具了解之同情，方可下笔。盖古人之著书立说，皆有所为而发；故其所处之环境，所受之背景，非完全明了，则其学说不易评论”。显然，历史研究中的移情也是“虚构的真实”。再看严复的翻译，须尽可能设想和理解其从事翻译的社会文化语境，方能诠释其在主体文化体系下的翻译作为。

5.5.3.3 虚构的翻译史料

本书第三章曾谈及，翻译史料还可以是间接的文学作品和影视作品中的翻译资料，如阿根廷小说《曼纽的传单》、电视剧《亲爱的翻译官》等。虚构的翻译史料可以为某一时期的翻译史提供间接的证据，同时也印证了翻译史书写的虚构性。文学艺术来源于现实生活，也反映社会生活。既然虚构的史料可以在一定程度上支撑翻译史研究，那么翻译史书写带有一定程度的虚构性也是社会现实的需求，也能反映研究者的翻译史学观和思路方法。当然，写作者必须要有客观求真的学术态度。

5.5.3.4 必要的虚构性

翻译史书写的"虚构性"主要指翻译史是研究者的主观产物——当然，这是建立在大量史料论据基础之上的虚构。总的来说，翻译史书写的虚构性是非常有必要的。其一，翻译史书写和翻译实践一样具有模仿性，即力图将翻译事件原貌还原，最好能让所写出来的翻译史与本初的翻译历史相一致。但这是一种美好的愿望。现实中的翻译史书写从来都要受到各种社会文化因素的影响与制约，必然有主观的成分。其二，翻译史书写发生在特定的历史语境之中，书写者因受其所处时代环境、学识与学养、文化观念与立场、文学理念、道德情操等诸多因素的影响或制约，对译者、译作、翻译事件及其历史语境的认识存在一定的差异，因而其书写含有一定的虚构成分。其三，翻译史也是一种叙事文本，不能脱离想象而存在，诚如怀特所言，"历史在本质上仍是一种语言的阐释，它不能不带有一切语言构成物所共有的虚构性"[1]（转引自盛宁 1997：166）。简言之，书写翻译史需要带有某种想象力的虚构，进而才能获得有所侧重的洞见。

5.6 小结

翻译史是学术专门史的重要构成，书写一系列高质量的翻译专门史和翻译通史，不仅有助于翻译研究和翻译教学，实际上也影响着学术史和文化史的编纂（邹振环 2017：380）。翻译史书写的重要性不言而喻。

纵览中西翻译史学发展，多样化的翻译史书写模式营造了多元的翻译

1 怀特的新历史主义观认为，历史没有定论，有多少种理论阐释就有多少种历史。本书此处引用怀特的观点，旨在说明翻译史书写的虚构性，但无意倡导翻译史无定论。

史书写格局，以求多角度再现翻译的历史“真相”。鉴于翻译史书写有其自身的特点，多种方法兼收、多学科兼容的会通模式应是翻译史书写的发展方向。韦努蒂会通新历史主义和翻译学的后现代史学观，创造性地提出了浪漫型、喜剧型、悲剧型、讽刺型等四种互为关联的隐喻式翻译史书写模式。不过，他的书写模式大体还是理论模型，需要翻译史书写实践来进一步检验、修正与完善。同样，翻译文化史学观照下的四种翻译史书写模式——“移花接木”“借体寄生”“炼石补天”“栽花插柳”——也是一种创新探索，旨在对历史上的翻译现象进行文化隐喻式的解读。当然，无论是后现代史学观照下的翻译史书写模式，还是翻译文化史学观照下的书写模式，都体现了会通精神。这两类翻译史书写模式既创造了属于书写者自己的单一的历史，又创新、丰富了多元的翻译史书写格局。

翻译史书写还关涉文学性、意识形态、虚构性等问题。翻译史具有叙事文本属性，又产生于特定的历史语境之中，受控于诸多社会文化因素，这意味着翻译史书写是审美诗学与意识形态相结合的产物。一方面，翻译史虽然以史料讲述翻译的历史，但也需要审美情怀、趣味性、历史想象力和移情能力，诗意必不可缺乏；另一方面，社会语境与现实需求以及研究者的主观思想，也影响着翻译史的最终呈现。在翻译史书写过程中，文学性与意识形态性就这样交织在一起，且与此同时又凸现了翻译史书写的虚构性。必要的虚构性运用修辞逻辑的历史想象，寻绎、填补历史上翻译现象的空白之处，洞见其中的真相。

古人谓史家应有四长：德、才、学、识。“有了史德，忠实地寻找资料；有了史学，研究起来不大费力；有了史识，观察极其锐敏，但是仍然做不出精美的历史来”。要做出精美的历史，“非有特殊的技术不可”——亦即讲究“文章构造”的“史才”（梁启超 1996：177）。换言之，对翻译史研究而言，秉着“鉴空衡平”的客观公正态度，忠实地寻找资料，扎实地钻研学问，并以极其敏锐的观察来分析史料，阐释翻译史现象，然后组织形成精美的文章，此即翻译史研究的“真”“善”“美”也。

第六章 重写翻译史的思考

6.1 引言

历史本质上是一种语言的阐释。翻译史作为一种叙事文本，其研究范式的转变意味着新的阐释出现，即所谓的翻译史重写。概而观之，社会文化语境的变换、理论话语与史学观念的更新、观点与角度的创新、研究方法的改进以及新史料的出现，都会促发翻译史的重写。也就是说，翻译史研究者在重演前贤的思想时，必然受到现时情境的制约和激发，所以“每个新的一代都必须以其自己的方式重写历史”(柯林武德 2010：245)。当下已是21世纪20年代，新翻译史观的出现，地缘政治的新变化，新文化史学的兴盛，“全球史”的火热，科学技术的不断革新，无不引发重新书写翻译史的思考。本章首先阐明翻译史即文化史的翻译文化史观，梳理翻译、历史和文化的互文关系，进而在重写翻译史的思考中展望翻译史研究的发展前景。

6.2 翻译史即文化史

翻译史是以历史上的翻译现象为研究对象的专门史，不仅是翻译学学科的支撑基础，还在历史女神的大厦里占有一席之地。所谓“翻译史即文化史”，可从以下三个方面观察理解。

6.2.1 翻译的文化属性

翻译不仅仅是一种跨语言行为，更是一种文化交流活动，周旋于文化之间。早在19世纪的德国浪漫主义时期，语言学家威廉·冯·洪堡(Wilhelm von Humboldt)就曾言，“翻译一直以来本就是文化翻译”(转引自Buden *et al.* 2009：199)，翻译的目的在于通过汲取外来文化的养料，来丰富和发展本土文化，促进德意志民族的自新自强。可见，翻译与文化早就联系在一起，为世人所认知。此后，这种认识不断加深，渐成共识。约瑟夫·卡萨格兰德(Joseph Casagrande)宣称，“翻译不是翻译语言，而是翻译文化”(转引自Branchadell 2005：6)。英国作家与翻译家安东尼·伯吉斯(Anthony Burgess)更是坦言，“翻译不仅是字词间的转换活动，更是文化理解的事业”[1]。到了20世纪90年代，翻译研究发生“文化转向”，翻译逐渐被纳入广阔的历史文化语境中考量。

我们可以从三方面来透视翻译的文化属性。其一，翻译不仅仅是语言层面的关怀，更是跨文化比较与阐释的过程，着重关注文化碰撞、交流与协商，正视文化间的差异性。墨西哥诗人奥克塔维奥·帕斯(Octavio Paz)说得好：“翻译是人们正视世界差异性和历史差异性的方式。”[2]其二，翻译处于文化交汇的地带，翻译的文化研究旨在考察翻译在文化思想发展史上的价值和作用，比如，翻译为人类延续文明、传承文化、促进交流，等等。其三，翻译本身也是一种文化——如果将文化比喻为人，那么翻译就是人的眼睛，看异域、看世界的一双眼睛——作为一种已具规模的

1 转引自《历史上的译者》(Delisle & Woodsworth 2012)文前部分的引语。类似的表达还有很多，如意大利哲学家安伯托·艾柯(Umberto Eco)说，“翻译并非两种语言间的转换，而是两种文化间的转换”。如此等等，不一而足。

2 出处同上。

文化形态或文化模式，其演绎变迁也是文化研究的重心，如中国近代百年翻译文化与百年精神文化谱系的紧密相关性就值得认真探究。无怪乎，翻译被视为文化史的中心（Burke 2005：3）。

6.2.2 翻译研究的历史关怀

20世纪70年代，在霍姆斯、巴斯内特、勒菲弗尔等一众翻译研究文化学派倡导者的身体力行之下，翻译研究开始了广义上的文化转向。及至1990年，论文集《翻译、历史与文化》的出版，正式宣告了翻译研究"文化转向"的发生。自此至今，这种新的文化范式一直是翻译研究的主流路径之一。仔细梳理翻译研究的文化路径，会发现"历史"、"权力关系"（power relationship）和"显性"（visibility）是其关键词（Bassnett & Trivedi 1999：29）。换言之，翻译研究的重心转向了文化史研究，着重探讨操控翻译的历史文化因素，探究翻译的历史文化功用，翻译文学在文学史上的地位，以及影响翻译经典在本土形成、传播、接受及产生影响的社会文化因素等问题。可见，历史因素是促使翻译研究发生"文化转向"的一个充要因素，历史维度的引入揭示了翻译活动所受到的法则、权力、规范等社会文化因素制约的真相，而这些因素归根结底又属于"文化"（Bassnett & Lefevere 1990：3）。这样一来，翻译研究的跨学科性质在文化翻译史中显而易见，促使翻译史的研究范式从传统史学转向了以翻译史论为重心的现代翻译史学（见本书2.2.2节）。

6.2.3 翻译史的文化史属性

首先，史学是广义的文化史（张广智 2011：12）。翻译史作为考量历史上翻译活动的专门史，着眼于从翻译现象的历史变迁中探讨整个文化的发展进程，既展示了翻译文化自古迄今的演变与进步，其自身也成了一种文化现象，自然具有文化史属性。译者在本国/民族文化与异域文化之间斡旋，历史学家在过去与现在之间穿梭，而翻译史既需要用过往的文化诠释翻译现象，又要通过研究这些翻译现象来为当下的文化交流服务。这样看来，翻译史就具有双重的历史文化身份，既穿梭往来于世界各民族语言文化之中，又周旋于过去与现在之间。推衍开来，翻译史既可以为其他学科提供历史文化的参考，丰富历史学科的内涵，同时又汲取历史学等学科的养分，助益自身的成长与升华。

其次，翻译史表现为一种观念形态的文化，与语言、文学、艺术、哲学、宗教等其他观念形态的文化形成多元文化系统；在多元文化系统之中，它们彼此竞争，又互相影响，共同促进人类文化的进步。当然，这种种观念形态的文化又共存于“大文化”之下并受其制约——这里的“大文化”指包括政治、经济制度在内的人类的整个活动方式、行为模式以及全部物质和精神的创造，包括总的文化、物质环境以及具体语境。翻译史文化也不例外，它的发展与演变，无不受到“大文化”的支配与制约。

最后，翻译史是知识复兴之地，通过历史回忆的方式实现对历史时间的诠释，寻绎千百年来人类历史上各民族之间的翻译活动，以实现深度的跨文化理解和真正的全球意识。换言之，翻译是文化的催化剂，一方面传播与扩散人类历史上的知识，另一方面又对传统文化加以改造创新。可以想见，若没有翻译，文化本身就难以存在下去，更不要说发扬光大了。因此，可以说，人类的文化历史首先是翻译史(蔡新乐 2006)。再放眼世界，每个民族的灵魂——文明——又都是独一无二、与众不同的，由是还可以说“不同文明的历史就是它们的翻译史”[1]。

总的来说，历史是被赋予时间维度的文化，而翻译则是基于符号转换维度的文化。两种文化相遇，翻译史就是地地道道的文化史。这种新的翻译史观，是促发翻译史重写的直接原因。

1 转引自《历史上的译者》(Delisle & Woodsworth 2012)文前部分的引语。

6.3 重写翻译史的考量

“一切历史都是当代史”(贝奈戴托·克罗齐 1982：26)。历史在本质上是一种语言的阐释，总是处于不断的重写之中，等待研究者依据自己的审美及价值判断予以阐释。当今时代，翻译史研究兴盛，研究者以自己的书写方式和理论话语——或引进，或借鉴，或融合本土创新——来重写翻译史的现象层出不穷。本节首先考察翻译史重写，然后在下一节展望翻译史研究的新变化。

6.3.1 重写翻译史的原因

结合当下的社会文化背景，重写翻译史的原因可概括为时代语境的需求、非西方话语的呼吁、翻译史(学)观念的更新、研究者主体性的凸显、翻译史文学性的回归、新史料的出现及研究方法的改进等方面。

6.3.1.1 当下的时代语境与非西方学术话语的凸显

当今时代，科学技术日新月异，全球化蓬勃发展，世界各国在政治、经济、文化、科技等方面的交流日益密切，多元文化互联互通。全球化进程带来了经济动力，促进了社会发展和文化合作交流，打破了以往以民族国家为基本单元的地缘政治结构，表现出明显的多元化趋势。这样的时代背景也影响了翻译史新风貌的展现。

首先，翻译史是跨历史学与翻译学的专门史，必然受这两门学科的理论话语的影响。其一，当代的新文化史学、“全球史”热及后现代主义史学等史学新趋势，给翻译史研究带来了新的理论与方法，提升了翻译史的学术价值，强化了翻译史的学科性质。其二，翻译研究的“文化转向”与翻译学独立学科地位的确立，为翻译史研究提供了更大的空间，翻译史的文化史属性得以凸显。由是，翻译史不仅仅是一种注重著述形式的学科，还是一门具有自身逻辑结构的，并且其思想已构成知识体系的学科。

其次，全球化带来了世界格局的多极化，翻译史作为知识复兴之地，也为真正唤起全球意识提供了合适的空间。在今天的翻译史研究领域，来自亚非拉等国家和地区的非西方学者，借助后现代主义话语，从亚非拉等非西方(或与非西方相关)的翻译资源入手，批判西方中心主义的翻译史研究，挑战西方主流的翻译史书写模式，弘扬本土的翻译文化传统，突出民族翻译传统之间跨文化的联系。无疑，这就呼唤全球意识下的翻译史重写。当然，这也是翻译史研究的任务，即将各民族语言的翻译文化发扬光大。不过，如果将这一任务发挥到极端，就又容易陷入极端的民族主义，从而影响翻译史研究的健康发展。所以，我们应树立“和而不同，共存包容”的民族/种族和谐发展观(ethnoconvergent view)(Tan 2009：296)。

6.3.1.2 翻译观、翻译史观和翻译史学观的变化

翻译史是依据一定的翻译观、翻译史观和翻译史学观，“对相关史料进行选择，取舍辩证和组织而建构起来的一种具有自身逻辑结构的有思想的知识体系”(董乃斌等 2003b：586)。在新的、科学的“三观”的指导下，翻译史重写既不是简单地重复书写原来的翻译史，也不是重新堆积新发现的翻译史料，而是一种知识体系的重新建构。

首先，所谓翻译观，是长期生活在同一文化环境中的人们，对与自身相关的翻译活动逐步形成的一系列认识和信念；简单地说，就是对翻译的看法，是对“翻译是什么”这一问题的回答。翻译观是变化发展的，不同历史时期的翻译观各异，而不同的翻译观会影响翻译史的书写。比如，传统的翻译观认为翻译是一种语言转换的“派生”行为，或从属于语言教学，或隶属于文学，总之都是其他(中心)文化的附庸。显然，由这样的翻译观主导的历史时期很难产生独立形态的翻译史，翻译史往往附着在文学史、宗教史、文化史等专门史之中。时代发展到今天，翻译不再仅仅被看作语言转换的行为，其外延不断得以拓展，解释、比喻、象征、改写、改编等符际行为都可以看作翻译，甚至历史上的伪译、假

定翻译、社会心理意义上的翻译都可纳入翻译的范围[1]。在这样的翻译观之下，翻译史书写的范围得到极大的拓展，也更加有趣和接地气。不过，这种翻译观也可能导致翻译的历史知识碎片化，甚至意味着翻译的消解，进而可能导致翻译史研究的消解。因此，书写翻译史还需要考量当下翻译观的可操作性。

其次，翻译史观是用来衡量和评价历史上翻译的价值、原则、标准及发展动力的观念和价值尺度，换言之，就是对以往翻译活动的根本看法和理性认识，回答"如何看待历史上的翻译""为什么翻译""历史上的翻译是如何发展的"等问题。当翻译史观形成系统，也就形成了翻译史理论话语。可以说，翻译史观是建构翻译史的灵魂，对翻译史的发展演变起着强劲的形塑作用。需注意的是，翻译史观是翻译观与历史观的有机整合，翻译史家的翻译史观受其翻译观和历史观的双重影响。

一般来说，根据翻译史研究中"外史"与"内史"的划分原则(见本书1.4节)，可将翻译史观分为他律论翻译史观与自律论翻译史观。前者将历史上翻译发展的根本动力归因于社会文化因素或译者心理因素；而后者将翻译发展的动力归因于翻译形式和翻译学话语的自身发展，认为翻译史是一种自我转换与生成的历史，翻译的历史发展不受任何外界因素的干扰。纵观翻译史学史，翻译史观大体经历了从自律论翻译史观倾向到他律论翻译史观倾向的历史变迁。不过，我们以为，这两种翻译史观的结合应是当

1 以索菲亚·科波拉(Sofia Coppola)执导的喜剧爱情电影《迷失东京》(*Lost in Translation*)为例。影片的主人公是刚步入中年的好莱坞过气影星鲍勃·哈里斯(Bob Harris)，他赴日本东京为三得利(Suntory)株式会社拍摄威士忌广告片，与新婚不久便陷入孤独的年轻女子夏洛特(Charlotte)在酒吧相遇，演绎了一段婚外恋故事。影片名出自美国诗人罗伯特·弗罗斯特(Robert Frost)的名言"诗歌就是那在翻译中失去的东西"(Poetry is what gets lost in translation)。在片名中，translation有多重含义：表面上指广告词翻译，进一步指语言文化的交流，同时又隐喻生活的转折与情感的交流。因此，片名*Lost in Translation*实指广告词翻译的困难，又指男女主人公融入日本语言文化的困难，彰显了日本文化对于英美人的他异性(alterity)，同时隐喻了男女主人公面临的情感危机，以及相识之后他们的生活进入的短暂的转折期。中文片名《迷失东京》是一种意译，显然在翻译中有所失，但中文片名的语焉未尽，却也能模糊概括原名的意义。

下翻译史书写的主流观念，因为唯有如此，才能使得翻译史书写取得审美认知和意识形态的大体统一，使翻译史成为一种具有人类通约性的人性视域下的文本解读。总的来说，随着翻译史观的变化，重写翻译史主要体现在对翻译史的价值尺度和发展动力的整体反思与重新认识上，涉及翻译史的区域范畴划分(如当下的全球史观)、翻译史分期的再探讨、译家与译作的重新评价、翻译流派和翻译机构的再认识等。

最后，翻译史学观是对翻译史研究的思考和认识，涉及对翻译史学的发展过程、理论话语与方法论、研究方法、书写模式以及翻译史自身等问题的探讨。系统化、抽象化的翻译史学观，即为翻译史学理论。翻译史学观是建构翻译史的思想，将其与翻译史观结合在一起，对于翻译史研究以及翻译史的发展演变都具有重大的指导意义。一般来说，翻译史学观随史学观念的发展而发展，只不过由于翻译史学起步较晚，其史学观相应有延宕。大体来说，翻译史学观经历了从古典史学观、传统史学观、各种新史学观(如美国社会科学史学派史学观、年鉴学派史学观、文化形态学派史学观等)到新文化史学观和后现代史学观的转向[1]。随着翻译史学观的变化，重写翻译史意味着对翻译史的理论话语、研究方法、书写模式等方面的整体反思与重建，以及从理论高度上审视翻译史的重构。

简言之，翻译观、翻译史观与翻译史学观并不是孤立存在的，实际上这“三观”往往交织在一起，共同对翻译史的发展和演变施加影响。确切地说，翻译史观与翻译史学观是建构翻译史的灵魂与主导，影响与制约了翻译史的书写——一是如何书写翻译史，一是为什么要书写翻译史，并为我们思考翻译史作为目标语文化史的文化特性体现在何处等问题提供了指导。毋庸讳言，“三观”在新时代的变化必将促发翻译史的重写，中外翻译史研究皆如是。

1 尽管如此，史学观的大致更替并不意味着其他以往的翻译史学观已在当下消失。实际上，传统史学观、新史学观等“过气”的史学观在当下的翻译史研究中仍有一定的市场。

6.3.1.3 研究者主体性与翻译史文学性的要求

翻译观、翻译史观与翻译史学观都是人的观念，翻译史研究者所持有的各种观念自然也摆脱不了研究主体自身的影响。换言之，研究者作为翻译史研究的主体，也是拥有认识和实践能力的人，在认识历史上的翻译和书写翻译史的过程中必然要发挥自己的主体性。尤其在当今后现代主义史学浪潮之下，重写翻译史也被视作文化与权力观照下的主体阐释，研究者的主体性被提升到了前所未有的高度。概括来说，翻译史研究的主体性反映了研究者的翻译观、翻译史观与翻译史学观，主要体现在以下几个方面：(1)翻译史的性质、规模与范围的确立，原则的厘定和框架的勾勒；(2)理论视角的选取；(3)史料的取舍与组织；(4)研究方法的使用；(5)书写模式与语言风格的运用；等等。当然，具有社会属性的翻译史研究者也受到时代语境和意识形态的操控，这同时也解释了翻译史研究的意识形态驱动与文化制约。总之，主体性引发了研究者对以往翻译史研究的不满与质疑，他们希冀以新的理念重新书写翻译史。不过，需要注意的是，研究者的主体性并未否定翻译史研究的客观精确性。我们仍然强调，在翻译史研究中，精确性是主体性的基础保障。

至于翻译史书写的文学性，本书5.5.1节已详细谈及，这里仅作简单的总结。以往翻译史书写的文学性基本被历史性所遮蔽，翻译史研究的客观真实性统摄了翻译史叙述，直到20、21世纪之交这种情况才有所改变。随着后现代主义史学的兴起，历史叙述的文学性开始得到关注。在这种史学观的观照下，翻译史书写也要求注入一定的文学色彩，因此重写翻译史自然被提上了日程。当然，在书写翻译史的过程中，要注意文学性与历史性的平衡，二者不可偏废。当文学性与历史性趋于平衡时，一部理想的翻译史便呼之而出：它描绘出翻译的历史空间，展示历史上的翻译现象，并对它们的发生与联系予以生动的描写和合理的阐释；与此同时，它还采取跨历史学、翻译学、文化研究等学科的研究方法，使翻译在时间上表现得富有秩序感和美感，翻译的历史仿佛随着时间的递进而演进，译者、译作与读者依次登上历史舞台(参阅董乃斌等 2003a：38)。

6.3.1.4 新史料的出现与研究方法的改进

本书第三章和第四章分别详述了翻译史料研究法与跨学科翻译史研究方法。当然，无论是史料发掘方法，还是翻译史研究方法，都无法穷尽探讨。随着科学技术飞速发展，互联网技术日新月异，尤其是文献数字化越来越普及、研究软件越来越先进，新的史料会不断被挖掘出来，新的研究方法也会不断产生，或者说，原有的研究方法将得以改进和完善。这些因素或多或少都会对翻译史研究原有的架构、内容、观点或论断提出质疑，从而要求修正错讹，吸收新信息，补充新内容，甚至于推翻原有的观点和论断。一般来说，新史料、新方法往往与翻译史(学)观的变化结合在一起，呼吁重新书写翻译史。《历史上的翻译家》一书的修订版——《历史上的译者》就是颇好的例子。得益于越来越多的可用资源和新的研究方法，该书2012年的修订版不仅对1995年初版的具体信息进行了更正和更新(如对“托莱多翻译学派”的澄清)，还对各章节的内容有所添补，甚至重写了部分章节(见本书2.2.2节)。阅读该史作修订版的《第二版序》(“Foreword to the second edition”)，可发现此次修订工作主要围绕新的史学观、翻译观、新的研究方法及翻译研究的新进展这几个方面展开。

> 在第一版中，我们提到了德国19世纪历史学家兰克(Leopold von Ranke)所说的“要客观判定曾经发生过的事情”。对于历史的研究方法一直在演进，学界史学早已超越了兰克学派的研究范式。在我们这个年代，客观性这一概念被弃置一旁，多元观点受到青睐。可以当作探究对象的范围是无限的，历史学科的条条框框以及历史解读的方法和性质也遭到质疑。书写历史著作好比谱曲……在其中编织不同性质的线索，引用多种证据来源，历史成为一种创造性、解释性行为，

从一定程度上说，还是一种想象行为。这和翻译不无相似之处。

该观点对于翻译史颇有启发，各种构建历史的方法对《历史上的译者》这本书所追求的目标亦有所助益。尽管传统历史研究领域倾向于重大事件以及“伟大人物的成就”，但近几十年越来越多的学者将研究重点放到了普通人物身上，试图讲述“来自底层的历史”。翻译史学家也很好地利用了这一有利视角……对翻译史主体以及塑造该主体的文化、社会和政治结构进行审视，可以得出让人信服、颇有特色的历史解读。此前，在书面文字占主导地位的文化研究中，历史学家多靠档案文件和历史记录来研究历史；而现在，新一代的历史学家将口头叙事也认定为研究材料……这对于我们翻译史学家研究非文本文化，特别是口译研究，是一种极富成效的做法。

……

翻译研究领域也出现了显著的变化……翻译学者通过接触其他学科领域熟悉了新的理论视角，同时翻译也成为其他学科非常关注的领域，或成为这些领域的研究中一个非常富有成果的隐喻。这种博采众家之长的方式让翻译史研究硕果累累。

（让·德利尔、朱迪斯·伍兹沃斯 2018：I-III）

6.3.2 重写翻译史的再认识

综合上一小节所述，由于全球化的时代要求、非西方学术话语的呼吁、翻译史（学）观的发展、研究者主体性的张扬、文学性的复归、新史料的拓展、新方法的运用等诸多因素，在新的时代，重写翻译史已成为一种满足学术发展需要、文化需求与社会需要的趋势。关于重写翻译史，中国香港学者孔慧怡（2005）提出了几项基本假设：

（1）目前已经有一种或多种专著谈这个项目，而这些出版物在整个文化体系里形成了主导性话语；（2）建议重写的人认为现有的作品有不足之处：或是研究资料的欠缺与错漏，或是研究方向或方法有问题；(3)建议重写的人心目中有一份纲领，此纲领可能是建基于新材料之上，或是以新方法分析现有材料，又或是两者兼备，而结果都是要建立一种新史学；(4)建议重写的人相信从这个新角度入手，不但可以在有关学科范围之内提高大家的理解，同时也能凸显这门学科与其所处的文化体系有着什么性质的关系；也就是说从深度和广度都能有所推进。

孔慧怡(2005：10-11)

具体来看，第(1)项假设讲的是新兴的翻译史观与史学观在学术圈内已经崭露头角，开始成为翻译史研究的主流，重写翻译史势在必行；第(2)项假设讲的是由于现有的翻译史研究在史料、方向或方法等方面存在不足，所以需要重写；第(3)项假设是第(2)项的细分，侧重史料的发掘和分析，目标是在其基础上实现翻译史研究范式的转变；第(4)项假设是第(3)项的延伸，同时与第(1)项形成关联，亦即，史料收集和分析之后还需从新的视角对其进行理解和阐释，以推进翻译史研究的深度与广度。

很明显，在21世纪之初提出重写翻译史的孔慧怡，深受新文化史学和翻译研究文化路径的影响，认为之前的中国翻译史研究存在一些问题或不足，如文学倾向过重、依赖二手资料、观点与角度存在偏见等，因而提出重写中国翻译史需要“立足史料、开拓眼界”(孔慧怡 2005：11-15)。自然，这里的“开拓眼界”是以跨学科跨文化的视角看待翻译，将翻译纳入广阔的历史文化语境中考量。如此一来，翻译史的文化史属性便显露无遗。另一方面，孔慧怡还认为，“现有的中国翻译史，不少似乎称之为大事和人物纪要或资料汇编更为恰当”，所以“立足史料”并不意味着书写翻译史仅仅是收集资料，“更重要的是找寻各种历史事件的意义与模式，让我们对整个题目和相关的事情达到更深的了解”(孔慧怡 2005：13)。这就是翻译史研究的范式转变——从翻译史实践转向翻译史论。

当然，翻译史重写并不一定就是要以一种新范式代替原来的旧范式。鉴于当下的“翻译史论”研究范式方兴未艾，眼下还没有出现新的支配性范式，因此，重写翻译史还可以更多地体现在研究方法的多元性和书写模式的多样性上[1]。尤其需要注意的是，翻译史书写不是简单地捍卫一种绝对永恒的翻译观与翻译史(学)观，也不是一味地维护传统的翻译秩序(如译家、译作在翻译史上的评价与地位等)，而是将文本置于历史语境中，以历史发展的眼光来看待翻译，同时亦不能割裂翻译史研究主体性与客观性、文学性(虚构性)与历史性的关系，要充分认识到这两对对立的概念皆不可偏废，且要认识到它们与诗学、意识形态等社会文化因素息息相关。

6.4 翻译史研究的发展前景

在当今全球化的时代语境下，翻译史研究者群体呈现出鲜明的主体意识与浓郁的时代色彩、多元化的学术背景与文化立场、个性化的写作姿态与多元并存的对话精神，他们共同掀起了翻译史书写“众声喧哗”的潮流，营造了多元的翻译史研究格局。这样的学术文化氛围，促发了多样化的翻译史重写。尽管这些翻译史述都旨在从翻译的角度重新书写人类文化的历史，但其中也隐约可见一些新变化与新趋势，“譬如初春季节打开窗户，从窗口遥遥看到绿意渐浮的树色”(吴于廑 1995：41)。本小节首先探讨新的研究方法视阈下可能的翻译史书写，然后描摹“绿意渐浮”的翻译史研究新路径。

1 在本书杀青之际，已故著名翻译学者谢天振(2021)先生主编的遗著《重写翻译史》出版。该文集收录翻译史研究论文(含著作章节)17篇，分“回到严复”“翻译、语境与意义”“翻译研究的多维视角”“文化外译”四编，展示了翻译史研究在新的翻译观和翻译史(学)观影响下所呈现的范式更迭、视角多元性以及方法和书写的多样性。

6.4.1 以双语 / 多语文化为主体的翻译史书写

目前来看，翻译史书写基本是以目标语文化为主体的研究。这无可厚非，毕竟翻译活动的落脚点在目标语，翻译史研究重点探讨的是翻译在目标语文化体系下的文化作用。不过，翻译又是一项在双语甚至多语之间开展的语言文化活动，必然涉及文化交往，其间折射出两种（或多种）文化如何看待自我、他者和中介者等问题。因此，源语文化、中介语文化与目标语文化之间的关系需要认真考虑，源语文化、中介语文化对译者和翻译活动的影响乃至翻译对源语文化的反哺与影响也不容忽视[1]。以东汉至两晋时期的早期佛经翻译史为例，这期间的佛经翻译涉及三种文化体系——古印度梵语佛教文化、作为中介语的西域文化和作为目标语的汉文化。无疑，在中国主体文化范畴的运作下，佛经翻译对中国的语言文化产生了重大影响，对佛教的中国化做出了不可磨灭的贡献。佛经翻译参与构建了中国文化，发挥的这些历史作用当然值得佛经翻译史大书特书。然而，古印度佛教文化、当时的西域文化与汉文化（主要是儒家文化和道家文化）的关系如何？古印度佛教文化和西域文化对佛经翻译和译者有何影响？反过来，佛经翻译和中国化的佛教对古印度梵语文化有何影响？特别是随着古印度佛教文化的消失，佛经翻译对后来的印度文化是否有影响？这些问题也应该在佛经翻译史上予以探讨，书上一笔。

这样看来，以源语文化与目标语文化为主体的翻译史研究，不仅应当书写译者、译作、翻译机构、翻译载体等目标语文化建设的参与者，还应书写原作者、原文、原作输出机构等源语文化的缔造者。换言之，以两种/多种文化为主体的翻译史，要求原作者、原文、译者、译文等要素共同在场[2]。这样的翻译史研究，要求研究者强化源语文化和目标语文化同样重要

1 早期翻译活动多涉及转译，因此中介者和中介语文化都需要考虑。如果是两种语言间直接进行翻译，无须转译过程，就无所谓中介语文化了。

2 纵观当下众多的翻译史作（尤其是文学翻译史），不仅原作者、原文不在场，有时甚至连译文都不在场。

的意识，把微观的原文与译文比对分析、中观的源语文学（文化）与目标语文学（文化）比较研究，与宏观的社会文化视域结合起来，由是才能书写出以两种文化为主体的翻译史。

这种注重比较源语文化和目标语文化的翻译史研究，可以准确观察翻译活动所发生的具体变化，真切判断译者的翻译行为，尽量客观地还原翻译的历史面貌。然而，可以想象，这种翻译史书写不仅对以目标语主体文化为中心的翻译史研究范式——十分关注目标语文化对译文的影响，不重视原文与源语文化的作用——提出了挑战，亦对与原文本相关的史料收集和文本比对的研究方法提出了要求。必须承认，历史上有些译作的原本已经佚失，原作者亦不可考，或者所谓的原本根本不存在。面对这种“例外”情况，当然不必一味纠缠原文与原作者，但所谓的源语文化还是要考虑的，哪怕该源语文化是伪托的或假定的（assumed）。至于文本比对方法，随着计算机技术的高速发展，语料库工具（双语/多语语料库、翻译语料库等）可以通过比对原文与译文，抑或翻译文本与创作文本，等等，为研究者从共时/历时角度考察翻译方法、翻译策略、翻译语言、翻译风格等提供便捷的帮助（详见本书4.4.5小节）。

6.4.2 “绿意渐浮”的新变化

翻译史研究是发展中的事物，已可见其中浮现的一些新变化。

6.4.2.1 全球翻译史

全球史观发端于20世纪50年代，经过数十年的发展，现今已逐步发展为一种较完整的、新型的宏观历史观。全球史观将世界历史作为一个整体进行考察，主要特点在于它“研究的是全球而不是某一个国家或地区的历史；关注的是整个人类，而不是局限于西方人或非西方人”（斯塔夫里阿诺斯 1988：54）。而且，全球史观亦是一种现代化史观，既关注战争、革命、改朝换代等宏大的历史叙事，也重视人类的社会经济活动、精神文化活动和其他日常生活活动。换言之，全球史观冲破了以往以西方为中心的传统史学框架，以平等的姿态将世界各民族文明纳入全球视野下考察；与此同时，全球史观作为文明史观，将人类的各项文化、生活活动纳入历史考察的范畴进行书写。以翻译活动与翻译史为例：翻译活动是人类文化交流的活动，翻译史是人类文化交流的历史，书写翻译史意味着揭示千百年来世界各民族、文化、文明之间交往的复杂网络，所以，在近年来国际史学界"全球史热"的背景下，全球史观观照下的全球翻译史书写也得到了国际翻译史学界的关注。

全球翻译史研究宜大量采用比较史学的方法，从全球文明的宏观历史视角考察世界各地区翻译活动的历史。具体而言，与全球史研究一样(柯娇燕 2009：1-6)，全球翻译史的书写要求使用不同于区域或国别翻译史的常规研究方法，亦即，全球翻译史研究不是汇编初级历史或发现史实等基础工作，而是通过对其他翻译史学者的研究成果进行比较，发现更大的因果关系模式，进而提出理解翻译史变迁的方法，以便阐明人类翻译历史的性质和意义。一言蔽之，全球翻译史是对世界各民族在不同空间下的翻译文化进行比较。不可否认，全球翻译史书写是一项伟大的事业，承载了传承文化的历史功用，为世界各民族提供了文化身份认同，具有重大的学术价值和文化意义。而且，全球翻译史书写还应该有强烈的现实感，能够鉴古通今，为当前的社会服务，就如同国际翻译联盟创始主席皮埃尔-弗朗索瓦·迦雷(Pierre-François Caillé)所言——"把翻译变成为人文主义、和平和进步服务的工具"[1]。

在本书2.2.3节"西方翻译史学理论的历史发展"中，我们曾谈到近年来西方翻译学界设想创建一种包容一切的全球翻译通史。实际上，在全球史观发绪后不久的20世纪60年代，国际翻译学界也萌生过编撰一部囊括全球的翻译通史的想法，力图"从翻译角度重新书写世界史与人类文明

1 引自《历史上的译者》(Delisle & Woodsworth 2012：xix)的前言("Preface")。引语采用了管兴忠等(2018)汉译版中的译文。

史"[1]。这项工作汇集了全球的翻译史学家，但由于工作量巨大和研究经费有限等原因，直到1995年才最终出版了《历史上的翻译家》这部"世界范围内的翻译百科全书"（world encyclopedia of translation），并于2012年推出修订版《历史上的译者》。稍后，贝克（Baker 1998）主编的《翻译研究百科全书》（*Routledge Encyclopedia of Translation Studies*）在第二部分"历史与传统"中描绘了世界各语言文化群体的翻译历史和翻译传统，重点论述与评价各群体重要的翻译事件和翻译家。此外，法朗士与吉莱斯皮总主编的五卷本《牛津英语文学翻译史》从全球的视角全面审视了千余年来的英语翻译文学，可谓是英语翻译文学的全球通史。

翻译史研究的这些新成果令人欣喜。然而，细观之，《翻译研究百科全书》的翻译史书写如书名所示，大体是百科全书性质的全球翻译传统与历史的汇编，各语言文化群体之间未有横向比较;《牛津英语文学翻译史》虽具有全球史视角，但本质上还是区域翻译史。《历史上的译者》"通过揭示译者对人类知识史和文化史不可估量的贡献，在全球范围内推进翻译职业的发展"，算是全球翻译史书写的真正尝试了。不过，既然是尝试，就有不成熟之处：其一，该书虽具有打破欧洲中心主义翻译史书写传统的全球史意识，尽可能地纳入欧洲以外地区的翻译史研究，但整体来看，对欧洲以外地区的翻译史的描述仍嫌粗疏，仍是一部以欧洲为主要着眼点的翻译通史(姚斌 2018：12)；其二，全书总体上还是各种区域翻译史的集合，虽然每一章均将不同语言文化群体的翻译活动纳入同一主题下探讨，但大多数情况下缺乏比较史学的视角，各地区的翻译史依然孤立，彼此之间缺乏联系，更谈不上比较分析。

显见，全球翻译史研究目标宏远。不过，要在气脉贯通的世界文化的宏

1 引语出自范胡夫的《西方翻译史》（*Histoire de la traduction en Occident*），此处转引自《历史上的译者》（Delisle & Woodsworth 2012：xxiii）。本小节中凡未注明来源的引语，皆出自《历史上的译者》的导言（"Introduction"）部分（Delisle & Woodsworth 2012：xxiii-xxv），并采用了管兴忠等（2018）在该书汉译版中的译文。

大思路观照下，将不同地区的翻译史进行圆融有力的比较、整合和会通，叙述一个没有中心的故事，确实困难重重。好在这项工作已经着手做了起来，相关的理论探讨也颇为热烈。更为重要的是，具体的区域翻译史研究已经很成熟了。这些都为后续全球翻译史的进一步书写奠定了坚实的基础。此外，鉴于全球翻译史研究工作包罗万象，十分庞杂，可以尝试从某个单一的、专门的翻译活动切入，比如《红楼梦》、莎士比亚戏剧之类的名作在世界范围内的翻译，或某种物质文化、某项制度文明在世界范围内的译介传播。以铁路交通的全球翻译史为例，可以先梳理世界各地区的铁路交通翻译研究，然后在其基础上进行整合比较，从而书写全球视野下的铁路交通翻译史。

6.4.2.2 图像翻译史

图像翻译史有如下三种含义：(1) 以历史上的跨文化图像翻译活动为研究对象，探究图像翻译实践与理论的历史，谓之“图像翻译活动的历史”；(2) 以图像作为历史证据，探究人类翻译活动的历史，可谓“图像作为证据的翻译史”；(3) 以图像形式展示人类翻译活动的历史，亦即“图像形式的翻译史”。这里的核心概念“图像”，用英文表达是images，包含各种画像(国画、水彩画、油画、版画、壁画、广告画、宣传画、漫画、连环画、涂鸦画等)、雕塑、浮雕、摄影作品、电影和电视画面，以及时装玩偶等工艺品、奖章和纪念章等所有可视艺术品上的画像，甚至还包括地图和建筑图[1]。下文拟分别对这三种形式的“图像翻译史”予以简要阐述。

图像翻译活动的历史

图像翻译是一种关涉非语言符号的跨文化翻译活动，包括三种翻译形式：(1) 以非言语符号阐释言语符号，如文学作品的绘本改编、影视化等；(2) 以言语符号阐释非言语符号，如对可视性艺术品的语言加工和阐释等；

1 参阅《图像证史》(彼得・伯克 2018：1) 对“图像”概念的界定。

（3）以非言语符号阐释非言语符号，如经典漫画的影视加工与改编等。相较于“正宗的”语言翻译活动，图像翻译也有着丰富的历史，期待被挖掘与书写。只是长期以来，囿于传统翻译观的限制，图像翻译在翻译研究领域未得到应有的关注。直到罗曼·雅各布森（Roman Jakobson）1959年提出“符际翻译”（intersemiotic translation）的概念（Jakobson 1959/2004：114），图像翻译研究才进入翻译学研究的殿堂。近年来，随着大众媒介的普及乃至媒体时代的来临，我们得以重新审视翻译的本质和内涵，翻译的外延不断拓展，图像翻译愈加受到重视（吴赟 2021：116-117）。相应地，图像翻译活动的历史书写也提上了研究日程，中西方学者都已经开始了相关的研究（如Oittinen *et al.* 2018；O'Sullivan 1999；王宁、刘辉 2008），只是还不成系统。

在今天的“读图时代”，跨文化图像翻译活动日益频繁与多样化。因此，书写图像活动翻译史，首要问题就是清晰界定“图像翻译”的概念，然后才谈得上对古往今来的图像翻译现象及其相关理论进行梳理、描述、分析和阐释。总的来说，图像活动翻译史也是翻译史的一部分，其研究大有可为，一方面可以促进图像翻译实践的进一步提升，以满足社会的需要与时代的需求，另一方面可以史为鉴，对当下的翻译理论进行检验、修正和完善，进而构建新的翻译理论体系。

图像作为证据的翻译史

在翻译史研究中，除了文字史料之外，还有图像类史料。图像可记录与翻译相关的事件、人物、事物以及人们对翻译活动的理解和看法，是翻译史料的重要来源，已引起翻译史研究者的极大兴趣和关注。具体来讲，有记录或描述翻译活动（尤其是口译活动）和译者言行的音像/影视资料（见本书第三章）[1]、画像、塑像、浮雕、建筑、照片、电影电视画面等。比如，西安大慈恩寺、洛阳白马寺等古建筑展示了昔日壮观的译场以及相关

1 当然，音频资料不是图像，但因为其往往与图像资料并存，故一并讨论。本小节下同。

的可视性史料；记录古埃及口译员的浮雕展现了当时口译员的形象、身份与工作情形；描摹翻译情境的画像与塑像突出了译者的形象，叙述了翻译故事，甚至描摹和塑造这些形象的方式也携带着许多与翻译相关的信息，体现了某种思想或价值观；记录翻译活动的报刊图片与电影电视画面，传递了当时历史语境下的翻译状况，反映了某种政治文化立场。简言之，透过图像可见翻译的历史文化作用。

图像资料不仅是“图像翻译活动的历史”的史料，也是一般翻译史研究中亟待拓展的重要史料来源，尤其是翻译家研究，宜对译者的生平、故居、收藏、手迹、墓园等方面的图像资料进行知识考古。此外，还要关注译作中的“副文本”图像资料，如译作的装帧设计、封面图画、插图、照片等。这些“副文本”图像往往体现了译者的艺术理念和文化价值观，与译者的翻译诗学紧密相关，因此对翻译活动的历史阐释也至关重要，值得重视。以中国20世纪二三十年代的文艺社团新月派为例，其外国诗歌翻译以英国浪漫主义传统诗歌、20世纪之交具有传统色彩的英国现代诗歌、欧美现代派诗歌为主，尤其钟情威廉·布莱克（William Blake）、约翰·济慈（John Keats）、托马斯·哈代（Thomas Hardy）、但丁·加百利·罗塞蒂和克里斯蒂娜·乔治娜·罗塞蒂（Dante Gabriel Rossetti & Christina Georgina Rossetti）兄妹、阿尔杰农·查尔斯·斯温伯恩（Algernon Charles Swinburne）、夏尔·皮埃尔·波德莱尔（Charles Pierre Baudelaire）、保罗·魏尔伦（Paul Verlaine）等英法诗人。其中，罗塞蒂兄妹、斯温伯恩等还是前拉斐尔派（Pre-Raphaelites）艺术家和文艺评论家，与唯美主义艺术人士交往甚笃，与唯美文艺杂志《黄面志》（*The Yellow Book*）联系紧密。徐志摩、闻一多等新月同仁不仅青睐这些外国诗人的文学作品，还欣赏他们的艺术。由是，新月派的旗帜刊物——《新月》——不仅刊载了这些外国作家的诸多译作，还在每期刊物中插配相关的图像：外国作家的塑像或头像等身像照片、新月同仁创作的外国作家画像、外国作家创作的画作、新月同仁创作的类似艺术风格的画作等。此外，徐志摩、闻一多、邵洵美等新月译家的诸多译作在装帧设计上还采用了前拉斐尔派等唯美象征主义的艺术风格。尤其值得一提的是，闻一多在设计《新月》月刊时，模仿了英国唯美主义诗人、画家奥博利·比亚兹莱(Aubrey Beardsley)主导设计的《黄面志》——方的书本形式；封面用天蓝色，上中嵌入一黄色长方形，内书"新月"二字(梁实秋 2006：498)。可见，新月派的翻译文化与其艺术观念相互渗透与影响。无疑，透过图像能更加全面、立体地观察历史上的翻译现象。

罗兰·巴特(Roland Barthes)说："我解读文本、画像、城市、面孔、姿势、场景，等等"(转引自彼得·伯克 2018：265)。因此，将图像作为翻译史料的关键是要使用合适的研究方法对其进行解读。大体来讲，可能的方法有以下几种：注重无意识符号与无意识联想的心理分析法、关注符号之间联系的结构主义符号学方法、强调符号多义性和"多音呈现"(multivocality)的后结构主义方法、注重历史文化语境影响的社会文化研究方法。此外，构建图像翻译史还需注意：图像自身不能说话，解读图像时仍然避免不了研究者的主观性；同文字史料一样，图像史料需要放在历史语境中观察；"前人精密归纳直接材料而得的(傅斯年2009：52)"间接图像史料需要仔细鉴别，认真解读图像文本内外的内容和删减细节。

目前来看，仅依靠图像史料还难以构建出一部独立的翻译史。不过，这种研究路径是对以文字为证据的翻译史的有益补充，可以使翻译史研究更加立体、全面。再者说，随着研究的深入，在不久的将来产生独立的图像证据翻译史也极有可能[1]。

图像形式的翻译史

翻译史的呈现形式除以文字书写的文本外，还有图像文本。具体来

---

1 设想书写一部中国翻译官的图像史：以中国翻译史上翻译官员的图像和展现翻译活动的图像资料——如敦煌莫高窟中的《张骞出使西域图》、玄奘法师的画像、徐光启和利玛窦的身像、同文馆旧址影像、严复译《天演论》书影、西南联大欢送学生参军(不少学生担任随军翻译)、唐闻生为毛主席现场翻译的图片等——为内容，构建出脉络清晰、文化厚重、意蕴含蓄且具有浓厚历史感的中国翻译官图像史。当然，相关的图像史料收集任务较为艰巨。

讲，图像形式的翻译史包括图文并茂的翻译史、图解翻译史、记录和描述翻译活动与翻译家的音视频翻译史等。

1）图文并茂的翻译史包含图文互动形式的翻译史话（见本书5.2.1小节“多元化的翻译史书写格局”）和以插图为史料依据的严肃的学术论述。就后者而言，纸质学术出版物因为版面、印刷和经费有限等原因，翻译史著述中的插图往往不得不割舍。不过，随着学术网络平台和学术公众号的普及，这些著述在网络平台和公众号上再次发表时，又都会将纸质出版物所割舍的图像补充上去。如此一来，翻译史书写更显立体与全面，而且在知识性和学术性之外，又平添了趣味性。

2）图解翻译史是以图画或图像为主，伴以少量文字或旁白描述的纸质文本或影像文本。以学术公众号“语言与未来”2018年发布的一篇文章《古代人出趟国，语言不通怎么办？》为例。该文以图为主，文字为辅，按时间顺序，论述了中国商朝、西周、秦汉、唐朝、宋元明三朝、清朝和民国七个历史时期的翻译现象[1]，可谓一篇非正式的中国简略翻译史。虽然这篇诙谐生动的图解翻译史存在一些曲解的成分，但为今后的翻译史书写提供了新的思路。

3）记录和描述翻译活动与翻译家的音视频翻译史，或是音视频的翻译家传，如《大师严复》《中国早期马克思主义翻译家赵必振》《法语翻译家金龙格的文学人生》等，或是描述翻译活动的纪录片和故事片，如纪实性的《佛典翻译与西行取经》和《陈望道翻译〈共产党宣言〉》、故事性的福建近代历史文化名人系列微电影中的《严复·天演先声》等[2]。这类图像翻译史目前主要聚焦名家、经典和翻译大事件，选题比较狭窄。当然，音视频翻译史由于其影视属性，有一定的虚构性，但比较通俗易懂，知识性

1 这七个历史时期的提示性标题分别是：（1）“俺娘”是“你好”的意思？（2）一句话，9个翻译官？（3）“雅言”与“通语”，开始出现普通话？（4）唐三藏：“佛系”翻译官；（5）专业翻译官的出现；（6）和珅翻译官，为清朝争回颜面；（7）民国学外语、习洋务，出现更多翻译人才。

2 这些音视频史料出自“学习强国”公众号和腾讯视频。其中《陈望道翻译〈共产党宣言〉》为音频，其他均为视频。

和趣味性也颇强，只是学术性不甚浓厚。如何平衡学术性与通俗性和趣味性的关系，或许是这类翻译史今后需要考虑解决的问题。

现阶段，翻译史书写仍然以文字文本为主。但随着新媒体时代的到来，以图像形式书写的翻译史逐渐多了起来[1]，散见于各大学术网站、网络平台和公众号之中。图像形式的翻译史丰富了翻译史的呈现形式，但这一形式的翻译史书写还不成熟、不系统，也存在颇多问题。不过，古人有言，“始生之物，其形必丑”，我们相信图像形式的翻译史会逐步完善，不断发展。

综上所述，图像翻译史包含寻绎图像翻译活动的历史、从图像中寻绎翻译史及以图像形式呈现翻译史三种理解。这三种图像翻译史形式在当下的研究中都已显露头角，成为翻译史书写的新路径，如努力经营，将未来可期。当然，这三种形式并非孤立的存在，因此在实际的研究中不应割裂它们彼此之间的联系。此外，在理解图像翻译史时，我们也注意到，在当今的后现代信息时代，数字科技飞速发展，继传统的文本文化转向图像文化之后，图像文化也已扩展为多模态文化——多模态符号文本包括图像、声、光、电等符号文本，以及集文字、声音、图像等要素于一身的超级符号文本。这样看来，图像翻译史在不久的将来还可拓展为多模态翻译史。

6.4.2.3 身体翻译史

随着历史研究转向活生生的作为主体的人及其所承载的社会文化与政治，身体史自20世纪七八十年代以来逐渐发展为历史研究的主题和关注的热点。所谓身体史，即以“身体”为视角来考察社会、文化与政治的变迁以及“身体”本身的演变对当下的意义的历史，又可谓身体文化史（刘宗灵 2009：87）。这里的“身体”概念涵括生理的身体、观念的身体、社会的身体、文化的身体、宗教的身体等维度。

1 值得注意的是，加拿大翻译学者让·德利尔和吉尔伯特·拉丰（Gilbert Lafond）因教学之需，自1999年起开始编撰制作CD-ROM形式的翻译史数据库，此后每一两年补充更新一次。读者可发送邮件至jdelisle@uOttawa.ca申请获取相关资源。

在“身体”不断被发现、关注和研究的历史过程中，亦可观察到翻译对目标语文化中身体的想象与建构的意义和影响。这就是所谓的身体翻译史。身体翻译史以身体翻译作为考察社会历史进程的出发点，既可从身体翻译的角度考察社会历史的发展，亦可从社会历史的角度考察身体翻译。顾名思义，身体翻译史研究历史上的身体翻译活动，具体包括以下几种：(1) 身体器官(如头脸、皮肤、手足、乳房、性器官等)及其功能(如视觉、听觉、知觉、姿态、性生活和生殖等)的译介；(2) 医疗疾病、生理健康、生命关怀等方面的科学译介；(3) 身体认知的观念思想的译介(如服饰观、婚姻观、性学、优生学、养生学等)；(4) 有关身体的言语和表达的译介[1]；(5) 身体史研究著述的译介。当然，身体翻译史也是一门交叉学科，与社会史、心态史、文化史、科学史、语言史、政治史等学科史交叉渗透。

目前，已有学者将“身体”纳入翻译学研究的范畴[2]，但尚未见正式的、系统的身体翻译史研究。以中国为例，现有的身体翻译史研究比较零星分散，附庸于医学史、社会学、民俗学、心理学、文化研究等其他学科。实际上，早在晚清与民国的历史转型期，伴随着民族国家的现代性进程，身体翻译活动就已开展起来——无论是强国保种的身体再造活动，还是呼吁“身体之改造乃一切改造的根本”(瑟庐 1919)的身体美学运动和倡导优生优育的活动，翻译都参与其中，梁启超、陈独秀、张竞生、周作人、潘光旦等文人学者是个中代表。新中国成立后，身体翻译也对促进我国医疗卫生事业的发展与进步起到了不可估量的作用。再看身体史研究自身的译介。21世纪之初，春风文艺出版社、百花文艺出版社、华龄出版社等出版机构组织翻译并出版了数十部身体史著作，为中国学者提供了丰富的参

1 描述身体的言语和表达的译介除了身体概念等方面的学术翻译之外，还包括有关身体书写的文学作品的译介。当然，相对于其他各项的科学翻译活动，有关身体书写的文学译介属于文学翻译范畴。若将其概括进身体翻译史研究范围，内容过于庞杂，故本书建议不将其纳入身体翻译史范畴。

2 罗宾逊(Robinson 1991)曾在《译者登场》(*The Translator's Turn*)一书中提出“翻译身体学”(Somatics of Translation)的概念，认识到译者身体在翻译过程中被文本激起的种种反应，强调了身体在翻译中的认识论和方法论意义，将翻译研究的重心落实到译者的身体上来。

考资料。然而，需注意的是，广义的身体史著述被大量译介到当时的中国，在很大程度上是无意识的——出于媚俗、猎奇的市场需求，许多出版社看中的是身体史著作香艳的名称及其吸引眼球的内容，遂将其作为通俗文化读物引进来(周兵 2005：88-100)。总体而言，晚清以来的中国身体翻译史书写，可以揭示身体翻译与现代中国社会进程的关系，以及当时的中国国情对身体译介选取的决定作用。

6.4.2.4 移民翻译史

人类自古以来就一直在迁徙，移民（migrant）现象——包括难民（refugee）、侨民（foreign resident, or expatriate）、流民（exile or self-exile）、离散族群（diaspora）等——在世界范围内历来屡见不鲜。人员迁徙必然涉及在新地方与新族群接触交流时的翻译活动，因而翻译活动自然而然地就与移民现象结合在一起。近年来，随着全球化进程日益深入，地缘政治形成新格局，移民研究成为社会文化研究领域的热点，与此同时，翻译与移民的研究也开始受到翻译学、文化学、文学等不同领域学者的关注。其中，美国学者莫伊拉·英吉莱里（Moira Inghilleri）(2017) 的著作《翻译与移民》（*Translation and Migration*）跨学科探讨了移民语境下翻译所呈现的多种形态，可谓翻译与移民研究的代表之作[1]。尤其在2010年底爆发“阿拉伯之春”后，欧洲出现了移民危机(或难民危机)，

1 在翻译学界，英国的罗娜丹娜·普列兹（Loredana Polezzi）也是翻译与移民的研究者。她的论文《翻译，旅行与移民》（“Translation, travel, migration”）（Polezzi 2006）探讨人员迁徙与翻译的研究路径，突出移民与翻译活动的社会政治意蕴，以强调移民翻译的历史文化特性；其另一篇论文《翻译与移民》（“Translation and migration”）（Polezzi 2012）观察到了翻译与移民研究的热度，认识到二者已成为当代社会的中心点，进而考察了移民作为翻译主体和翻译客体的不同身份，透视了移民、翻译与文化政治的关联。加拿大翻译史学者班迪亚（Bandia 2014）则以移民作为翻译的文化隐喻的出发点，通过考察后殖民话语实践中与移民、离散和文化迁徙相关的语言翻译现象，揭示了移民翻译在文化身份构建中的作用。此外，在奈达翻译学院2019年5月于意大利米萨诺举行的主题为“危机语境下的口笔译研究”（Translating and Interpreting in the Context of Crisis）的国际会议上，英吉莱里、莎伦·奥布莱恩（Sharon O’Brien）等众多西方学者都谈到了欧洲难民翻译现象。

叙利亚、阿富汗、厄立特里亚等亚非国家的经济移民或难民来到欧洲，由此相应的翻译需求也呈指数增长，移民翻译活动越发频繁，翻译与移民的研究也愈受关注。

所谓移民翻译史，是从历史角度审视翻译研究与移民研究的相遇，探究历史上翻译、移民与社会文化政治之间的关系。移民翻译史作为一种新文化史，围绕历史上的移民过程和移民在多元文化社会中的生存境况，考察翻译在公共、政治、社会、文化等层面所发挥的历史作用，具体涵括：(1)移民作为译者的翻译史；(2)移民作为被翻译者或翻译服务对象的历史；(3)移民文学的译介史。显然，移民无论是作为作者、译者还是作为被翻译者或翻译服务对象，都是移民翻译史研究的中心。

由于移民活动的流动性(mobility)与迁徙性(displacement)，移民具有文化漂泊者或离散者的特殊文化身份，因此移民翻译史定然关乎多种文化碰撞与政治冲突中移民的身份寻求的问题，需要以"回到历史现场"的姿态，考察当时的翻译环境、官方制定的语言政策和翻译政策、翻译职业培训、翻译技术以及译者的伦理、职业素养、沟通技术与翻译策略等历史因素。此外，从史料发掘上来看，移民翻译史研究可从海量的民族志、地方志、文学作品、官方文件、档案、图像等历史资料中获取直接的史料。比如，英吉莱里的《翻译与移民》虽然以移民语境下的翻译活动为研究核心，但涵括了18世纪至20世纪世界范围内的移民现象；而且，该书史料丰富，来源广博，涉及英国、美国、中国、印度、非洲等国家和地区的相关史料，因此也称得上是一部具有全球视野的移民翻译史。虽然迄今为止移民翻译史研究还处于萌发阶段，但我们期待这一新文化史在研究上取得新的突破。

6.4.2.5 译者地理史

译者是翻译活动的施为者(agent)，也是抽象的翻译史的主体。20世纪末翻译研究"文化转向"以来，不仅翻译研究的重心由文本研究转向了译者研究，翻译史学也转向以译者为中心的研究，翻译史甚至被称之为“译者中心史”（a translator-centered history）（Chapelle 2001）。译者研究越发蓬勃发展，其中一条路径就是探究“译者的地理分布规律”（贺爱军、侯莹莹 2020a：98，2020b：68）。我们可以通过梳理这一研究路径，尝试衍生出一种新文化史——“译者地理史”，亦即，从翻译地理学的角度研究各个历史时期译者的地理分布和生活环境及其演变规律，并深入挖掘这一规律背后隐藏的社会文化原因。传统的译者研究走的是翻译名家研究的传统史学路线[1]，与此不同的是，译者地理史以译者群体——包括翻译名家和大众译者——为研究对象，通过分析译者群体的构成及其地域来源与分布[2]，剖析地理空间下翻译文化生成与变迁的客观规律，探讨翻译与地缘政治和文化之间的关联；当然，译者地理史既可从多元文化碰撞交流与社会需求角度考察译者的地理分布格局，也可从译者地理分布格局中透视社会历史文化的发展。

译者地理史的提出，应和了翻译研究与翻译史学观念变化和范式转变的需要，从注重翻译名家和翻译大事件的宏大叙事研究转向了广阔的社会文化研究，关注“活生生”的翻译群体所演绎的翻译文化。需注意的是，这种新型的翻译文化史研究不同于区域翻译史书写：虽然二者都着眼于翻译与地缘文化之间的关系，但区域翻译史研究的落脚点在特定的区域，旨在对历史时期该区域内的翻译活动和翻译成就，或进行史料梳理与铺排，或展开历史考古和话语阐释，以彰显区域文化的特色，弘扬区域内译者所创造的翻译文化遗产；而译者地理史研究以特定历史时期的译者地理分布格局为出发点，考察译者活动密集地域的翻译文化，进而透视翻译与地缘

1 比如，“中国翻译史，不用说，首先是著名翻译家重大业绩的记录”（袁锦翔 1990：1）这句话就典型地反映了21世纪之前中国翻译史书写注重名家名译的主流编撰理念。

2 按照贺爱军与侯莹莹（2020b：69）的论述，译者的地理分布格局包括静态分布与动态分布两方面：前者以译者的籍贯（出生地或祖籍地）为标准，具有唯一性和固定性；后者以译者的翻译地为基准，具有流动性，其变化轨迹反映了译者的动态流向（这一点又相当于翻译旅行史，可参考比较移民翻译史研究）。

政治的关联。可见，区域翻译史研究一开始就确定了待研究的区域对象，是对已知的特定区域开展翻译史书写；而译者地理史则须从译者的地理分布研究中分析得出翻译中心地，然后书写中心地地域文化与翻译的互动关系。二者的研究对象、研究目的、研究思路和方法大相径庭。再者说，区域翻译史始终是"区域史"，而译者地理史则可能形成民族史、比较文化史，乃至全球史。

目前来看，特定区域空间下的译者或译者群体的研究比较多见，而译者地理史研究则较为少见。应该说，贺爱军是译者地理史研究的始创者，多年来一直孜孜不倦地从事该领域的研究，取得了不俗的成果(如高敏、贺爱军 2018；贺爱军 2018；贺爱军、侯莹莹 2020a，2020b；贺爱军、王文斌 2012；李亮亮、贺爱军 2014)。我们期待一部系统的译者地理史著作早日面世。

6.5 小结

翻译研究的"文化转向"展现了翻译对思想史和文化史的强劲形塑，意义非凡。相得益彰的是，文化研究和历史研究也都发生了"翻译转向"(Bassnett 2001；彭萍 2016)。翻译研究与历史研究和文化研究等学科之间的联系逐渐紧密，翻译研究者与文化史研究者之间展开了频繁的对话。随着翻译、历史、文化的互文关系越来越深入，翻译史的文化史属性愈加清晰可见。在这样的社会文化语境与翻译史(学)观的促发下，翻译史书写在主体性与客观性、文学性与历史性、史料发掘与利用、研究方法改进与更新等方面重新进行了深入的思考。重写翻译史旨在从翻译的角度重新书写人类文化的历史，或表现为研究范式的转向，或表现为研究对象、研究方法与书写模式的改进和创新。在当下众声喧哗的翻译史研究多元格局中，还萌生了全球翻译史、图像翻译史等可能路径，不仅丰富了翻译史书写的内容，还极大地拓展了研究的广度和深度，使翻译史研究这片森林更显茂盛葱翠。

总结起来，当代翻译史研究需要考虑如何将时代的全球性、文化的多样性、社会的多元性、学科的关联性和研究对象的复杂性纳入研究的视域，以历史语境—文化比较—译者心态—翻译观念与原则—翻译策略倾向—翻译接受与影响为研究脉络，在特定时空下寻绎具有关键意义的跨语与跨界的翻译人物，透过他们的翻译活动与人际社会网络，与当时的时代氛围、政治经济环境、社会文化语境钩连互动，构建翻译叙事与历史叙事相统一的翻译文化史研究范式。这一研究范式让翻译的印记成为大历史的佐证，甚或将大历史作为翻译研究的视角与对象，从而更加凸显翻译史的文化史属性，使翻译史研究的思理逻辑更为严密合理，且更具文化意义；同时，它也更能有效地保证翻译史书写的文学性与历史性、主体性与客观性、多元性与一致性的统一。

参考文献

Baigorri-Jalón, J. 2004. *Interpreters at the United Nations: A History*, trans. A. Barr. Salamanca: Ediciones Universidad de Salamanca.

Baker, M. 1993. Corpus linguistics and translation studies – Implications and applications. In M. Baker, G. Francis & E. Tognini-Bonelli (eds.). *Text and Technology: In Honour of John Sinclair*. Amsterdam/Philadelphia: John Benjamins. 233-250.

Baker, M. (ed.). 1998. *Routledge Encyclopedia of Translation Studies*. London/New York: Routledge.

Baker, M. 2006. *Translation and Conflict: A Narrative Account*. London/New York: Routledge.

Bandia, P. F. 2008. *Translation as Reparation: Writing and Translation in Postcolonial Africa*. London/New York: Routledge.

Bandia, P. F. 2014. Translocation: Translation, migration, and the relocation of cultures. In S. Bermann & C. Porter (eds.). *A Companion to Translation Studies*. Chichester: Wiley-Blackwell. 273-284.

Bassnett, S. 2001. The translation turn in cultural studies. In S. Bassnett & A. Lefevere (eds.). *Constructing Cultures: Essays on Literary Translation*. Shanghai: Shanghai Foreign Language Education Press. 123-140.

Bassnett, S. 1980/1991/2010. *Translation Studies* (3rd ed.). Shanghai: Shanghai Foreign Language Education Press.

Bassnett, S. & A. Lefevere (eds.) 1990. *Translation, History and Culture*. London: Pinter Publishers.

Bassnett, S. & A. Lefevere (eds.). 1998/2001. *Constructing Cultures: Essays on Literary Translation*. Shanghai: Shanghai Foreign Language Education Press.

Bassnett, S. & H. Trivedi (eds.). 1999. *Post-colonial Translation: Theory and Practice*. London/New York: Routledge.

Bastin, G. L. & P. F. Bandia (eds.). 2006. *Charting the Future of Translation History*. Ottawa: University of Ottawa Press.

Bennett, A. A. 1967. *John Fryer: The Introduction of Western Science and Technology into Nineteenth Century China*. Cambridge: Harvard University Press.

Bentley, M. 1999. *Modern Historiography: An Introduction*. London/New York: Routledge.

Berman, A. 1984/1992. *The Experience of the Foreign: Culture and Translation in Romantic Germany*, trans. S. Heyvaert. Albany, NY: State University of New York Press.

Bernardo, A. M. 2007. 20th century approaches to translation – A historiographical survey. In J. C. Santoyo & J. J. L. Fernández (eds.). *Estudios de traducción y recepción*. León: Universidad de León, Servicio de Publicaciones. 83-99.

Bloch, M. 1953. *The Historian's Craft*, trans. P. Putnam. New York: Vintage Books.

Branchadell, A. 2005. Introduction. In A. Branchadell & L. M. West (eds.). *Less Translated Languages*. Amsterdam/Philadelphia: John Benjamins. 1-23.

Brinton, C. 1964. Many mansions. *The American Historical Review* 69 (2): 309-326.

Brown, M. 2001. Periods and resistances. *Modern Language Quarterly* 62 (4): 309-316.

Buden, B. & S. Nowotny, S. Simon, A. Bery & M. Cronin. 2009. Cultural translation: An introduction to the problem, and responses. *Translation Studies* 2 (2): 196-219.

Burke, P. 2005. *Lost (and Found) in Translation: A Cultural History of Translators and Translating in Early Modern Europe*. Wassenaar: Netherlands Institute for Advanced Study.

Burke, P. & R. P. Hsia (eds.). 2007. *Cultural Translation in Early Modern Europe*. Cambridge: Cambridge University Press.

Chan, L. T. 2004. *Twentieth-century Chinese Translation Theory: Modes, Issues and Debates*. Amsterdam/Philadelphia: John Benjamins.

Chan, S. (ed.). 2001. *Translation in Hong Kong: Past, Present and Future*. Hong Kong: The Chinese University of Hong Kong Press.

Chapelle, N. 2001. The Translators' Tale: A Translator-centred History of Seven English Translations (1823–1944) of the Grimm's Fairy Tale, *Sneewittchen*. PhD Dissertation. Dublin: Dublin City University.

Cheung, M. P. Y. (ed.). 2006. *An Anthology of Chinese Discourse on Translation: From Earliest Times to the Buddhist Project*. Manchester: St. Jerome Publishing.

Crump, C. G. 2016. *History and Historical Research*. London/New York: Routledge.

Delisle, J. & J. Woodsworth (eds.). 1995. *Translators through History*. Amsterdam/Philadelphia: John Benjamins.

Delisle, J. & J. Woodsworth (eds.). 2012. *Translators through History* (rev. edition). Amsterdam /Philadelphia: John Benjamins.

D'hulst, L. 1994/2001. Why and how to write translation histories. In J. Milton (ed.). *Emerging Views on Translation History in Brazil* (Special Edition of *Crop* no. 6). São Paulo: da Humanitas FFLCH/USP. 21-32.

D'hulst, L. 2010. Translation history. In Y. Gambier & L. van Doorslaer (eds.). *Handbook of Translation Studies* (Vol. 1). Amsterdam/Philadelphia: John Benjamins. 397-405.

D'hulst, L., C. O'Sullivan & M. Schreiber (eds.). 2016. *Politics, Policy, and Power in Translation History*. Berlin: Frank & Timme GmbH.

Dray, W. H. 1993. *Philosophy of History* (2nd ed.). Englewood Cliffs, NJ: Prentice Hall.

Even-Zohar, I. 1990. Special issue. Polysystem Studies. *Poetics Today 11*(1).

France, P. (ed.). 2001. *The Oxford Guide to Literature in English Translation*. Oxford/New York: Oxford University Press.

France, P. & K. Haynes (eds.). 2006. *The Oxford History of Literary Translation in English. Vol. 4: 1790–1900*. Oxford/New York: Oxford University Press.

Frawley, W. 1984 (ed.). *Translation: Literary, Linguistic and Philosophical Perspectives*. London /Toronto: Associated University Press.

Gagnon, C. 2006. Ideologies in the history of translation: A case study of Canadian political speeches. In G. L. Bastin & P. F. Bandia (eds.). *Charting the Future of Translation History*. Ottawa: University of Ottawa Press. 201-223.

Gannon, M. J. 2001. *Cultural Metaphors: Readings, Research Translations, and Commentary*. Thousand Oaks, CA: Sage Publications, Inc.

Gentzler, E. 2008a. *Translation and Identity in the Americas: New Directions in Translation Theory*. London/New York: Routledge.

Gentzler, E. 2008 b. A global view of translation studies: Toward an interdisciplinary field. In N. Wang & Y. Sun (eds.). *Translation, Globalisation and Localisation: A Chinese Perspective*. Clevedon: Multilingual Matters Ltd. 111 - 126.

Gürçağlar, Ş. T. 2008. *The Politics and Poetics of Translation in Turkey, 1923–1960*. Amsterdam/ New York: Rodopi.

Gürçağlar, Ş. T. 2009. Retranslation. In M. Baker & G. Saldanha (eds.). *Routledge Encyclopedia of Translation Studies* (2nd ed.). London/New York: Routledge. 233 - 235.

Gürçağlar, Ş. T. 2013. Translation history. In C. Millán & F. Bartrina (eds.). *The Routledge Handbook of Translation Studies*. London/New York: Routledge. 131 - 143.

Hermans, T. (ed.). 1985. *The Manipulation of Literature: Studies in Literary Translation*. London/Sydney: Croom Helm.

Hermans, T. 1999. *Translation in Systems: Descriptive and System-oriented Approaches Explained*. Manchester: St. Jerome Publishing.

Hermans, T. (ed.). 2006. *Translating Others*. Manchester: St. Jerome Publishing.

Hill, M. G. 2013. *Lin Shu, Inc.: Translation and the Making of Modern Chinese Culture*. Oxford: Oxford University Press.

Holmes, J. S. 2000. The name and nature of translation studies. In L. Venuti (ed.). *The Translation Studies Reader*. London/New York: Routledge. 172 - 185.

Holmes, J. S. 1988 / 2007. *Translated! Papers on Literary and Translation Studies*. Beijing: Foreign Language Teaching and Research Press.

Hsu, T. S. 2017. *Chasing the Modern: The Twentieth Century Life of Poet Xu Zhimo*. Cambridge: Cambridge Rivers Press.

Hung, E. (ed.). 2005. *Translation and Cultural Change: Studies in History, Norms and Image-projection*. Amsterdam/Philadelphia: John Benjamins.

Hung, E. & J. Wakabayashi (eds.). 2005. *Asian Translation Traditions*. Manchester/ Northampton: St. Jerome Publishing.

Inghilleri, M. 2017. *Translation and Migration*. London/New York: Routledge.

Jakobson, R. 1959 / 2004. On linguistic aspects of translation. In L. Venuti (ed.). *The Translation Studies Reader*. London/New York: Routledge. 113 - 118.

Kelly, L. G. 1979. *The True Interpreter: A History of Translation Theory and Practice in the West*. Oxford: Basil Blackwell.

Kittel, H. & A. P. Frank (eds.). 1990 / 2007. *Interculturality and the Historical Study of*

Literary Translations. Beijing: Foreign Language Teaching and Research Press.

Lambert, J. 1993. History, historiography and the discipline: A programme. In Y. Gambier & J. Tommola (eds.). *Translation and Knowledge. SSOTT IV. Scandinavian Symposium on Translation Theory. TURKU, 4.-6. 6. 1992*. Turku, Grafia Oy/Kansikuva: Maria Kald. 3-25.

Laurence, P. 2003. *Lily Briscoe's Chinese Eyes: Bloomsbury, Modernism, and China*. Columbia: University of South Carolina Press.

Lefevere, A. (ed.). 1977. *Translating Literature: The German Tradition from Luther to Rosenzweig*. Assen/Amsterdam: Van Gorcum & Comp. B. V.

Lefevere, A. 1992/2004 a. *Translation, Rewriting and the Manipulation of Literary Fame*. Shanghai: Shanghai Foreign Language Education Press.

Lefereve, A. (ed.). 1992/2004 b. *Translation/History/Culture: A Sourcebook*. Shanghai: Shanghai Foreign Language Education Press.

Liu, L. H. 1995. *Translingual Practice: Literature, National Culture, and Translated Modernity – China, 1900–1937*. Stanford, CA: Stanford University Press.

Long, L. 2007. History and translation. In P. Kuhiwczak & K. Littau (eds.). *A Companion to Translation Studies*. Clevedon/Buffalo/Toronto: Multilingual Matters Ltd. 63-76.

Lung, R. 2011. *Interpreters in Early Imperial China*. Amsterdam/Philadelphia: John Benjamins.

Martin, B. & F. Ringham (eds.). 2016. *Key Terms in Semiotics*. Beijing: Foreign Language Teaching and Research Press.

McElduff, S. & E. Sciarrino (eds.). 2011. *Complicating the History of Western Translation: The Ancient Mediterranean in Perspective*. London/New York: Routledge.

Milton, J. (ed.). 2001. *Emerging Views on Translation History in Brazil* (Special Edition of *Crop* no. 6). São Paulo: da Humanitas FFLCH/USP.

Milton, J. & P. Bandia (eds.). 2009. *Agents of Translation*. Amsterdam/Philadelphia: John Benjamins.

Munz, P. 1997. The historical narrative. In M. Bentley (ed.). *Companion to Historiography*. London/New York: Routledge. 833-852.

Niranjana, T. 1992. *Siting Translation: History, Post-structuralism, and the Colonial Context*. Berkeley, CA: University of California Press.

Norton, G. P. 1984. *The Ideology and Language of Translation in Renaissance France and*

Their Humanist Antecedents. Geneva: Librairie Droz.

Oittinen, R., A. Ketola & M. Garavini. 2018. *Translating Picturebooks: Revoicing the Verbal, the Visual, and the Aural for a Child Audience*. London/New York: Routledge.

O'Sullivan, E. 1999. Translating pictures. *Signal* (90): 167-175.

Polezzi, L. 2006. Translation, travel, migration. *The Translator 12* (2): 169-188.

Polezzi, L. 2012. Translation and migration. *Translation Studies 5* (3): 345-356.

Pym, A. 1992a. Shortcomings in the historiography of translation. *Babel 38* (4): 221-235.

Pym, A. 1992b. *Translation and Text Transfer: An Essay on the Principles of Intercultural Communication*. Frankfurt am Main: Peter Lang.

Pym, A. 1992c. Complaint concerning the lack of history in translation histories. *Livius* (1): 1-11.

Pym, A. 1993. The historical failure of brotherhood in modernist intercultural regimes. *History of European Ideas 16* (1-3): 123-130.

Pym, A. 1998/2007. *Method in Translation History*. Beijing: Foreign Language Teaching and Research Press.

Pym, A. 2009. Humanizing translation history. *Hermes – Journal of Language and Communication Studies* (42): 23-48.

Pym, A., M. Shlesinger & Z. Jettmarovà (eds.). 2006. *Sociocultural Aspects of Translating and Interpreting*. Amsterdam/Philadelphia: John Benjamins.

Rener, F. M. 1989. *Interpretatio: Language and Translation from Cicero to Tytler*. Amsterdam/ Atlanta, GA: Rodopi.

Ricci, R. & J. Van der Putten (eds.). 2011. *Translation in Asia: Theories, Practices, Histories*. London/New York: Routledge.

Rizzi A., B. Lang & A. Pym. 2019. *What Is Translation History? A Trust-based Approach*. Cham: Palgrave Macmillan.

Robinson, D. 1991. *The Translator's Turn*. Baltimore: Johns Hopkins University Press.

Robinson, D. (ed.). 1997/2006. *Western Translation Theory from Herodotus to Nietzsche*. Beijing: Foreign Language Teaching and Research Press.

Ross, R. 2013. A note on "Salomé". https://www.gutenberg.org/files/42704/42704-h/42704-h.htm (accessed on 22/11/2020).

Santoyo, J.-C. 2006. Blank spaces in the history of translation. In G. L. Bastin & P. F.

Bandia (eds.). *Charting the Future of Translation History.* Ottawa: University of Ottawa Press. 11 - 43.

Schulte, R. & J. Biguenet (eds.). 1992. *Theories of Translation: An Anthology of Essays from Dryden to Derrida.* Chicago/London: The University of Chicago Press.

Simon, S. 1996. *Gender in Translation: Cultural Identity and the Politics in the Postcolonial Era.* Ottawa: Ottawa University Press.

Spivak, G. C. 1993 / 2004. The politics of translation. In L. Venuti (ed.). *The Translation Studies Reader.* London/New York: Routledge. 397 - 416.

St André, J. 2009. History. In M. Baker & G. Saldanha (eds.). *Routledge Encyclopedia of Translation Studies* (2nd ed.). London/New York: Routledge. 133 - 136.

Steiner, T. R. 1975. *English Translation Theory 1650–1800.* Assen/Amsterdam: Van Gorcum & Comp. B. V.

St-Pierre, P. 1993. Translation as a discourse of history. *TTR 6*(1): 61 - 82.

Tan, Z. X. 2009. The "Chineseness" vs. "Non-Chineseness" of Chinese translation theory: An ethnoconvergent perspective. *The Translator15* (2): 283 - 304.

Toury, G. 1995 / 2001. *Descriptive Translation Studies and Beyond.* Shanghai: Shanghai Foreign Language Education Press.

Tymoczko, M. & E. Gentzler (eds.). 2002. *Translation and Power.* Amherst, MI: University of Massachusetts Press.

Van Hoof, H. 1973. *International Bibliography of Translation.* München: Verlag Dokumentation Pullach.

Venuti, L. (ed.). 1992. *Rethinking Translation: Discourse, Subjectivity, Ideology.* London/ New York: Routledge.

Venuti, L. 1995 / 2004. *The Translator's Invisibility: A History of Translation.* Shanghai: Shanghai Foreign Language Education Press.

Venuti, L. 2005. Translation, history, narrative. *Meta 50*(3): 800 - 816.

Venuti, L. 2013. *Translation Changes Everything: Theory and Practice.* London/New York: Routledge.

Weissbort, D. & A. Eysteinsson (eds.). 2006. *Translation – Theory and Practice: A Historical Reader.* Oxford: Oxford University Press.

Wolf, M. & A. Fukari (eds.). 2007. *Constructing a Sociology of Translation.* Amsterdam/ Philadelphia: John Benjamins.

Woodsworth, J. 1995. Teaching the history of translation. In C. Dollerup & V. Appel. *Teaching Translation and Interpreting 3: New Horizons. Papers from The Third Language International Conference, Elsinore, Denmark 9-11 June 1995*. Amsterdam/Philadelphia: John Benjamins. 9-17.

Woodsworth, J. 1998. History of translation. In M. Baker (ed.). *Routledge Encyclopedia of Translation Studies*. London/New York: Routledge. 100-105.

阿兰·梅吉尔（美），2019，《历史知识与历史谬误：当代史学实践导论》(*Historical Knowledge, Historical Error: A Contemporary Guide to Practice*)，黄红霞、赵晗译。北京：北京大学出版社。

阿英，1938/1981，翻译史话。载阿英（著），《小说四谈》。上海：上海古籍出版社。229-246。

贝奈戴托·克罗齐（意），1982，《历史学的理论和实际》(*History, Its Theory and Practice*)，傅任敢译。北京：商务印书馆。

彼得·伯克（英），2018，《图像证史》(*Eyewitnessing: The Uses of Images as Historical Evidence*)，杨豫译。北京：北京大学出版社。

卞之琳（选译），1936，《西窗集》。上海：商务印书馆。

卞之琳（编译），1981，《西窗集》。南昌：江西人民出版社。

蔡新乐，2006，文化史就是翻译史——陈寅恪的历史发现与其翻译观初探，《外语与外语教学》(10)：53-56。

陈福康，1992，《中国译学理论史稿》。上海：上海外语教育出版社。

陈梦家（编），1931，《新月诗选》。上海：新月书店。

陈石平、成英，1988，《军事翻译家刘伯承》。太原：书海出版社。

陈寅恪，1930/1996，冯友兰《中国哲学史》（上册）审查报告。载刘桂生、张步洲（编），《陈寅恪学术文化随笔》。北京：中国青年出版社。10-13。

陈宇，1992，林徽因研究中若干问题的考辨，《福建师范大学学报（哲学社会科学版）》(3)：78-81。

陈玉刚（主编），1989，《中国翻译文学史稿》。北京：中国对外翻译出版公司。

邓联建，2016，《委曲求传：早期来华新教传教士汉英翻译史论（1807—1850）》。北京：清华大学出版社。

董丽敏等，2017，《商务印书馆与中国文化的“现代”转型（1902—1932）》。北京：商务印书馆。

董乃斌、陈伯海、刘扬忠（主编），2003a，《中国文学史学史》（第二卷）。石家庄：河北人民出版社。

董乃斌、陈伯海、刘扬忠（主编），2003b，《中国文学史学史》（第三卷）。石家庄：河北人民出版社。

董秋斯，1951/1984，论翻译理论的建设。载罗新璋（编），《翻译论集》。北京：商务印书馆。536-544。

杜慧敏，2007，《晚清主要小说期刊译作研究（1901—1911）》。上海：上海世纪出版集团。

《翻译通讯》编辑部（编），1984，《翻译研究论文集（1894—1948）》。北京：外语教学与研究出版社。

范钟秀等，2011，空间的知识和知识的空间——反思人文社会科学的空间想象力，《北京大学研究生学志》（3）：17-30。

方豪，2008，《中西交通史》（上下册）。上海：上海人民出版社。

方梦之（主编），2004，《译学辞典》。上海：上海外语教育出版社。

方维规，2009，概念史研究方法要旨——兼谈中国相关研究中存在的问题。载黄兴涛（主编），《新史学（第三卷）：文化史研究的再出发》。北京：中华书局。3-20。

费尔南·布罗代尔（法），1996，菲利普二世时代的地中海和地中海世界（第一卷）（*La Méditerranée et le Monde Méditerranéen à l'Epoque de Philippe* II），唐家龙、曾培耿等译。北京：商务印书馆。

冯至、陈祚敏、罗业森，1959，五四时期俄罗斯文学和其他欧洲国家文学的翻译和介绍，《北京大学学报（哲学社会科学版）》（2）：129-149。

傅斯年（著），2009，《大家国学·傅斯年卷》，欧阳哲生（编）。天津：天津人民出版社。

高惠群、乌传衮，1992，《翻译家严复传论》。上海：上海外语教育出版社。

高敏、贺爱军，2018，明末至晚清译者的分布规律及其探源，《中国科技翻译》31（2）：59-62。

何辉斌，2017，《新中国外国戏剧的翻译与研究》。北京：中国社会科学出版社。

何兆武，2009，历史是什么？《清华大学学报（哲学社会科学版）》24（5）：4。

贺爱军，2018，浙江翻译传统及其对当下翻译实践与研究的启示，《中国翻译》39（2）：57-61。

贺爱军、侯莹莹，2020a，宋朝至明朝译者地理分布规律的社会文化理据，《外语教学》41（2）：98-102。

贺爱军、侯莹莹，2020b，宋明时期译者的地理分布规律索隐，《上海翻译》(2)：68-73+95。
贺爱军、王文斌，2012，浙籍译家群的生发及其缘由索隐，《中国翻译》33(2)：38-42。
贺麟，1925，严复的翻译，《东方杂志》22(21)：75-87。
胡翠娥，2016，《翻译的“政治”——现代文坛的翻译论争与文学、文化论争》。北京：人民文学出版社。
胡开宝，2011，《语料库翻译学概论》。上海：上海交通大学出版社。
胡适，1928/1999，《白话文学史》。上海：上海古籍出版社。
黄嘉德(编)，1940，《翻译论集》。上海：西风社。
黄仁宇，2015，《万历十五年》(增补本)。北京：九州出版社。
黄焰结，2008，译本解读：《吟边燕语》的个案研究，《天津外国语学院学报》(4)：37-43。
黄焰结，2011，翻译史词典研编初论，《语言与翻译》(1)：52-55。
黄焰结，2013，论民国时期翻译与创作的关系，《浙江外国语学院学报》(6)：70-75。
黄焰结，2018，诗译莎剧滥觞：新月派的新文学试验，《外语与外语教学》(3)：88-97+145-146。
黄焰结、胡国正、邱晨，2016，中国新时期(1979—2013)翻译史著作的计量分析，《浙江外国语学院学报》(6)：38-44。
霍俊江，2013，《计量史学研究入门》。北京：北京大学出版社。
季压西、陈伟民，2007，《中国近代通事》。北京：学苑出版社。
姜秋霞，2009，《文学翻译与社会文化的相互作用关系研究》。北京：外语教学与研究出版社。
蒋翼振(编著)，1927，《翻译学通论》。上海：商务印书馆。
柯飞，2002，译史研究，以人为本——谈皮姆《翻译史研究方法》，《中国翻译》(3)：31-32。
柯娇燕(美)，2009，《什么是全球史》(*What is Global History?*)，刘文明译。北京：北京大学出版社。
柯林武德(英)，2010，《历史的观念》(*The Idea of History*)，何兆武等译。北京：北京大学出版社。
孔慧怡，1999，《翻译·文学·文化》。北京：北京大学出版社。
孔慧怡，2005，《重写翻译史》。香港：香港中文大学出版社。
孔慧怡、杨承淑(编)，2000，《亚洲翻译传统与现代动向》。北京：北京大学出版社。

蓝红军，2016，整体史与碎片化之间：论翻译史书写的会通视角，《中国翻译》37（1）：5-11+124。
郎宓榭（德）、阿梅龙（德）、顾有信（德），2012，《新词语新概念：西学译介与晚清汉语词汇之变迁》。济南：山东画报出版社。
黎难秋，1993，《中国科学文献翻译史稿》。合肥：中国科学技术大学出版社。
黎难秋，2006，《中国科学翻译史》。合肥：中国科学技术大学出版社。
黎难秋（编著），2016，《同文三馆——晚清翻译家外交家的摇篮》。武汉：武汉大学出版社。
李长森，2016，《近代澳门翻译史稿》。北京：社会科学文献出版社。
李亮亮、贺爱军，2014，明清译者的构成及其地域分布，《上海翻译》（1）：74-77。
李茂君、胡显耀，2020，基于历时语料库的晚清“总统”概念译介史研究，《东方翻译》（2）：11-17+48。
李奭学，2019，《首译之功：明末耶稣会翻译文学论》。杭州：浙江大学出版社。
李宪瑜，2009，《二十世纪中国翻译文学史（三四十年代·英法美卷）》。天津：百花文艺出版社。
李孝迁，2007，《西方史学在中国的传播（1882—1949）》。上海：华东师范大学出版社。
梁启超，1996，《中国历史研究法》。北京：东方出版社。
梁实秋（著），2006，《雅舍谈书》，陈子善（编）。济南：山东画报出版社。
廖七一，2006，《胡适诗歌翻译研究》。北京：清华大学出版社。
廖七一，2010，《中国近代翻译思想的嬗变：五四前后文学翻译规范研究》。天津：南开大学出版社。
林煌天、贺崇寅（主编），1991，《中国科技翻译家辞典》。上海：上海翻译出版公司。
林榕，1943，晚清的翻译，《风雨谈月刊》（7）：121-131。
林学洪，1958，苏联的翻译事业，《西方语文》2（4）：434-439。
刘霁，2007，学术网络、知识传播中的文学译介研究——以“学衡派”为中心。博士学位论文。上海：复旦大学。
刘军平，2009，《西方翻译理论通史》。武汉：武汉大学出版社。
刘宓庆，2005，《新编当代翻译理论》。北京：中国对外翻译出版公司。
刘宓庆，2019，《中西翻译思想比较研究》。北京：中译出版社。
刘宗灵，2009，身体史与近代中国研究——兼评黄金麟的身体史论著，《史学月刊》（3）：85-97。

吕思勉，2017，《国学知识大全》。北京：中国商业出版社。
罗新璋（编），1984，《翻译论集》。北京：商务印书馆。
马克思、恩格斯，1979，《马克思恩格斯全集（第四卷）》。北京：人民出版社。
马祖毅，1984，《中国翻译简史——五四以前部分》。北京：中国对外翻译出版公司。
马祖毅，1999，《中国翻译史（上卷）》。武汉：湖北教育出版社。
蒙兴灿，2009，《五四前后英诗汉译的社会文化研究》。北京：科学出版社。
穆雷、欧阳东峰，2015，史学研究方法对翻译史研究的阐释作用，《外国语文》31（3）：115-122。
穆雷、王莹，2018，筚路蓝缕，牢记历史——《历史上的翻译家》导言。载Jean Delisle & Judith Woodsworth (eds.). *Translators through History*（《历史上的翻译家》）。北京：外语教学与研究出版社。vii-xviii。
穆雷、邹兵，2014，中国翻译学研究现状的文献计量分析（1992—2013）——对两岸四地近700篇博士论文的考察，《中国翻译》（2）：14-20。
潘凤娟，2010，中国礼仪之争脉络中的孝道：卫方济与《孝经》翻译初探，《道风：基督教文化评论》（33）：67-95。
潘树广、涂小马、黄镇伟（编），2012，《中国文学史料学》（上卷）。上海：华东师范大学出版社。
潘艳慧，2008，《〈新青年〉翻译与现代中国知识分子的身份认同》。济南：齐鲁书社。
庞卓恒、李学智、吴英，2006，《史学概论》。北京：高等教育出版社。
彭萍，2016，翻译研究的“历史转向”还是历史研究的“翻译转向”？——《欧洲近代早期的文化翻译》述评，《语言文化研究辑刊》（2）：103-111。
钱梦涵、张威，2019，重写翻译史之后——《翻译与近代中国》的阅读与思考，《中国外语》16（1）：100-105+111。
钱锺书，1964/2009，林纾的翻译。载罗新璋、陈应年（编），《翻译论集（修订本）》。北京：商务印书馆。774-805。
乔国强，2017，《叙说的文学史》。北京：北京大学出版社。
秦弓，2009，《二十世纪中国翻译文学史·五四时期卷》。天津：百花文艺出版社。
屈文生，2013，《从词典出发：法律术语译名统一与规范化的翻译史研究》。上海：上海人民出版社。
让·德利尔（法）、朱迪斯·伍兹沃斯（加），2018，《历史上的译者》（*Translators through History*），管兴忠等译。北京：中译出版社。
瑟庐，1919，妇女之解放与改造，《妇女杂志》5（12）：10-15。

陕西省翻译工作者协会（编），1989，《翻译家词典》。北京：中国文艺联合出版公司。
单德兴，2007，《翻译与脉络》。北京：清华大学出版社。
上海图书馆（编），2011，《江南制造局翻译馆图志》。上海：上海科学技术文献出版社。
邵有学，2018，《中国翻译思想史新论》。北京：中国社会科学出版社。
盛宁，1997，《人文困惑与反思——西方后现代主义思潮批判》。北京：生活·读书·新知三联书店。
施蛰存（主编），1990，《中国近代文学大系·翻译文学集》。上海：上海书店。
斯塔夫里阿诺斯（美），1988，《全球通史：1500年以前的世界》（*A Global History: The World to 1500*），吴象婴、梁赤民译。上海：上海社会科学院出版社。
宋炳辉，2013，《文学史视野中的中国现代翻译文学：以作家翻译为中心》。上海：复旦大学出版社。
宋庆宝，2012，《拜伦在中国：从清末民初到五四》。北京：中国政法大学出版社。
孙书南，1987，试论客体，《惠阳师专学报（社会科学版）》（1）：27-30。
孙迎春（编著），2004，《张谷若翻译艺术研究》。北京：中国对外翻译出版公司。
孙致礼（主编），2009，《中国的英美文学翻译：1949—2008》。南京：译林出版社。
谭载喜，1991，《西方翻译简史》。北京：商务印书馆。
托马斯·S. 库恩（美），1981，《必要的张力：科学的传统和变革论文选》（*The Essential Tension: Selected Studies in Scientific Tradition and Change*），纪树立等译。福州：福建人民出版社。
王东风，2019，五四以降中国百年西诗汉译的诗学谱系研究断想，《外国语（上海外国语大学学报）》42（5）：72-86。
王峰、陈文，2020，国外翻译史研究的课题、理论与方法，《中国外语》17（3）：94-102。
王洪涛（主编），2017，《社会翻译学研究：理论、视角与方法》。天津：南开大学出版社。
王宏印，2003，中国传统译论经典诠释——从道安到傅雷。武汉：湖北教育出版社。
王宏志，1999，《重释"信达雅"——二十世纪中国翻译研究》。上海：东方出版中心。
王宏志，2007，《重释"信、达、雅"——20世纪中国翻译研究》。北京：清华大学出版社。
王宏志，2011，翻译与阶级斗争：论1929年鲁迅与梁实秋的论争。载王宏志（著），《翻译与文学之间》。南京：南京大学出版社。299-333。

王宏志，2013，大红毛国的来信：马戛尔尼使团国书中译的几个问题。载王宏志（主编），《翻译史研究》。上海：复旦大学出版社。1-37。

王宏志，2014，《翻译与近代中国》。上海：复旦大学出版社。

王辉，2009，天朝话语与乔治三世致乾隆皇帝书的清宫译文，《中国翻译》30（1）：27-32。

王剑，2017，西方翻译史研究理论话语述评（1964－2014），《上海翻译》（2）：43-50+94。

王建开，2003，《五四以来我国英美文学作品译介史（1919－1949）》。上海：上海外语教育出版社。

王建开，2007，翻译史研究的史料拓展：意义与方法，《上海翻译》（2）：56-60。

王克非，1994，论翻译文化史研究，《外语教学与研究》（4）：57-61。

王克非，1996，《中日近代对西方政治哲学思想的摄取——严复与日本启蒙学者》。北京：中国社会科学出版社。

王克非（编著），1997，《翻译文化史论》。上海：上海外语教育出版社。

王克非，2000，从莎译看日本明治时代的文学。载孔慧怡、杨承淑（编），《亚洲翻译传统与现代动向》。北京：北京大学出版社。72-81。

王宁、刘辉，2008，从语符翻译到跨文化图像翻译：傅雷翻译的启示，《中国翻译》29（4）：28-33+94。

王寿兰，1989，《当代文学翻译百家谈》。北京：北京大学出版社。

王晓元，2010，《翻译话语与意识形态——中国1895—1911年文学翻译研究》。上海：上海外语教育出版社。

王旭东，1998，《史学理论与方法》。合肥：安徽大学出版社。

王雪明，2014，《制衡·融合·阻抗：学衡派翻译研究》。北京：对外经济贸易大学出版社。

王颖冲，2018，《中文小说英译研究》。北京：外语教学与研究出版社。

王友贵，2015，《20世纪下半叶中国翻译文学史：1949—1977》。北京：人民出版社。

王佐良，1984，严复的用心。载《翻译通讯》编辑部（编），《翻译研究论文集（1949—1983）》。北京：外语教学与研究出版社。479-484。

王佐良，1987，新时期的翻译观——一次专题翻译讨论会上的发言，《中国翻译》（5）：2-4。

卫茂平，2004，《德语文学汉译史考辨：晚清和民国时期》。上海：上海外语教育出版社。

闻一多，1943/1948，文学的历史动向。载朱自清、郭沫若等（编），《闻一多全集》（第一册）。上海：开明书店。201-206。

闻一多，1923/1993，《女神》之地方色彩。载孙党伯、袁謇正（主编），《闻一多全集》（第2卷）。武汉：湖北人民出版社。118-124。

吴洁敏、朱宏达，1989，《朱生豪传》。上海：上海外语教育出版社。

吴于廑，1995，《吴于廑学术论著自选集》。北京：首都师范大学出版社。

吴赟，2012，《翻译·构建·影响：英国浪漫主义诗歌在中国》。北京：北京大学出版社。

吴赟，2021，媒介转向下的多模态翻译研究，《外国语（上海外国语大学学报）》44（1）：115-123。

夏登山，2017，对古代翻译史上"翻"、"译"之别的再思考，《中国翻译》（6）：81-85。

夏天，2012，史料、语境与理论：文学翻译史研究方法构建，《外国语（上海外国语大学学报）》35（4）：80-87。

夏衍，2009，代序。载黄会林（著），《中国百年话剧史稿》。北京：北京师范大学出版社。1-2。

咸立强，2010，《译坛异军：创造社翻译研究》。北京：人民出版社。

肖超，2016，《翻译出版与学术传播：商务印书馆地理学译著出版史》。北京：商务印书馆。

谢天振，1999，《译介学》。上海：上海外语教育出版社。

谢天振，2007，《译介学导论》。北京：北京大学出版社。

谢天振，2013，给翻译史课以应有的位置——对《高等学校翻译专业本科教学要求（试行）》的一点建议，《东方翻译》（5）：4-8。

谢天振（主编），2021，《重写翻译史》。杭州：浙江大学出版社。

谢天振、查明建（主编），2004，《中国现代翻译文学史（1898－1949）》。上海：上海外语教育出版社。

熊辉，2018，《抗战大后方翻译文学史论》。上海：上海交通大学出版社。

熊月之，2011，《西学东渐与晚清社会》。北京：中国人民大学出版社。

徐志摩（著），1925/2005，《徐志摩全集》，韩石山（编）。天津：天津人民出版社。

许多、许钧，2014，面向中西交流的翻译史研究——《从词典出发：法律术语译名统一与规范化的翻译史研究》简评，《解放军外国语学院学报》37（5）：139-144。

许钧，2014，直面历史 关注现实——关于新时期翻译研究的两点建议，《外国语（上海外国语大学学报）》（3）：2-3。
许钧、穆雷，2009a，中国翻译学研究30年（1978—2007），《外国语》32（1）：77-87。
许钧、穆雷（主编），2009b，《中国翻译研究（1949—2009）》。上海：上海外语教育出版社。
许钧、宋学智，2007，《20世纪法国文学在中国的译介与接受》。武汉：湖北教育出版社。
许钧、宋学智、胡安江，2016，《傅雷翻译研究》。南京：译林出版社。
杨丽华，2011，《中国近代翻译家研究》。天津：天津大学出版社。
杨莉藜（编著），1993，《英汉互译教程》（上册）。开封：河南大学出版社。
杨柳，2009，《20世纪西方翻译理论在中国的接受史》。上海：上海外语教育出版社。
杨全红，2010，《翻译史另写》。武汉：武汉大学出版社。
杨维中，2016，《仁王般若经》的汉译及其“疑伪”之争，《西南民族大学学报（人文社科版）37（7）：81-86。
杨义（主编），2009，《二十世纪中国翻译文学史》（六卷本）。天津：百花文艺出版社。
姚斌，2018，译之为用大矣！——《历史上的译者》述评。载让·德利尔、朱迪斯·伍兹沃斯（编），《历史上的译者》（*Translators through History*），管兴忠等译。北京：中译出版社。1-15。
庾虎，2014，当代全球化五种表象及批判，《经济与社会发展》12（5）：107-109。
袁锦翔，1990，《名家翻译研究与赏析》。武汉：湖北教育出版社。
臧仲伦，1991，《中国翻译史话》。济南：山东教育出版社。
张广智，2011，《西方史学通史第一卷：导论》。上海：复旦大学出版社。
张君悌，1950，出版总署翻译局，《翻译通报》1（3）：23-24。
张少雄，1994，新月社翻译小史：文学翻译，《中国翻译》（2）：44-48。
张旭，2008，《视界的融合：朱湘译诗新探》。北京：清华大学出版社。
张旭，2011，《中国英诗汉译史论（1937年以前部分）》。长沙：湖南人民出版社。
张越，2007，《新旧中西之间——五四时期的中国史学》。北京：北京图书馆出版社。
赵光育，1999，《中国翻译小说史论》。天津：天津人民出版社。
赵吉惠，1987，《历史学方法论》。成都：四川人民出版社。
赵吉惠，1990，《史学概论》。西安：陕西师范大学出版社。
赵秋荣、王克非，2013，英译汉翻译语言的阶段性特点——基于历时类比语料库的考察，《中国翻译》34（3）：15-19+128。

赵稀方，2012，《翻译现代性——晚清到五四的翻译研究》。天津：南开大学出版社。
郑锦怀、岳峰，2011，翻译史料问题研究，《外语教学与研究》43（3）：445-452+481。
中国现代文学馆（编），1997，《中国现代文学百家——林徽因》。北京：华夏出版社。
周兵，2005，当代西方新文化史研究。博士学位论文。上海：复旦大学。
周昌受，1937，译刊科学书籍考略。载胡适、蔡元培、王云五（编），《张菊先生七十生日纪念论文集》。上海：商务印书馆。409-430。
周兆祥，1981，《汉译〈哈姆雷特〉研究》。香港：香港中文大学出版社。
朱一凡，2011，翻译引发现代汉语欧化结构的机制——基于语料库的五四时期汉语欧化结构研究，《外语研究》（6）：76-81+112。
朱志瑜、黄立波，2013，《中国传统译论：译名研究》。长沙：湖南人民出版社。
朱志瑜、朱晓农（编著），2006，《中国佛籍译论选辑评注》。北京：清华大学出版社。
朱志瑜、张旭、黄立波（编），2020，《中国传统译论文献汇编》（六卷本）。北京：商务印书馆。
邹振环，1996，《影响中国近代社会的一百种译作》。北京：中国对外翻译出版公司。
邹振环，1998，《江苏翻译出版史略》。南京：江苏人民出版社。
邹振环，2000a，《20世纪上海翻译出版与文化变迁》。南宁：广西教育出版社。
邹振环，2000b，《译林旧踪》。南昌：江西教育出版社。
邹振环，2010，晚明至晚清的翻译：内部史与外部史，《东方翻译》（4）：18-26+32。
邹振环，2011，《晚明汉文西学经典：编译、诠释、流传与影响》。上海：复旦大学出版社。
邹振环，2012，《疏通知译史》。上海：上海人民出版社。
邹振环，2017，《20世纪中国翻译史学史》。上海：中西书局。

推荐文献

Baker, M. & G. Saldanha (eds.). 2009. *Routledge Encyclopedia of Translation Studies* (2nd ed.). London/New York: Routledge.

Bassnett, S. 2010. *Translation Studies* (3rd ed.). Shanghai: Shanghai Foreign Language Education Press.

Bastin, G. L. & P. F. Bandia (eds.). 2006. *Charting the Future of Translation History*. Ottawa: University of Ottawa Press.

Delisle, J. & J. Woodsworth (eds.). 2012. *Translators through History* (rev. edition). Amsterdam /Philadelphia: John Benjamins.

D'hulst, L. 2010. Translation history. In Y. Gambier & L. van Doorslaer (eds.). *Handbook of Translation Studies* (Vol. 1). Amsterdam/Philadelphia: John Benjamins. 397-405.

Gürçağlar, Ş. T. 2013. Translation history. In C. Millán & F. Bartrina (eds.). *The Routledge Handbook of Translation Studies*. London/New York: Routledge. 131-143.

Kelly, L. G. 1979. *The True Interpreter: A History of Translation Theory and Practice in the West*. Oxford: Basil Blackwell.

Lambert, J. 1993. History, historiography and the discipline: A programme. In Y. Gambier & J. Tommola (eds.). *Translation and Knowledge. SSOTT IV. Scandinavian Symposium on Translation Theory. TURKU, 4.-6. 6. 1992*. Turku, Grafia Oy/Kansikuva: Maria Kald. 3-25.

Long, L. 2007. History and translation. In P. Kuhiwczak & K. Littau (eds.). *A Companion to Translation Studies*. Clevedon/Buffalo/Toronto: Multilingual Matters Ltd. 63-76.

Munday, J. 2016. *Introducing Translation Studies: Theories and Applications* (4th ed.). London /New York: Routledge.

Pym, A. 2007. *Method in Translation History*. Beijing: Foreign Language Teaching and Research Press.

Venuti, L. 2004. *The Translator's Invisibility: A History of Translation*. Shanghai: Shanghai Foreign Language Education Press.

Woodsworth, J. 1998. History of translation. In M. Baker (ed.). *Routledge Encyclopedia of Translation Studies*. London/New York: Routledge. 100-105.

陈福康，2010,《中国译学史》。上海：上海人民出版社。

孔慧怡，2005,《重写翻译史》。香港：香港中文大学出版社。

罗新璋、陈应年(编)，2009,《翻译论集(修订本)》。北京：商务印书馆。

谭载喜，2005,《翻译学》。武汉：湖北教育出版社。

王克非(编著)，1997,《翻译文化史论》。上海：上海外语教育出版社。

王学典(主编)，2016,《史学引论》(第二版)。北京：北京大学出版社。

邹振环，2017,《20世纪中国翻译史学史》。上海：中西书局。

索引